匡亚明 主编 中国思想家评传丛书

刘因评传

商聚德 著

南京大学中国思想家研究中心
南京大学出版社

中国思想家评传丛书

名誉顾问　陆定一　谷　牧　李铁映

《中国思想家评传丛书》撰著出版工作领导小组

组　　长　孙家正
组　　员　匡亚明　王霞林　蒋迪安
　　　　　袁相碗　韩星臣　张永桃

学术顾问　（按姓氏笔画为序）
　　　　　丁光训　王元化　王朝闻　冯友兰
　　　　　曲钦岳　任继愈　刘导生　刘海粟
　　　　　安子介　孙家正　杜维明（美国）
　　　　　杨向奎　苏步青　李　侃　吴　泽
　　　　　何东昌　张岱年　陈　沂　罗竹风
　　　　　赵朴初　施觉怀　钱临照　徐福基
　　　　　席　文（美国）　唐敖庆　黄辛白
　　　　　程千帆　谭其骧　滕　藤　戴安邦
　　　　　魏荣爵
主　　编　匡亚明
副 主 编　（按姓氏笔画为序）
　　　　　时惠荣　张永桃　陈　振　茅家琦
　　　　　林德宏　周勋初　蒋广学　潘富恩

学科(包括文、史、哲、经、教、农、工、医、政治等等)有杰出成就的人物中,遴选二百余人作为传主(一般为一人一传,少数为二人或二人以上合传),通过对每个传主的评述,从各个侧面展现那些在不同时期、不同领域中有代表性人物的思想活力和业绩,从而以微见著、由具体到一般地勾勒出这段历史中中国传统思想文化的总体面貌,揭示其积极因素和消极因素的主要内涵,以利于开门见山、引人入胜地批判继承、古为今用,也为进一步全面系统地总结中国传统思想文化打下基础。自从毛泽东同志提出上引建议后,半个世纪以来,不少专家学者已从各个方面做了许多工作,但对全面完成这个任务来说还远远不够,还要在深度和广度上继续努力。作为"抛砖引玉",本《丛书》只是这个继续努力所应完成的工作的一部分。《丛书》凡二百部,约四千万言,自1990年开始陆续出版,争取十到十五年全部出齐。

《丛书》所以用"中国思想家评传"命名,主要是考虑到中国传统思想文化中的核心是生生不息的内在思想活力,而历史事实也反复证明,凡是在各个不同时代不同领域和学科中取得成就者,大多是那些在当时历史条件下自觉或不自觉地认识和掌握了该领域事物发展规律的具有敏锐思想的人。他们取得成就的大小,取决于思想上认识和反映这些规律的程度如何。思想并非先验之物,它所以能反映和掌握这些规律,主要是通过社会实践和对前人思想成果的借鉴和继承。思想一旦形成,反过来在一定程度上又对实践起决定性指导作用。

韩愈说的"行成于思,毁于随"①,列宁说的"没有革命的理论就不会有革命的运动"②,这些话,虽所处时代和所持立场不同,所要解决的问题的性质也不同,但就认识论中思与行、理论(思想的高度概括)与实践的关系而言,确有相通之处,即都强调思想对实践的指导意义和作用。因此我们以"中国思想家评传"命名,就是力图抓住问题的核心,高屋建瓴地从思想角度去评述历史人物,以便对每个传主在他所处时代的具体情况下,如何在他所从事的领域中,克服困难,施展才华,取得成功,做出贡献,从思想深处洞察其底蕴。历史上各个时代富有思想因而能在有关方面取得成就的人,直接阐述自己思想观点的论著虽亦不少,但大量的则是其思想既来自实践(包括对前人、他人实践经验的吸取)、又渗透在自己创造性实践之中,集中凝聚在他自己的业绩和事功上,而没有留下论著。另一些人却只留下著作而无其他功绩,对这些人来说,他那些有价值的著作就理所当然地是他的伟大业绩和事功。如果论述一个人的思想而不联系他的业绩(包括著作),必将流于空洞的抽象;同样,如果只讲一个人的具体业绩而不结合他的思想活动,又必将成为现象的罗列。评价思想和评价业绩,两者不应偏废。而不断在实践中丰富和深化的思想活力则是经常起主导作用的因素,强调这个因素,引起人们的正视和反思,正是我们的主旨和目的。当然,思想和思想家,思想家和实践家,都是既有区别又有联系的不同概念,忽视这一点是不对

① 韩愈:《进学解》,中华书局《四部备要》东雅堂本《韩昌黎全集》卷十二,第3页。

② 列宁:《怎么办》,《列宁选集》第1卷,人民出版社1976年版,第241页。

的。《丛书》的重点则是放在两者的联系和结合上。至于如何使两者很好联系和结合而又着意于剖析其思想活力,各占多少篇幅或以何种方式表达,则自当由作者根据传主的具体情况创造性地作出妥善安排。

自从人类历史上产生了马克思主义,不仅全人类解放和发展有了划时代的明确方向,学术研究也有了更严密的科学方法,即辩证唯物主义和历史唯物主义的世界观和方法论。根据这一科学方法,在研究和总结中国传统思想文化,特别是联系到《丛书》的撰著时,我认为下列几点应特别引起重视。

一、坚持实事求是的原则。实事求是是贯串在马克思实际活动和理论研究中的主线,离开了它也就离开了马克思主义。只有切实掌握了客观情况,才能得出正确的认识和判断。前者为"实事",后者为"求是",二者相结合,就叫实事求是。事不实则非夸即诬。为了弄清情况,就必须对情况的本质与现象、整体与局部、真与伪、精与粗,作出区别、梳理和取舍,这样才能掌握情况的实质,达到"实事"的要求;然后进一步加以分析研究,找出事物本身固有的真相而非主观臆测的假象,并验证其是否符合人民利益和人类历史前进方向,是否反映科学、技术、文化、艺术的发展规律,这样才能得出正确的认识和判断,达到"求是"的要求。实事求是是治学的基本功夫,是对每个传主的功、过、是、非作出公正评价的必要前提。不论古今中外,对历史人物过高或过低的不公正评价,大都由于未能认真坚持实事求是原则的缘故。

二、坚持批判继承的原则。马克思主义学说就是批判的学说,而批判是为了继承、发展和创新。这就需要我们在实事求是的基础上,既要继承发扬传主业绩和思想中的积极因素,又要批判清除其消极因素。凡传主业绩和思想中体现了诸如爱国主义、民主意识、科学见解、艺术创造和艰苦奋斗、克己奉公、追求真理的精神，即在符合历史前进要求的“立德”、“立功”、“立言”诸方面有显著成就等积极因素者，必须满腔热情地加以继承和弘扬，并紧密结合当前社会主义建设实际，使之深入人心，蔚然成风；凡反映有诸如封建迷信、专制独裁、愚昧落后、丧失民族尊严和违背科学进步等消极因素者，必须以历史唯物主义的观点加以批判，清除其一定程度上至今尚起作用的消极影响，而消极因素经过彻底批判后可转化为有益的教训；凡积极因素和消极因素相混者，更当加以认真清理和扬弃，既发扬其积极因素又摒弃其消极因素。我们力求一点一滴、切实认真地探索各个传主思想和业绩中珍贵的积极因素，使之成为全国各族人民正在从事的继往开来伟大历史工程的组成部分。

三、坚持“百花齐放”、“百家争鸣”的原则。“百花齐放”和“百家争鸣”，是发扬学术民主、促进学术繁荣的正确原则和巨大动力。前者强调一个“齐”字，后者强调一个“争”字，是表示学术上平等、民主和自由的两种不同状态；前者突出的是统一与和谐，后者突出的是区别与争论；两种状态又统一于不断地相互促进和相互补充、转化的持续发展提高过程之中。“百花齐放”、“百家争鸣”的原则体现在撰著评传时，应从“齐放”和“争鸣”出发，综合中外各个时期对有关传主的不同评价，吸取符合客观存在的对的东西，摒弃其违反客观存在的不实的东西，然后创造性地提出经过自己独立思考的、赶前人或超前人的一家之言。同时，对整个《丛书》而言，也有个共性、个性又统一又区别的问题。这就是一方面作者应把“实事求是”、

"批判继承"和"百花齐放"、"百家争鸣"这几点作为大家的共性(统一与共识);另一方面,对每部评传的立意、结构和行文(文体、文风和文采等),则主要是作者的创造性思维劳动和雅俗共赏的文字表达艺术的成果,是彼此的个性(区别),不宜也不应强求一律。评传作者都有充分自由去发扬这一个性,力求在对每一传主的评述中探索和展示其积极因素,使之和正在变革中国面貌的伟大社会主义建设实践融为一体,丰富其内容,促进其发展,而不是仅仅停留在对传主思想业绩的一般性诠释上。

我认为,以上三点大体上可以表达《丛书》所遵循的主要指导思想,但也不排除用其他思想和方法得出的有价值的研究成果。

感谢所有关心和支持《丛书》工作的单位和个人,特别感谢《丛书》的名誉顾问和学术顾问。他们的热情关心、支持和指教,使《丛书》工作得以顺利进行。更要感谢所有承担评传撰著任务的老中青学者,他们都以严谨的治学态度,作出了或正在作出对学术,对民族,对历史负责的研究成果。没有他们的积极合作,《丛书》工作的开展是不可能的。《丛书》副主编和中国思想家研究中心、南京大学出版社,在制定《丛书》规划,约请和联系国内外学者,审定书稿以及筹划编辑出版等方面,克服重重困难,做了大量工作,他们的辛勤劳动是《丛书》能按预定计划出版的必要前提。

现在《丛书》开始出版了,我作为年逾八旬的老人,看到自己迫于使命感而酝酿已久的设想终于在大家支持合作下实现,心情怡然感奋,好像回到了青年时代一样,体会到"不知老之将至"的愉悦,并以这种愉悦心情等待着《丛书》最后一部的问世；特别盼望看到它在继承中华民族传统思想文化的珍贵遗产方面，在激励人心、提高民族自尊心和爱国主义思想方面，在促进当前建设有中国特色的继往开来的社会主义现代化物质文明和精神文明的历史性伟大事业中，能起到应有的作用。我以一颗耄耋童心，默默地祝愿这一由一批老中青优秀学者经长年累月紧张思维劳动而作出的集体性学术成果能发出无私的熠熠之光，紧紧伴照着全民族、全人类排除前进道路上的各种障碍，走向和平、发展、繁荣、幸福的明天！

热诚欢迎国内外同仁和各界人士不吝赐教，以匡不逮。是为序。

1990 年 10 月 7 日

序

本书传主刘因，字梦吉，号敬修，容城（今河北省容城县）人①，是生活在距今七百多年前的一位元代思想家。他一生的主要活动是教书，但却不同于只知传授章句的迂儒。他倾心理学，很有思想，著书立说，成为名重一时的理学家。他生活的元代初年是理学由偏安江南走向全国普及的时期。在当时，理学还是兴盛的，有生命力的。刘因以自己的教学和著述对于理学在北方的传播作出了积极的贡献，他提出的一些见

① 当今有的著作（如《辞海》）将刘因的籍贯容城注为“今河北徐水”，误。徐水县元代称安肃，与容城为邻县。1958年“大跃进”期间，容城曾一度并入徐水，但仅两三年即又分开。（据《徐水县大事记》记载：1958年9月，徐水、安新、容城三县合并，定名为徐水县，县址设在徐水县城。1960年12月，恢复安新县建制。1961年12月，恢复容城县建制）刘因在文章中常自署“容城刘某”，并多次述及安肃的人和事。历史上，从来没有说刘因是徐水人的。

解博得了学界的好评,他的诗文深受人们的喜爱,他的品格和风节更赢得了普遍的尊敬。正因为如此,他在当时颇负盛名,当朝皇帝元世祖忽必烈先后两次授给他官职。他死后,朝廷又对他进行过封赠。他的著述颇丰,流传下来的有《静修先生文集》二十八卷①,元、明、清三代一再翻刻。他的文章在元朝即被选入《元文集》,诗被编入《元诗选》,他的事迹广为流传,被列入《元朝名臣事略》,《元史》有《刘因传》,《宋元学案》有《静修学案》,将他与许衡、吴澄并称元代三大儒。② 他的家乡容城更是对他尊仰备至,将他与明代的杨继盛、明清之际的孙奇逢(人称夏峰先生)并称“容城三贤”,立祠建庙供奉,他们的著作也被合编为《容城三贤集》刊行。最先给刘因作传的是他的再传弟子苏天爵(元代名士,官至吏部尚书)和另一位再传弟子杨俊民(元代名士,官至河东廉访佥事)。苏氏撰有《静修先生墓表》,杨氏撰有《静修先生祠堂记》。《元史》本传内容多据此二文。元、明、清三代,对于刘因的评价总的说是较高的,但也有争论,以致刘因从祀孔庙的问题多次被搁置,迟至清末宣统元年才被朝廷批准。清代,《静修集》先后收入《四库全书》和《畿辅丛书》。民国时期,该书又分别收入《四部丛刊》和《丛书集成》。

1949 年以来,由于对元代思想一度较少研究,刘因之名也不大为人所知。近年来,情况有了变化,介绍和研讨元代思想的论著不断出现,如唐宇元发表过一系列论文,侯外庐主编

---

① 刘因文集有不同的版本,卷数各有不同,元至正刊本为二十八卷。

② 一说,将刘因与耶律楚材、许衡并称为元代三大儒。(见孙奇逢:《重葺静修祠暨配祀诸贤始末碑》,《孙夏峰集》卷八)

的《宋明理学史》、蒙培元著的《理学的演变——从朱熹到王夫之戴震》,对刘因都设专章论述;但关于刘因的专著尚属阙如。当前,随着社会主义精神文明建设的发展,人们对中国传统文化的兴趣日益浓厚,对于刘因这样一位在学术上有相当建树、名声曾耸动当时、思想又影响后世的人物,自然也希望有更多的了解。

本书旨在真实地介绍刘因的事迹、品格和思想面貌,并加以必要的分析和评价,以弘扬优秀传统文化。从刘因的生平看,他是个普通人,但从他的思想和贡献看,他又是个杰出的思想家。作为一个普通人,他与千千万万人民大众贴得很近;作为一个思想家,他又是卓然超群的。由于与民众贴得近,人民就容易理解他;由于卓立不群,人民就必然敬仰他。本书既是为这样一位学者作评传,便没有多少传奇的故事和波澜壮阔的情节,但传主那既平凡又有特色的一生,那深邃的思想,凝练的诗文,也许能引起好学深思的读者的兴趣,打动忧国忧民的志士仁人的心灵。

内 容 简 介

本书是1949年以来全面评介刘因生平思想的第一部专著。刘因是与许衡、吴澄齐名的元代思想家,有《静修集》传世。但前人对刘因的论述较少,刘因为文又常过于简括,因此,其思想的底蕴较难把握。本书以刘因的身世、时代环境和理学发展的情势为背景,以刘因的诗文为依据,对刘因的哲学、经学、史学、艺术等方面的思想进行了比较细致的分析,努力抉发其内涵,理出其脉络,揭示其实质,并给予客观扼要的评价。

A Brief Introduction

This book is the first monograph devoted to research comprehensively into Liu Yin's life and thoughts since 1949. Liu Yin is a well-known thinker enjoying equal popularity with Xu Heng and Wu Cheng in Yuan Dynasty, with the "Works of Jingxiu" handed down. There are, however, few remarks on Liu Yin's thoughts in the past. His writings are often so compendious that it is difficult to grasp the essence of them. This book tries to, combined with discription of his life and times and the development of a confucian school of idealistic philosophy of the Song and Ming Dynasties at that time, analyse carefully Liu Yin's thoughts in philosophy, in the studies of ancient classics, history and arts based on his proses and poems, as well as find out the substance, the origin and development of his thoughts, and give them an objective and concise evaluation.

目 次

A CRITICAL BIOGRAPHY OF LIU YIN

CONTENTS

第一章　时代与家世

一、时　代

刘因生于元海迷失后二年己酉（1249）闰二月九日①，卒于元世祖至元三十年癸巳（1293）四月十六日，终年四十五岁。

这期间，是中国历史上一个久乱初宁的年代。

刘因的故乡容城地处冀中平原腹地。远自五代时期，后晋石敬瑭割让燕云十六州于契丹，包括容城在内的广大北方地区即沦于契丹（后称辽国）的统治之下。北宋初年，虽一

① 当今有的著作（如侯外庐主编的《宋明理学史》）将刘因生年注为1247年，误。《静修集》（四库全书本）中《先世行实》、《先君记事》二文及苏天爵的《静修先生墓表》，对刘因的生年均记为己酉，即1249年。

度光复，但为时不长；澶渊之盟则进一步确认了辽国对这一地区的统治权。其后，辽国衰落，女真族建立的金国兴起，并很快取辽而代之，北方广大地区，遂纳入金国版图。公元1127年（刘因出生前122年），发生了“靖康之变”，赵宋王朝的徽、钦二帝当了金人的俘虏，北宋灭亡，江淮以北的广大地区便全处于金国的统治之下。刘因的祖辈生长于斯，自然也长期属于辽、金的臣民。

公元十三世纪初，蒙古崛起，势力渐向中原扩张，河朔地区便长期处于蒙金的战乱之中。金人日益腐化，力量逐渐衰落。因此，在蒙、金的较量中，蒙古步步进逼，金国朝不虑夕。金宣宗（完颜珣，金朝倒数第二代君主）于贞祐二年（1214）放弃黄河以北广大地区，被迫南渡，将首都迁至汴京（今开封），后再迁蔡州（今汝南），苟延残喘至1234年，金国终被蒙古与南宋的联军所消灭。

在金国衰落的同时，南宋也并无起色。直到金人迁都汴京的那年，南宋才停止了对金人的纳币称臣（“罢输岁币”）。其后，虽然参与了联合灭金的军事行动，但总的来说仍是只图苟安，不思进取，对于蒙古（后改国号为“元”）的南侵掉以轻心。1279年，元军终于灭掉南宋，完成了中国的再度统一。

刘因出生于蒙古灭金后的第十五年，上述这些战争动乱他并没有亲身经历过。刘因幼年，就全国范围说，战争虽有，但远在江南，刘因生活的今河北一带，倒是一派升平气象。蒙古贵族在进军华夏的初期，原本是很野蛮的，以杀戮抢掠为常，对于被征服的地区，随意向人民征敛（诸王、将帅和官吏都强逼“撒花”——意为“礼物”）。太宗窝阔台在

1229年采纳耶律楚材的建议，订出税法，改由按户征收粟赋，从而有了比较稳定的剥削方式；严重破坏农业生产的“圈地”政策也被明令停止。蒙古贵族迅速地封建化。遭受长期战乱破坏的北方经济得以恢复和发展。1259年，宪宗（蒙哥）死于军中。忽必烈北上争位，很快便击败了幼弟阿里不哥，次年，在开平（今多伦）即大汗（皇帝）位，建元“中统”（刘因时年十二岁）。

纵观中国历史，一个新王朝的建立，总须较好地完成两个任务：一是在政治上重新确立中央集权，整顿各自为政的局面，在全国建立统治秩序；二是恢复濒于中断的社会生产，使人民过上稳定的经济生活。忽必烈是中国历史上比较英明的君主之一，他也较好地完成了这两个任务。忽必烈当藩王时，就在潜邸设金莲川幕府，广揽人才，重用儒生。中统建元后，进一步遵用汉法，吸收历代统治经验，改革旧的蒙古制度，从而使他的政权蒸蒸日上，呈现出一派蓬勃生机。在政治军事方面，他先是彻底粉碎了阿里不哥联合漠北、中亚诸王企图争位的势力；继而于中统三年，镇压了盘踞山东、江淮的李璮的叛乱；至元八年（1271）定国号为“元”，至元十三年（1276）攻占南宋的国都临安，至元十六年（1279）灭南宋，统一了全中国，建立起“北逾阴山，西极流沙，东尽辽左，南越海表”①的大帝国。疆域之辽阔，超过汉唐盛世。② 元初还实行行省制，除以今河北、山东、

① 《元史》卷五八，《地理志》序。

② 忽必烈于宪宗（蒙哥）三年攻占大理，压服了云南地区各部落，并派兵攻占吐蕃（西藏），西南疆域大为扩展。

山西等地为“腹里”外，设置了岭北、辽阳、河南、陕西、四川、甘肃、云南、江浙、江西、湖广等“行中书省”，简称“行省”或“省”。全国政治空前统一。在经济方面，忽必烈为了适应中原和江南地区高度发展的农业经济，毅然放弃落后的游牧经济和剥削方式，开始重视农业生产。为了扭转游牧生产方式的遗留和影响，忽必烈曾多次颁布诸王贵族不得因畋猎践踏田亩和不得改农田为牧场的诏令，并于中统二年（1261）设立劝农司，至元七年（1270）设立司农司，大力提倡垦殖。忽必烈还在北方建立起“村社”①，组织垦荒耕作，修治河渠和经营副业（当然同时也有监视农民以及向农民宣传服从蒙古统治的意图）。② 元朝初年，由于社会安定，政策得当，北方农业生产得到进一步恢复和发展，“民间垦辟种艺之业，增加数倍”③。全国的统一，交通的畅达，也促进了商业和手工业的繁荣，城市贸易、农村集市以及对外贸易都有了巨大发展。

刘因的青少年时代恰逢这样一个难得的“盛世”，它对刘因思想的形成有巨大影响。

---

① 元朝初年，北方农民自发组织起一种“锄社”，这是一种互助组式的组织，“先锄一家之田，本家供其饮食，其余次之，旬日之间，各家田皆锄治。”“间有病患之家，共力助之。”往往“苗无荒秽，岁皆丰熟”。（见王桢：《农书》卷三《农桑通诀·锄治篇第七》）忽必烈对此加以推广，要求普遍建立村社。至元七年（1270），元朝政府下令在汉地立社，村社遂成为与里甲并行的农村基层组织。（参见翦伯赞：《中国通史纲要》第三册，第120～121页）

② 见《元典章》卷二三《户部》九。

③ 《农桑辑要》王磐原序，万有文库本。

二、先　世

刘因出生在一个“不治产业”的中下等儒生家庭。这个家庭与它所处的时代一样，也经历了一个由颠沛流离到相对安宁的过程。

刘因的先辈“世为儒家”，最远能考知他的五世祖名琮，但生平不详。高祖和曾祖作过金朝的下级官吏。高祖名昉，为敦武校尉临洮府录事判官；曾祖名俣，字德善，为奉议大夫中山府录事。还有一位并曾祖，名子英，业进士，早逝。

刘因祖辈的事迹，它书未见记载，惟《静修集》（四库全书本、三贤集本）中有《先世行实》六条，有简略的记述。

关于高祖刘昉，《先世行实》写道：

> 尝夜坐庑下，见一人盗厨中大釜（锅），识其为乡里子，呼之语曰：“吾家口众，明日何以为具?”盗弃釜而走，止之曰：“若走，即使人执汝！姑于此以待。”乃取钱，称釜之值为之。且使置釜于灶所，竟不言。及卒，盗来哭，且以事告人曰：“吾不言，没翁之德。”尝为吏部掾，每为选人给纸札，曰：“纸札亦细事□□□□□”（原文此处缺五字），乡人号为刘佛子。①

① 《先世行实》，三贤集本《静修集》卷四。

看来，他是个秉性宽厚、乐善好施的人。

关于曾祖刘俣，只写到他好礼：

> 为政有声。每罢归，望容城北门堠子下车，凡长一岁者，无贵贱皆拜。①

关于祖父，刘因的记述稍详。他名秉善，字文卿。“少读书，气豪迈，以义雄乡里。”刘秉善虽然没有官职，但却得与金皇族联姻。刘因的一个姑姑（名桂）“适金皇族完颜氏，世袭千户侯”。祖母娘家姓陈，陈家有园林，名陈氏庄，刘因有诗道：“陈氏园林千户封，晴楼水阁围春风。翠华当年此驻跸，太平天子长杨宫。”诗后自注：“陈氏，先父之外家也。金章宗每游猎，必宿其家。”② 身为平民的陈家何以能有此殊荣（接待金朝皇帝），未见记载，但由此至少可以推知，当年的陈家是颇为阔绰的。刘秉善能为陈家之婿，想来也非等闲之辈。

只是，刘家的这种荣耀并没有维持多久，刘秉善生当金国末年，中年遭逢“贞祐之变”（金宣宗迫于蒙古的军事压力，于贞祐二年（1214）南渡，迁都于汴京）。关于当时的时局，刘因曾写道：

---

① 《先世行实》，三贤集本《静修集》卷四。

② 《静修先生集》（王云五主编：《丛书集成初编》，商务印书馆民国二十五年六月初版）卷七，页一二四。以下所引《静修先生集》除另注明版本者外，皆指此本。

> 金源贞祐（1214），迄于壬辰（1232），河之南北，郡县尽废，兵凶相仍，生意殆尽。而先儒所谓天下萧然，洪水之祸盖不至此者，惟是时足以当之。①

又说：

> 金崇庆（金卫绍王年号，公元 1212 年）末，河朔大乱，凡二十余年，数千里间，人民杀戮几尽。其存以户口计，千百不一余。……其存焉者，又多转徙南北，寒饥路隅，甚至髡钳黥（原文作鲸，据文意改）灼于臧获之间者，皆是也。②

贞祐之变是金国历史上的大事变，也是刘家由盛而衰的转折点。它打碎了金朝皇室“太平天子”的迷梦，也使与皇家有一定关系的刘家饱受离乱之苦。

在这次动乱中，刘因的祖父秉善被乡豪“以国命推为万人长”，但并未提到他对蒙古军或“草寇”有什么抵抗行动。刘因的另一位曾伯祖“奉议府君”（未提及名字），“贞祐初，死节中山，而举族没焉。”③

动乱中，刘秉善“举家南徙”，“逃避河南”（是住在汴京，还是住在其他城邑，不详），生活一落千丈。虽说刘因

---

① 《都山老人九十诗序》，《静修先生集》卷二，页三三。

② 《武强尉孙君墓志铭》，《静修先生集》卷四，页七六。

③ 七律《登中山城》注，《静修先生集》卷九，页一七四。

的一位叔祖秉德（字国宝）于金宣宗兴定二年（1218）“进士及第”，并被委任为州县官职及下级朝官，但在政局混乱中，这些官职多是虚衔，为时也不会长，刘家的日子也是动荡不安的。

此时的金王朝，上下衰靡，风雨飘摇。金哀宗（完颜守绪）正大九年（1232，岁壬辰），蒙古军队长驱汴京，哀宗求和，蒙古不允。幸赖军民英勇抵抗，才得以暂时保全。但此时的汴京已是一座孤城，粮食奇缺，金政权走投无路，竟置局“括粟”，向困顿不堪的居民强征粮米，加以疾病流行，死者无算，汴京城内，竟至“人相食”。这就是历史上有名的“壬辰之变”。金主于次年（1233）弃汴京而迁蔡州。

在这次事变中，刘因的叔祖父国宝“殁于京师之厄”（资料有缺，具体死因不详）。刘因的祖父没有追随金皇室迁蔡州，而是于壬辰年“举家北归”。归途中，行至河北安平，二位老人不幸染病相继去世（秉善六月六日卒，年五十二；陈氏六月九日卒）。

关于祖父，刘因在《先世行实》中还追记到下面一些事迹：

> 弟秉德登科后，每教之曰：“科举无用学，特国家设此以取人耳。有志于学者，岂可如是而已？”养孤侄如己出，有外姻之无托者，皆为抚育，不使失所。其子自他所归，遇里中一妪，揖之。召而责曰：“彼年长，虽贱，亦人也。”乃延妪上坐，使再拜。其严类如此。

看来，刘秉善也继承了好礼、乐善的家风，且对于什么是真学问有一定认识。

关于叔祖秉德，刘因的记述也较详，除上文提到的以外，还记述到他的官职：

> 登兴定二年进士第。释褐（指初授官）泾州泾阳县主簿，改滕州滕县尹，迁中书省令史。未几，改司农主事，寻授枢密院经历，终于奉直大夫、郑州防御判官。①

这一串官职表明，他是被调来调去，迁徙不定。进而写到他的性格：

> 君性安静恬退，与物无竞。为学不喜作词章。贞祐间，避地河南，隐于豫州之许封山。从学者惟孔文振。茂林修竹，清泉怪石，终岁无人，惟琴书在侧。②

刘因还记述了他叔祖的两件事：

> 为省掾时，其一省郎暴怒，以灯击其仆，偶中君之首。君瞑目端坐，神色不动。其人谢之。曰：

① 《先世行实》，三贤集本《静修集》卷四。
② 《先世行实》，三贤集本《静修集》卷四。

“偶尔，何谢焉。”①

尝燕居，僮仆鼓躁相诟詈，以谓无人。俄而风动帘起，见君坐于堂中，众皆惶恐，往谢罪。君瞑目端坐，少间，开目顾之曰:“若辈何在此耶?”众乃具以罪状自陈。君徐曰:“曲直有在，何至于斗!”戒勿复然。其宽裕类如此。②

由此看来，他的叔祖是个性格恬退，举止安详，对人宽容的人。

关于祖辈的上述事迹，刘因只能是得自传闻，但它们对于刘因思想性格的形成，具有一定的潜移默化的作用。

三、家　　庭

刘因之父名述，字继先，生于金章宗泰和七年（1207）七月九日，“六岁值贞祐之变，从亲南渡”。在逃难的生活中，他仍能受到启蒙教育，但对科举却不感兴趣。刘因说，其父“早有大志，颖悟绝人。十六七，弃举子业”。二十六岁，遭壬辰（1232）之变。北归途中，在双亲连丧，妻又病重的窘境下，“护柩扶疾”，“饥险备尝”，终于回到故乡容城。重至乡土，面对的是“田园尽非我有，环堵萧然”的现实，但他却泰然处之，“宴如也”。③ 此时的刘述，当还有些

① 《先世行实》，三贤集本《静修集》卷四。

② 《先世行实》，三贤集本《静修集》卷四。

③ 《先世行实》，三贤集本《静修集》卷四。

积蓄，所以能免于冻馁而成为儒生。刘因这样写到他的父亲：

……遂刻意于学。大难之后，无书可读。求访百至，十年之间，天文、历数、阴阳、医方之书无不通，性学、史学尤所喜者。其书皆手所誊录。往来燕赵间，交游皆父行之天下名士也。①

这表明，刘述青少年时期虽饱经流离和磨难，但回到故乡后，在蒙古政权下，却过上了较稳定的士人生活。刘述有了一些名气，于是接连有人荐举他做官，他却一再推辞：

时耶律中令（耶律楚材）君执政，翰林承旨王公百一以名书荐之中令，欲用之而不就。……中统初，左三部尚书刘公才卿（名肃）宣抚真定道，辟为武邑令。未几，以病辞。②

可见，刘述曾受到元朝的征辟，并短时间任过官职。刘因还写到父亲的性格和识见：

性不喜酒，好长啸。尝游易州诸山，当秋风落木之下，危坐终日。时作一曲，其声虽冲淡萧散，而其慨然之所不能忘者，亦时见之。然其竹冠葛

① 《先世行实》，三贤集本《静修集》卷四。
② 《先世行实》，三贤集本《静修集》卷四。

> 服，雍容乐易，人谓有真隐之风焉。先生平日明于藻鉴，或评论人物，或指明事体，或推究世变，人必待其验而后服。①

刘因在为一友人的画像写的《赞》中，还曾侧面写到自己的父亲，说：

> 盖于此眉睫之间，又见其所以肖夫先君子之捐金购书，挥觞结客，以倜傥起家，为幽并之豪也。②

刘述的捐金购书等事迹的具体情况不得其详，但由此亦可概见他不光是冲淡萧散、雍容乐易，还有风流倜傥的一面。

刘述归乡后，并没有一直在容城定居，而是多次迁徙。据《先君记事》③ 载：

> 壬辰（1232）还容城。乙未（1235）附籍（附于异地之户籍）。癸卯（1243）迁定兴。乙巳（1245）还涞水。丙午（1246）还顺天。乙卯（1255）迁涞水。己未（1259）复还顺天。中统元年庚申（1260）往真定。至元三年丙寅（1266）还顺天。

---

① 《先世行实》，三贤集本《静修集》卷四。

② 《郭安道真赞》，《静修先生集》卷五，页九〇。

③ 三贤集本《静修集》卷四。

由此可以看出，刘述回故乡后的生活也并不很稳定。

刘因之生母姓杨，是定兴进士杨勖（字勉之）之幼女。刘因写道:"杨氏生而有知，年十六，归先生。兵后，亲执爨无难色。先生晚无子，力请另别娶，先生竟以天命拒之。"① 看来，其母是个颇为能干而贤惠的人。

母杨氏卒于乙卯（1255），时刘因七岁。继母某氏，刘因待之甚孝。父刘述卒于至元四年丁卯（1267），时刘因十九岁。

刘因集中有《白云辞》二首，就是为悼念母亲而作。辞曰：

> 白云凝情兮佩月光，白露结彩兮明幽芳，众星皎皎兮水波不扬，渺予思之若遇兮耿在目而不忘。音容著兮形无方，肃予中立兮四无旁。予母归来兮山高水长。
>
> 白云高飞兮杳不可寻，灵风长往兮声不在乎幽林，皎月东升兮忽西沈，玄鹤何逝兮遗之音，予思未及兮实怀我心。翛万里兮指所歆，旷同游兮启云襟，予母归来兮山幽水深。②

刘因又有七绝一首，悼念其母道：

> 只应老母心酸处，还似孤儿泪尽时。

---

① 《先世行实》，三贤集本《静修集》卷四。

② 《静修先生集》卷四，页八四。

留在此身成底事，回头二十四年悲。

自注："先母下世，今二十四年矣。"[①]

由此可知，刘因与母亲的感情十分深厚。

刘因生母杨氏逝世后，其父又娶某氏。刘因对这位继母恪尽孝道。刘因应诏入朝不久辞归，就是由于这位继母重病需人侍奉所致。由此可见，刘因是笃守当时的伦理规范的。

刘因之妻姓郭，山西平定人。岳父也是读书人。《静修集》（三贤集本）中有一篇《郭氏亲事始末》，简略地记载了刘因与郭氏的亲事：

> 中统四年，郭公许亲。至元四年正月，余丁忧。至元六年正月二日，顺天教授许邦直传言，以禫未答。三月十一日禫终，十五日以释服从吉之礼，告于皇考，以著（著，疑当作蓍）即命，遇"大有"之"丰"。四月，郝仲常以书去。八月，寇长卿以书来。至元七年正月二十八日，请期。二月十日，王彦材、郝季常送予亲迎。三月七日迎归。

这篇流水账式的记述，初看似乎意义不大，但对于了解刘因的生平和思想还是有意义的。从中不但可以看出刘因对待丧礼、婚礼的郑重态度，而且，文中提到的郝氏兄弟、寇长卿、王彦材等人，在刘因的诗文中还多次出现，由此亦可以

① 《己卯九月二十八日，梦过先妣墓得诗，觉而忘其第三句，因足成之》，《静修先生集》卷一，页二一六。

想见他们之间的密切关系。

刘因有一子三女。子名和，是在刘因四十岁以后才出生的，却又不幸早夭。刘因病逝时，长女、次女已嫁，小女尚幼。

由上述可知，刘因的祖辈是金朝的臣民，高祖父、曾祖父和叔祖父曾三世仕金①，其父刘述亲身经历了金朝末年的战乱，而后曾短期仕元，但主要过的是隐居不仕的处士生活。刘因在故乡出生时，已是战乱初宁的元蒙初年。时代的风云，家业的盛衰，祖父辈的经历，都在他的心灵中烙上深深的印迹，给予他的思想和性格以重要影响。

① 前人曾有刘因先辈“五世仕金”的说法（见孙奇逢：《读〈渡江赋〉辨》，《孙夏峰集》卷八），不确。刘因的六世祖以上没有记载，五世祖未提官职，只有高祖昉、曾祖倸、叔祖秉德仕金，祖父秉善无官职，其父刘述金时尚幼，后曾短期仕元。因此，刘因的先辈是“三世仕金”。

第二章 生平和著述

一、幼年及师承

旧时代给名人作传，往往进行某种程度的神秘化，对刘因也是如此。《静修先生墓表》（以下简称《墓表》）及《元史》本传都写到刘因出生时的神话：

> 先生将生之夕，父梦神人马载一儿至其家，曰："善养之。"既觉而生，乃名曰骃，字梦骥。后改今名及字。

刘因是在其父四十二岁时才出生的。其父盼子心切，做这样的梦是可能的。大概谁也不会据此就当真相信刘因是神人送来的仙种。不过，刘因自幼天资聪慧，颖悟过人，也是事实。《墓表》写道：

公生天资纯粹，三岁识书，日记千百言，随目所见，皆能成诵。六岁能诗，十岁能为文，落笔惊人。(本传所记大体相同，惟"十岁"作"七岁"。《墓表》近是。)

此点在刘因的诗文中亦有反映。如：

八龄书草字，观者如堵墙。
九龄与《太玄》，十二能文章。①

对于刘因的这种神童式的早慧，当时的人也都公认。有位田尚书在聘请刘因赴师席的信中就写道：

伏惟梦吉先生，两仪间气，四海英才。初学语则自识于之无，及讲书财径明其旨趣。料总角之时，必至于耸壑；甫弱冠之日，俄骇其能文。河倾万卷之储，笔扫千军之阵。②

这些说法在细节上可能有溢美夸张之处，但刘因幼时很聪明，当属事实。

刘因幼年受到了较好的教育，父亲是他的启蒙老师。

---

① 五古《呈保定诸公》，《静修先生集》卷六，页一一五。
② 三贤集本《静修集》附录。

刘述壮年得子，所以对于这个有希望接续刘氏香烟的独根苗十分钟爱珍视。他“隐居教授，杜门绝交，万事置之度外，惟以教子为事。曰：‘始余四十未有子，尝语人曰：“果无子则已，若有子必令读书。”我今教子，亦将以成吾之志而已。’”① 其父的家教，给刘因的学业打下了比较扎实的基本功。前文提到，刘述对天文、历数、阴阳、医方、性学、史学等兴趣广泛，这对于刘因当也有熏陶作用。

刘因都拜过哪些老师不详，只有一位砚先生对刘因的影响较大。《墓表》说：

> 故国子司业砚公弥坚教授真定，先生从之游，同舍生皆莫能及，独中山滕公安上差可比。砚公皆异待之，谓先生父曰：“令子经学贯通，文词浩瀚，当为名儒。”

看来，这位砚先生在识别人才方面还是颇具眼力的。砚弥坚，字伯因，应城（今湖北应城市）人。原为南宋儒生，乙未（1235），元师徇地汉上，砚公与江汉先生赵复俱以名士被招致到北方，专以授徒为业。至元二十四年召为国子司业。至元二十六年（1289）卒，年七十八，有《郧城集》十卷传世。刘因哪年从砚先生学，学了多长时间，不详。

刘因文集中还提到一位松冈先生，有诗道：

> 徙舍劳亲意，择师得子贤。

① 《先世行实》，又见《墓表》及《元史》本传。

从游无半载，瞻仰似千年。
文字虽时样，规模有正传。
门生感知己，伫立一潸然。①

刘因师从松冈先生时间不长，但感情还是深厚的。松冈先生的其他事迹、思想等均不详。

刘因从砚先生学习的是经学，“初为经学，究训诂疏释之说”，但他很快便不满足了，说：“圣人精义，殆不止此。”后来，他接触到了理学著作，为学方向及思想面貌便发生了巨大变化：“及得周、程、张、邵、朱、吕之书，一见能发其微，曰：‘我固谓当有是也。’”②

刘因由经学到理学的这种转变发生在哪年，记载不详。《宋元学案》将刘因列为“江汉别传”，说：“静修先生亦出江汉之传，又别为一派。”又说，刘因是从赵复那里得到的理学著作。③ 黄百家更说：“自石晋燕云十六州之割，北方之为异域也久矣。虽有宋诸儒迭出，声教不通。自赵江汉以南冠之囚，吾道入北，而姚枢、窦默、许衡、刘因之徒得闻程朱之学，以广其传，由是北方之学郁起。”④ 都认为刘因与赵复（江汉先生）有某种师生关系。

关于赵复，《宋元学案》中有较详细地介绍。说：“赵复，字仁甫，德安（今湖北安陆）人。元师伐宋，屠德安。

① 五律《哭松冈先生》，《静修先生集》卷八，页一五六。
② 《元史》本传。
③ 见《宋元学案·静修学案》。
④ 《宋元学案·鲁斋学案》序录。

姚枢在军前，凡儒道释医卜占一艺者，活之以归。先生在其中。姚枢与之言，奇之，……亟挽之出。至燕，以所学教授学子，从者百余人。当是时，南北不通，程朱之书不及于北，自先生而发之。枢与杨惟中建太极书院，立周子祠，以二程、张、杨、游、朱六君子配食，选取遗书八千余卷，请先生教授其中。……枢退隐苏门，以传其学。由是，许衡、郝经、刘因皆得其书而崇信之。"① 由此可知，刘因受赵复的影响是间接的，并没有亲承赵复之教。

如果再从时间上来考察，当更能说明问题。"元师伐宋屠德安"事在乙未（1235），刘因于十五年后才出生，年龄显然不相及。《墓表》与本传都没有提到刘因与赵复有师承关系。可见，前引《静修学案》中的某些说法是欠准确的。②

不论刘因是否直接从赵复受学，他在接触理学著作后，思想和学术发生了由经学到理学的转变，这一线索是明显的。他说的"我固谓当有是也"，更生动地说明了他的思想

① 《鲁斋学案·隐居赵江汉先生复》。

② 《宋元学案·静修学案》说，由于赵复的传授，北方才知道有道学（理学），这个说法也未免太过。在该书《鲁斋学案·江汉学侣》"郝经"条中，就记有另一说法："（郝经）后徙家顺天，守帅张柔延之家塾，教诸子，储书万卷，恣其搜览。上溯洙泗，下追伊洛诸书，经史子集，靡不洞究，慨然以羽翼斯文为己任。"张柔（1190～1268）是金末结寨自保的地方武装首领，先降金，任经略使。后降蒙古，为前驱，在灭金攻宋中战功卓著，官至万户，封蔡国公。张柔家中已有关于宋代诸理学家的丰富的藏书。郝经并没有从赵复学，而是在张柔家得见理学书籍的。可见，在赵复传授之前，北方不是看不到理学著作。当然，由于赵复之传，理学在北方始大盛，则是事实。

深处与理学的契合。刘因还曾对理学诸大家学说之所长作过如下评价：

> 邵，至大也；周，至精也；程，至正也；朱子，极其大，尽其精，而贯之以正也。①

这一论断虽未必全是定评，但至少能表明刘因对理学的独到见解和领会。而且，这种把朱熹看作是理学之集大成者的观点，前人似还没有提出过，确实是对理学发展史的恰当的总结。

二、经　历

刘因的一生不算长，且没有大的波澜。但从思想发展上看，却不是直线的，而是有比较明显的转折。可以大致以三十岁左右为界，分为青少年和中晚年两个阶段。

（一）少有大志

刘因少有大志，十八岁作的《希圣解》中，即以“希贤、希圣、希天”为主旨，并以“天地间一清才”自命。青年时期写的一些诗篇中，也常坦率地表露自己的志向和抱负。如：

> 驷幼有大志，早游翰墨场。……

① 《元史》本传。

邀游《坟》《索》圃，期登孔颜堂。
远攀鲍谢驾，径入曹刘乡。
诗探苏李髓，赋盖班马香。
衙官宾屈宋，伯仲齿卢王。
斯文元李徒，我当拜其旁。
呼我刘昌谷，许我参翱翔。
眼高四海士，儿子空奔忙。
俗物付脱略，壮节持坚刚。
前年脱颖士，峨峨势方飏。……①

这表明，他一度既想学孔子颜回，做圣人；又想当与鲍照、谢灵运、曹植、刘桢等并驾齐驱的文学家；还自诩在诗赋上已与苏武、李陵、司马迁、班固、屈原、宋玉、卢照邻、王勃、元结、李白等不相上下，真有点眼空四海的狂劲儿。只是诗中说的“前年脱颖士”，他处未见记载，细节不详。但总是曾一度崭露头角吧。

有时，他还以兼济天下自任，说：

头上无绳系白日，胸中有石补青天。②

甚至不屑于当一个可能封侯的武士，而志在整顿乾坤：

耻为时群辈，追思古人迹。……

---

① 七古《呈保定诸公》，《静修先生集》卷六，页一一五。
② 七律《初夕》，《静修先生集》卷九，页一七九。

学剑觅封侯，行行匹夫敌。
男儿志斯民，安用书剑癖？
皎然方寸间，自有平安策。
一日风云会，四方贤路辟。
致身青云间，高风举六翮。
整顿乾坤了，千古功名立。[①]

这里，暗用了张载的典故。张载青年时喜谈兵，后见到范仲淹，范教诲他说："儒者自有名教，何事于兵!" 并劝他读《中庸》。张载遂立志学儒，终于成为著名理学家。刘因正是以张载等为榜样自勉，憧憬建功立业。

可见，青年时代的刘因是抱着积极入世的态度，很有一番抱负的。就是"静修"这个名字，也不能理解为消极的"独善"。刘因曾述及自取名为静修的缘由："当年静修铭，团茅鸡距阳。"[②] 自注："鸡距，保府泉名。旧尝取武侯'静以修身'语，名所寓舍曰静修龛。"这正是《墓表》及《元史》本传所说"尝爱诸葛孔明静以修身之语，表所居曰静修"的来历。诸葛亮隐居隆中，躬耕南阳，并不是一味地避世。从他与三顾茅庐的刘备的对话（《隆中对》）可知，他对当时的政治形势可谓了如指掌，如果不是时刻关心天下大事，是不可能有那样精辟的分析的。其后，他鞠躬尽瘁地辅佐刘备及后主刘禅，终于成就了鼎足三分的大业。从诸葛亮的抱负和经历看，"静以修身"之语的对偶句也许是"出

① 五古《秋夕感怀》，《静修先生集》卷六，页一一六。
② 《和杂诗》之八，《静修先生集》卷一二，页二四八。

以济世”吧？[①] 刘因爱孔明此语，应该说也是包含着这样两层意思。这也正是他少有大志的一种表现。遗憾的是，他的《静修铭》却没有其他记载，致使后人不得其详。

刘因虽然有济世之志，但是，在相对承平的年代，在仕进之途尚不畅通的当时（元朝廷尚未实行科举取士），作为一个汉族的普通儒生，又谈何容易！刘因在一些诗中，也流露出功名未立的烦恼。如：

苍月瘦，黑风酸，枯梢老窍号空山。
东方未动天发黑，迷途客子回征鞍。
冰髯压唇帽檐侧，耳轮霜醉鼻尖寒。
中原年少燕南道，功名未立黄尘老。
黄尘老，马上神州依旧好。[②]

全篇的调子不免有些低沉，但结尾的情绪还是蛮高昂的。

有时，还宣泄出不被世人理解的愤懑和壮志难酬的苦闷：

欲求伸汩没，今反堕渺茫。……
溺身朱墨窟，人事如冰霜。
高才日陵替，壮志时悲伤。
驽骀欺赤骥，鸱枭笑凤凰。

---

① 诸葛亮《诫子书》原文是：“静以修身，俭以养德。非澹泊无以明志，非宁静无以致远。”这里仅是作引申分析而已。

② 杂言《早发高黑口号》，《静修先生集》卷七，页一四〇。

妾妇妒逸才，浪嘴谗舌长。
纷纷生谤议，锋起不可当。①

这种怀才不遇的情调，在他十五岁的作品中就有表现：

浮云翳阳景，灵飙扇我衣。
男儿志万里，谁复伤别离。
我生十五年，世事犹未知。
慨然慕义气，远与千古期。
高风不可攀，俗纷亦已羁。
所志必我拒，所期必我违。
哀歌仰天问：生我亦何为？
抚剑一太息，昼夜中情驰。②

鸿鹄凌云志，燕雀安能知。
二禽登寥廓，尺鹦笑藩篱。
世态尽伥鬼，吾将谁与依？③

诗中对于当时一些读书人的趋炎附势给予痛斥，还发了一些“屠龙无所用，不如学履狶”之类的牢骚。文繁不具引。

总之，青年时代的刘因志向高远，常以“远大自期”④，

① 五古《呈保定诸公》，《静修先生集》卷六，页一一五。诗末句中的“起”，畿辅本作“岂”，今据四库本改。

② 五古《拟古》三首之二，《静修先生集》卷六，页一一六。

③ 五古《拟古》三首之三，《静修先生集》卷六，页一一六。

④ 见《西茔改葬后祭文》，三贤集本《静修集》卷四。

一度还曾脱颖而出，崭露头角，受到赏识。但很快又遭到挫折和打击，因而有郁郁不得志的苦闷。只是由于史料有缺，其详情不得而知。刘因后来回忆少年事曾说：

某早躁狂，若将有志。中实脆屈，未立已颓。①

该文写于己卯年（1279），刘因三十岁。从文字看，此时他对青少年时的"躁狂"似有所检讨。

（二）中年授徒

元朝初年，还没有实行科举。刘因身为布衣，无由进入仕途，难以实现他建功立业的抱负。刘家"世为儒家"，不治产业。为了谋生，刘因只得走"授徒教学"一途。

刘因哪年开始授徒没有确切记载。刘因诗有"十年小学师"② 之句，但未署时间，无从推求。又，在《己卯春释菜先圣文》中说："今辟此馆，惟我之求。讲学有徒，进修有地，研穷参订，亦复有书。于古遗言，于今学者，尚有裨益。"③ 由此可见，他在三十岁以前已教学。④

① 《己卯春释菜先圣文》，《静修先生集》卷五，页八五。

② 《和饮酒》之十，《静修先生集》卷一二，页二四四。

③ 《静修先生集》卷五，页八五。

④ 刘因在另文中也提及教学事："予今教授余二十年。"（《篆隶偏旁正讹序》，《静修先生集》卷二，页二六）文末署"至元丙子"，即1276年，刘因二十八岁。这样的年纪，是不可能"教授余二十年"的。疑文有误。"丙子"或当为"戊子"（1288）。

刘因的教学与一般的乡村塾师不同，他有自己的独立见解，能将理学思想贯注其中，他还亲自编订和撰写了一批辅助教材和参考书籍。用今天的话说，就是在教学上颇有革新精神。这就引起了时人的注意。苏天爵说：

> 乡间老儒，说经止传疏义，为文尽习律赋，闻先生讲贯，阅先生论著，始则谤讪，久亦敬服。①

刘因的名声因此日显：

> 先生授徒，深居简出。性不苟合，不妄接人。保定密迩京邑，公卿使过者众，闻先生名，往往来谒。先生多逊避，不与相见。不知者或以为傲，先生弗恤也。②

当地的地方官也主动地去拜访他："县长闻名谒下风。"③不少有地位的人还请他给先人作传记，写碑铭（收入《静修集》中的这类文章有十余篇）。一些在职或退休的大官僚还请刘因去做家庭教师。有一位京师的田尚书，本是西域贵族，以厚礼来聘，请教授其子，刘因以"水几啮先人坟墓，谋迁避之"等理由加以推辞。田一再来信催促，刘因说："可往，则一来即往，诚不敢虚伪，以要人之再三。若

① 《静修先生墓表》。

② 《静修先生墓表》。

③ 七律《上冢》，《静修先生集》卷九，页一七二。

公不亮察，虽百往复，亦止此而已矣。”①

后又有一位曾任两淮盐使的何尚书也以教子为请。何公家住易州，奉亲家居，藏书万卷。刘因“平生苦无书读，又乐易之风土，遂允其请。三年即归，何公赉以银币，皆谢不受”②。由这些可知，刘因还是很有个性和操守的。

（三）首次被征聘

由于士大夫对刘因多所称誉，刘因的名声越来越大，丞相文贞王不忽木尤其极力荐举，刘因终于引起朝廷的注意。至元十九年（1282），太子真金下诏，征刘因入朝，授给他承德郎、右赞善大夫的官职（五品）。当时，真金在宫中建立太学，原由赞善王恂执教。刘因入朝时，王恂新卒，于是命刘因继之，教授近侍子弟。刘因一介儒生，教授乡里，忽然受到朝廷的征聘，一跃而成为朝官，且成为太学的教授，这表明，刘因此时在学问上已经成熟，并有相当建树，是以声名远播。而元朝统治者热烈地认同中华传统文化，重用汉族知识分子，刘因逢此际遇，实属难得。如果继续下去，也许刘因会走上另一条生活道路。遗憾的是，这一过程竟因刘因家中出事而中断。史载，刘因入朝为时不长（一说“数旬”——苏天爵《墓表》；一说“数月”——刊行刘因文集皇帝圣旨），因继母病重，刘因辞归。第二年继母去世。依当时风俗，刘因“丁忧”（居丧，守孝），为官的事遂被搁置。

① 《答田尚书》，《静修先生集》卷三，页五六。
② 《静修先生墓表》。

此后的几年间，刘因仍以教书为生。但因遭荒年，粮价上涨，他的生活颇为拮据，有时不得不以一些代食品糊口。此时期的诗作中对这种清贫生活多有反映，并流露出比较浓重的隐逸情调（详后）。刘因的生活不仅是清贫的，而且是孤寂的，不幸接连而至：早失父母且不说，两个姐姐又相继亡故；四十岁后喜生一子，却又不幸早夭。刘因身体本来就比较羸弱，丧子的忧伤更使他受到沉重打击，以致百病缠身，“形体癯瘁，须发斑白”①。

（四）第二次被征聘

至元二十九年，又有朝臣荐举刘因，忽必烈才又想起这位贫居教授的儒生，于是下诏，“以集贤学士、嘉议大夫征因”，这个职位属于“三品清要之官”，授给一个平民，在当时是被人看作“不次之宠”的。但此时的刘因，身体已经恶化到“不能扶病而行”的地步，只得上书“以疾固辞”，写下了著名的《上政府书》（一名《上宰相书》）。这封信《元史》本传及《宋元学案》均全文收入，足见都把它视为刘因的代表作。的确，该文不但文笔流畅，而且情真意切，是了解刘因生平思想的第一手资料。书曰：

> 九月二十八日，某再拜。某自幼读书，接闻大人君子之余论，虽他无所得，至如君臣之义一节，自谓见之甚明。其大义且勿论，姑以日用近事言

① ［元］李谦序，见《四部丛刊》影印元至顺庚午本《静修集》。

> 之，凡吾人之所以得安居而暇食，以遂其生聚之乐者，是谁之力欤？皆君上之赐也。是以凡我有生之民，或给力役，或出智能，亦必各有以自效焉。此理势之必然，亘万古而不可易，而庄周氏所谓“无所逃于天地之间”者也。某生四十三年，未尝效尺寸之力，以报国家养育生成之德，而恩命连至，某尚敢偃蹇不出，贪高尚之名以自媚，以负我国家知遇之恩，而得罪圣门中庸之教也哉？

这开头一段，刘因先交代不能应诏的原因。宋元时期，读书人被授官，往往要先辞谢，以示谦逊。但如果“恩命连至”，累征不就，有时是会被定成抗旨不遵的大罪的。刘因深知其中利害，自然要努力消除可能产生的误解，表白自己本有为国家效力的想法，绝没有借辞官以邀名的意图。这番话虽然不能说是违心之论，但毕竟是为了解释和剖白才说的。接下去的话中，这个意思更为明显：

> 且某之立心，自幼及长，未尝一日敢为崖岸卓绝、甚高难继之行；平昔交友，苟有一日之雅者，皆知某之此心也。但或者得之传闻，不求其实，止于纵迹之近似者观之，是以有高人隐士之目。惟阁下亦知某之未尝以此自居也。请得一一言之。

按，刘因提到当时有人把他看作“高人隐士”，而刘因说绝非如此。此点值得注意。他先从往事说起，表明本无隐居不仕的初心：

向者，先储皇以赞善之命来召，即与使者俱行。再奉旨令教学，亦即时应命。后以老母中风，请还家省视。不幸弥留，竟遭忧制，遂不复出。初岂有意于不仕耶？

这一事实讲得简洁，但对说明问题却很有力。接着正面申述此次被征之所以不能及时应命的缘由：

今圣天子选用贤良，一时新政，虽前日隐晦之人，亦将出而仕矣。况某平昔非隐晦者耶？况加以不次之宠，处以优崇之地耶？是以形留意往，命与心违，病卧空斋，惶恐待罪。

这段先说，以形势而论①更没有不出仕的理由。而之所以不能应召，是病情严重，身体不作主。下文就详讲健康恶化的情况：

某素有羸疾。自去年丧子，忧患之余，继以痁

① 忽必烈统治的后期，总的说日趋保守，但也有起伏。史载，至元二十八年，杀桑哥之后，忽必烈起用小心缜密的原太子僚事完泽为中书左丞相，以国子生出身、深受儒学熏陶的康里人不忽木为平章政事，革新弊政，蠲免中统以来积年逋负钱谷，采取了安民的稳定政策，社会矛盾有所缓和。（见韩儒林主编：《元朝史》下册，第8~9页，人民出版社1986版）苏天爵在《静修先生墓表》中也提到："至元二十八年，朝政又一更新。"正是在这一背景下，刘因第二次被征召。

疟，历夏及秋，后虽平复，然精神气血已非旧矣。不意今岁五月二十八日，疟疾复作，至七月初二日，蒸发旧积，腹痛如刺，下血不已。至八月初，偶起一念：自叹旁无期功之亲，家无纪纲之仆，恐一旦身先朝露，必至累人。遂遣人于容城先人墓侧，修营一舍，倘病势不退，当居处其中以待尽。遣人之际，未免感伤。由是病势益增，饮食极减。至二十一日，使者持恩命至，某初闻之，惶怖无地，不知所措。徐而思之，窃谓供职虽未能扶病而行，而恩命则不敢不扶病而拜。某又虑，若稍涉迟疑，则不惟臣子之心有所不安，而纵迹高峻，已不近于人情矣。是以即日拜受，留使者，候病势稍退与之俱行。迁延至今，服疗百至，略无一效。乃请使者先行，仍令学生李道恒纳上铺马圣旨，待病退自备气力以行。

这段文字声情并茂，对病状心情写得细腻曲折，有很强的说服力和感染力。同时它也为后人提供了了解刘因生活和思想的最真切的材料。信的最后，拜托宰相向皇帝传言，戛然而止：

望阁下俯加矜闵，曲为保全。某实疏远微贱之臣，与帷幄诸公不同，其进与退，若非难处之事。惟阁下始终成就之。某再拜。①

① 《静修先生集》卷三，页五二至五三。

谁能不被这封哀婉动人、情辞恳切的信深深打动呢？果然，忽必烈得知这个情况后，也不相勉强，惋惜地说：“古有所谓不召之臣，其斯人之徒与！”① “不召之臣”典出《孟子·公孙丑》下：“故将大有为之君，必有所不召之臣。”意思是说，将要大有做为的君主，一定有他所不能召唤的臣子，“欲有谋焉，则就之”。“不召之臣”喻贤能、耿介、有操守的人。忽必烈说刘因是不召之臣，既是对刘因的称赞，隐然又有以“大有为之君”自命的意思。如果刘因不是中年早逝，或许他能辅翼这位君主而发挥更大的作用吧。遗憾的是，他竟没有从那场大病中挺过来。

第二年（至元三十年，公元1293年），国子助教吴明又陈书朝廷，荐刘因为国子祭酒。但就在这年夏季四月十六日，刘因竟因病与世长辞。

门人故旧将他葬于容城沟市里先茔。元仁宗延祐年间（1313～1319），朝廷对刘因进行表彰：“赠翰林学士、资德大夫、上护军，追封容城郡公，谥文靖。”②

三、门　徒

刘因除零星接受门徒外，还曾“隐居三台（今属河北省安新县），教授生徒”③。清代的安州俞湘（字晓帆）说，刘

① 《元史》本传。
② 《静修先生墓表》及《元史》本传。
③ ［明］方义壮：《重刊静修集序》，见三贤集本《静修集》附录。

因“尝讲学于濡阳正学书院。当时被化雨者，不知几何人”①。濡阳为安州古称，其所辖的三台村建有静修书院。据元人说，刘因的授徒讲学，很受当时人称道。《墓表》说：

> 先生师道尊严，学者造门，随其材品而教焉。讲说诸经，理明义正，听者心领神会。

刊行刘因文集皇帝圣旨中也说：

> （刘因）负卓越之才，蕴高明之学。说经奚止于疏义，为文务去乎陈言。行必期于古人，事每论乎三代。汉唐诸子，莫之或先；周邵正传，庶乎可继。户外之屦常满，邱园之帛屡来，咸虚往而实归……

这些话虽难免过誉，但大体反映了刘因教学效果颇佳和深受欢迎的实情。

刘因的门徒据说有百人左右②，其中，有姓名可考的二十余人。

《宋元学案·静修学案》列有刘因弟子七人，私淑弟子一人，其佼佼者有：

乌冲，字叔备，一生高蹈深隐，杜门授徒。他向安熙详

① 《刘静修传》，见三贤集本《静修集》附录。

② 苏天爵说：“文靖弟子，恒以百数。”（《杜提学画像赞》，《滋溪文稿》卷一）

细介绍了乃师之学。卒后赠承事郎、秘书监秘书郎。

郝庸，字季常，郝经的胞弟。郝经被拘于真州，他曾不顾个人安危，屡次请命，代表元朝赴宋问罪。仕至颍川太守。

杜萧，字彦表。刘因殁后，为撰《静修先生圹记》。仕至河南儒学提举。①

还有李道恒、刘君举、李天篪、林起宗等，大多是隐居教授的布衣之士。

私淑弟子安熙，字默庵，热心搜集编订刘因遗著，笃守并发挥刘因的学说，作《丁亥诗注》、《四书精要考异》等，使刘因之学“昌大于时”。有《安默庵文集》行于世。

又据孙奇逢（人称夏峰先生，容城三贤之一）称，刘因弟子还有三台籍八人。他们是：梁师恭（以经行明修被征为侍讲）、梁师安（出资为刘因建庙立学）、王刚（至孝），以及刘英、梁泰、李蒙、王果、李贞等，皆“负笈从游，为建书院于三台”②。

此外，《静修集》中提到的门人还有张潜（见《张潜名说》）、徐景岩（见《徐生哀挽序》）、郝彩鳞③。

又据苏天爵称，从刘因受业的还有房山的贾璞、贾瓌兄弟。他们在房山建书院祠堂，以祀乃师而教乡人。瓌之子彝，

① 见苏天爵：《杜提学画像赞》，《滋溪文稿》卷一。

② 《重葺静修祠暨配祀诸贤始末记》，《孙夏峰集》卷八。

③ 《静修集》卷九《示彩鳞》有“野夫能有几门生”之句。据《元史·郝经传》，彩鳞是郝经之子，与三叔庸并从刘因受业。曾任林州知州，集贤直学士，江南江北肃政廉访使。

任容城县令时，曾重修静修祠，捐俸立碑，奉敕专额。[1]

上述材料表明，刘因的学生中较少出类拔萃的人物，但大多能笃守师训，勤奋向学。私淑弟子安熙比较突出，他和弟子苏天爵、杨俊民，是刘因之学的积极阐扬者，从而使刘因的知名度大为提高。

四、著　述

刘因勤于著述，生前曾自选诗五卷，号《丁亥集》，“常自讽咏。复取他文焚之。”[2] 刘因为什么自焚诗文？焚烧的诗文都有哪些？苏氏没有交代。由于资料有缺，不好妄加揣测，只得暂且存疑。

刘因死后，门人故友裒其遗稿，以广流传。弟子乌叔备和安熙是刘因诗文的最早搜集者和编辑者。故友张九思（字子有）首将刘因的著作刊刻，并由曾与刘因“同侍从春坊”的李谦作序。[3] 元成宗大德五年（1301），已有二十二卷本刘因文集流传。（见杜萧：《静修先生圹记》）元文宗至顺元年庚午（1330）宗文堂再加刊刻。元顺帝至正九年（1349），内容更加完备的官刊本问世，共二十八卷，包括《丁亥集》五卷、《樵庵词》一卷、遗文六卷、遗诗六卷、拾遗七卷、续集三卷，另有附录二卷，共三十卷。为刊行此书，还以皇

---

① 《滋溪文稿》卷一九《房山贾君墓碣铭》、《处士贾君墓表》；杨俊民：《静修祠堂记》。

② 《静修先生墓表》。

③ 该序见四部丛刊本《静修集》卷首，但未署年月，未提卷数。

帝名义下了一道圣旨，文曰：

> 尝谓国有名贤，幸遗言之未泯；职司风纪，惟见义则必为。切睹故征士集贤学士、赠翰林学士、资德大夫、追封容城郡公、谥文靖——静修先生刘因，负卓越之才，蕴高明之学，说经奚止于疏义，为文务去乎陈言，行必期于古人，事每论乎三代。汉唐诸子，莫之或先；周邵正传，庶乎可继。户外之屦常满，邱园之帛屡来，咸虚往而实归，竟深居而简出。虽立朝不逾于数月，而清节可表于千年。慨想高风，盖已廉顽而立懦；访求故稿，所当微显而阐幽。考诸学官，或文有可采，或事有可录，皆得锓梓以传。况先生诗文，大关世教，岂容独缺？今抄录诗文附录共三十卷，于各路儒学钱粮多处刊行传布，则上可以禅国家之风化，下可以为学者之范模。牒请照验施行。准此。①

这道圣旨对刘因的人格、学行、思想、著述作了比较全面的评价。虽然不免有溢美之处，但基本属实。它既是元朝官方和知识界对刘因评价的一个小结，也为后人评价刘因奠定了基调。

明清时期，刘因的诗文仍有广泛的读者。下面略述刘因文集在后世多次翻刻的情况。

今天能看到的《静修文集》主要有七种版本。

① 见丛书集成本《静修集》卷首，又见三贤集本《静修集》附录。

一为《四部丛刊》本（一函三册二十二卷），系上海涵芬楼据元至顺庚午本影印。书中有“至顺庚午孟秋宗文堂刊”牌记。文中凡“天子”、“国家”、“朝廷”乃至“太子”、“皇孙”、“东宫”等词都顶格。正文前有李谦序，旁注：“据抱经楼旧藏元至顺本补。”

二为明万历蒋如苹刻本（北京大学图书馆藏，一函四册十卷）。书中没有序，也未署刊刻年代。但每卷首均刻有“容城刘因梦吉甫著益都后学蒋如苹梓”字样。检《容城三贤集》本《静修集》，有明代北平王遴《容城两贤集序》，序中说：

> 容城令蒋君合二集（指《静修集》和《杨继盛集》）为一，刻之于邑斋，名《两贤集》。……蒋君一邑令耳，表章若斯，其尚德者哉！其重有感者哉！……蒋君如苹，山东益都人。

又，清魏一鳌《合刻三贤集跋》中说：

> 《两贤集》梓于容邑旧令蒋如苹，其来久矣。

又，清崔蔚林《容城三贤集序》中称：

> 容城旧有《两贤集》，一为元刘文靖公因，一为杨忠愍公继盛，邑令蒋公如苹合梓，遗文行世已八十年矣。

该序作于康熙十八年己未（1679），上推八十年，为

1599年，当明神宗万历二十七年已亥。以时间而论，与此书藏书卡上写的“明万历刻本”正相吻合。由此可知，这部北京大学图书馆藏本当是明《两贤集》本。该书刊刻形式与元至顺本相似，即凡遇“皇”、“朝”等字眼都顶格，而“附录”所收的都是元代文献，无一篇明代作品。由此推测，它可能是明人据元代刊版重印的。该书共分十卷，而篇目远较至顺本为多，而与四库全书本接近。

三为明刻本《刘文靖公文集》（北京图书馆藏，一册十二卷）。该书也未署刊刻年代。有一篇序，但未署姓名及时间。此本只收诗词，未收散文。诗词也仅有《丁亥集》五卷，《樵庵词》一卷，遗诗六卷。该书藏书卡既确认其为明刻本，也许就是《绣谷亭书录》说的明弘治十八年乙丑（1505）崔暠刊本。

四为明容城知县方义壮序本。此本今尚未见。《容城三贤集》附录中收有方义壮的一篇序，序中称：

> 于府城购获先生《丁亥集》并遗文数卷，然字句讹舛，至不可读。于是为请于郡伯昆陵顾公，许重梓焉。无何，顾公奉命治兵三关，而太原李公至郡，予复请如初，遂命诸生孙重捷、王衍祚、侯进之分订类校，共得诗文凡若干卷。

末署“万历十六年戊子”（1588）。可知，这当是《增订四库简明目录标注》中所说的“明万历戊子郡守李□校刊本”。因该书有方义壮的序，后人又误说成是方义壮“刻”本。由此亦可知，清人王灏把“方刊本”说成“即今《三贤集》所传之本”（《畿辅丛书》本《静修集》跋），是错加上错了。实际上，《三贤集》本绝不是仅有《丁亥集》并遗文数卷（详见下文）。

五为《容城三贤集》本（一函四册四卷）。该本是在《两贤集》的基础上，又将孙奇逢《岁寒集》合刻而成。清康熙十八年（1679），新安张斐然（裁之）、容城杨澭（清远）始刻。其后，道光十六年（1836）、光绪二十四年（1898）又重刻，民国十六年（1927）曾补修。该书序跋附录俱全，唯没有明言所据之最初底本。该本分卷与他书又自不同，仅四卷，而所收篇目最多，与蒋如苹本、四库本接近。

六为《四库全书》（文渊阁）影印本（二十八卷）。《四库全书总目提要》说：

> 刘因自选诗五卷，号《丁亥集》，卒后，门人故友裒其遗稿，得《樵庵词集》一卷，遗文六卷，遗诗六卷（据文渊阁影印本“提要”补），拾遗七卷，杨俊民又得续集三（“三”原作“二”，据文渊阁影印本改）卷，后房山贾彝复增入附录二卷（此句文渊阁影印本无，该本亦未收入附录二卷，想是抄时删），合成三十卷，至正中，官为刊行，即今所传之本。

此说与元至正九年刊行刘因文集皇帝圣旨中所云“今抄录诗文附录共三十卷”之语正相吻合。据此可知，四库本所据之底本就是元至正本。该书正文之分卷与蒋如苹本、三贤集本虽不同（一作二十八卷，一作十卷，一作四卷），但所收篇目基本一致。由此可知，它们当出自同一底本，即元至正本。

七为《畿辅丛书》本（一函四册十二卷）。清光绪十一年（1885）王灏编。王灏在《静修集跋》中称："今四库秘本不可得见，方刊本、三贤集本，鱼鲁亥豕，不可卒读。谨正其讹谬，厘为十二卷，不可知者缺之。先生著述，多就湮没，诗文之存者，仅有此集。"文中的"其"字指代不明，到底以什么作底本没说清楚。但从其所收的篇目看，除缺词三十三首外，与四库本、三贤集本、蒋如苹本基本一致。由此可知，尽管分卷有所不同，但其最初的祖本当也是元至正本。

《畿辅丛书》曾经过王树枏等名家之手的整理，校勘较精。《畿》本《静修集》曾与其他版本及《元文类》、《元诗选》、《古文正集》以及一些史书、文集相校勘，改正了不少讹误。民国时期的《丛书集成初编》铅字本，即以此为底本。

综上所述，《静修文集》流传至今各书，源于两个底本：一为至顺庚午本，一为至正九年本。至正本在流传中，分卷变化较大，《绣谷亭书录》说：

> 永乐二十一年重刊元本，成化己亥蜀再刻，已改编卷帙。至弘治乙丑所刻，又加编次，全非旧文矣。[①]

① 转引自邵懿辰：《增订四库简明目录标注》，中华书局1959年版。

四库本分为二十八卷，与“皇帝圣旨”中所说相吻合，当是元至正九年本的原型。从“遗诗”、“遗文”、“拾遗”、“续集”这些说法看，它大体是按篇目收集的先后编次的。后人重刻时，以己意按体裁归类，所分卷次遂有不同。

四库本计收有散文一百一十五篇，诗八百七十五首，词三十三首，赋三篇。蒋如苹本、三贤集本、畿辅本与之大体相近。唯四部丛刊本因系据元至顺本影印，时代虽古，但缺佚较多。与四库本相较，散文缺二十五篇，诗缺一百零九首，赋三篇全缺（四库本中的拾遗七卷和续集三卷全缺，其他所缺篇目，基本在四库本的拾遗一至六）。至顺本也许是民间的初刻本，至正本则是收集较全的官方刊本。

由此亦可知，有的学者有关“至顺本未收入对于元蒙有禁忌的文字”的说法也是不够确切的。试想，如果作为民间刻本的至顺本（今四部丛刊影印本）因对于元蒙有禁忌而不收的文字，至正官刊本倒收了，岂不于理难通？而且，事实上也并非如此。四部本（即至顺本）未收入的那些诗文，从写作年代看，大部分是刘因早年的作品，文如《希圣解》(1267)、《吊荆轲文》(1266)、《横翠楼赋》(1266)、《宣化堂记》(1270)等；诗如《呈保定诸公》、《匏瓜亭》等虽未署年代，但从其内容亦可知是早年作品(详见后文)。这些诗文大部分并不带政治性，谈不到“禁忌”问题。只有少数几篇或可以从这方面理解，但分析起来却有问题。如七古《送王之才赴史馆编修》（四部本缺）有句曰:“辽金邪魅无人诛”（据畿辅本、三贤集本），这大概被看作是“禁忌”文字吧。但查四库本，此句作“辽金二史无人修”，其下文是："略主英臣少颜色。策书未削徒纷纷，当恨天孙惜刀尺。"这意思是说，辽金二史尚未修成，令人遗憾。如果像畿辅本那样作"辽金邪魅无人诛"，与下文的意思就连不上，勉强连也不成句。再者说，刘因祖辈曾三世仕金，他怎么可能把辽金视为邪魅呢？由此可知，此句四库本较近本真，邪魅云云当系后人妄改（参见本书第223页注）。总之，诸本所收篇目多寡的不同，并不是政治原因造成的。

除《静修文集》外，刘因的著作还有《小学》、《四书语录》（门生所录）、《易系辞说》（病中亲笔），惜已佚。

刘因还选编过一本《四书集义精要》（有时简称《四书精要》）。苏天爵最早谈到这部著作，说：

> 初，朱子之于《四书》，凡诸人问答与《集注》有异同者，不及订归于一而卒，或者辑为《四书集义》数万言。先生病其太繁，择为《精要》三十卷。简严粹精，实于《集注》有所发焉。①

可知，该书是对朱熹《四书集义》的摘要简编本，而不是刘因的著作。所选内容，大部分是关于《四书》的语录，小部分是关于《四书》的书信（文句摘录）。这些内容都见于今本《朱子语类》和《朱文公文集》，唯个别字句小有出入。从选辑的水平看，所选内容的确都是朱熹比较重要的观点，苏天爵以"简严粹精"四字加以评价，诚为确当。

古人治学，首重道德。编书刻书，也是首先着眼于对思

---

① 《静修先生墓表》。

想行为有指导意义，这与今人以获得知识或研究问题为目的颇有不同。加以当时印刷技术和经济条件的限制，刻印大部头的《语类》、《文集》那样的著作实有困难。由此看来，刘因搞此选本，用心是良苦的，也是有价值的。

该书未见刻本流传。《四库全书》经部收录了该书当时仅存的二十八卷，至《孟子·滕文公》上篇而止，其中尚有缺佚，实非完帙。通过它，可以窥见刘因对朱熹思想的取舍和理解，有间接的研究意义。《四库提要》对该书的价值给予很高的评价，说：

> 其书芟削浮词，标举要领，使朱子之说不惑于多歧。……盖因潜心义理，所得颇深，故去取分明，如别白黑。较徒博尊朱之名，不问已定未定之说，片言只字无不奉若球图者，固不同矣。

这个评价似嫌过高，而且说所选的都是“朱子晚年定论”，也未必是事实。但说它反映了朱熹对《四书》的主要观点，可以与《集注》相参读，还是不错的。此书今天能见到的版本有二：一为《四库全书》影印本；二为元至顺间刻本（北京图书馆藏，残存二十二卷，九册）。

五、祠　墓

刘因殁，门生故友将他葬于容城沟市里先茔。元成宗大德五年（1301），门生杜萧为之作《静修先生圹记》。元顺帝至正八年戊子（1348），容城县尹贾彝为他建墓碑，请苏天爵撰写了《静修先生墓表》。同年，王理倡议创建静修祠，得到地方的响应，遂建祠，杨俊民撰《静修先生祠堂记》。同时，还一度将刘因故里沟市里更名为尊贤庄，并且豁免全村的差徭。（尊贤庄这个名字使用了多长时间不详。今天，刘因故里仍称沟市）

刘因墓在容城县北易水（拒马河）南岸，后为容城八景之一[①]，清光绪二十二年修的《容城县志》称：

> 元儒刘静修墓在沟市村，即"波潆贤冢"也。中有碑，天顺八年（1464）大尹林景修筑垣墉。天启丙寅（1626）孙征君倡邑绅士建祠宇三楹于墓南，内塑先生像，庭前植柏，门外竖坊，题曰："山高水长"。每岁清明节，本县同绅士祭之。有墓表。[②]

该墓与祠紧相邻，祠在东，大门有"静修贤祠"匾额，刘因的塑像为全身座式。该祠民国时期改为小学。墓在祠堂西，山门有匾额，题曰："山高水长"。墓道有石人石马，墓高达4～5米，祠墓合计占地有十几亩，中有百余棵大松柏树，并有碑碣若干。该祠与墓解放初尚存，经过"四清"和"文革"，遭到彻底破坏，遗迹今已荡然无存。碑碣也已

① 刘因墓作为容城县八景之一，称"贤冢洄澜"（一名"波潆贤冢"）。《容城县志》"八景图"注文称："刘静修先生墓在拒马河南岸，河水冲决，地多圮坏，独此三面潆洄无虞。"

② 台湾成文出版社影印本1969年版，卷一，邱墓。

不知下落。

在容城县城内，还建有一静修祠。《容城县志》说：

> 静修祠在县治西南。元至正戊子（1348）敕建，嘉靖二十三年（1544）邑进士阴标增修，万历三十年（1602）大尹蒋如苹重修，顺治二年（1645）邑人阴葆元重修，顺治十年（1653）邑人胡彧重修，乾隆二十五年（1760）知县王克淳倡绅士重修。嘉庆十九年（1814）又重修。①

该祠民国初期尚存，日伪统治末期，在美机轰炸中被毁。遗址在今容城县委招待所院内。

六、逸事考辨

之一：

陶宗仪（元末明初人）在《辍耕录》中，记载了刘因的一段逸事，说：

> 初，许衡之应召也，道过真定，因谓曰："公一聘而起，无乃速乎？"衡曰："不如此则道不行。"及先生不受集贤之命，或问之，乃曰："不如此则道不尊。"

① 台湾成文出版社影印本1969年版，卷二，庙祠。

这条材料流传甚广，明代以后许多人在评价刘因时常引到它。但是，关于刘因传记的最有权威的著作如《静修先生墓表》、《静修先生祠堂记》及《元史》本传中，此事都不见记载。陶氏没有提到材料来源，也许是得之元末传闻吧。如果以时间考之，其真实性却颇有疑问。因为许衡生于1209年，长刘因四十岁。其应召事在忽必烈即皇帝位初年（1260），其时，刘因还是个十一岁的孩子，是不可能与许衡进行此类寓意高深的谈话的。刘因“不受集贤之命”，事在1291年，许衡已于九年前（1282）故去，时间根本不相及。

不过，这条材料对许刘二人的语言刻画还是传神的。它表明，许刘二人对于“道”有同样的自觉，一个着重于道的实行，一个着重于道的尊崇。这还是比较切合两人的生活和思想的。这大概是它不胫而走、广泛流传的原因吧。其事虽不可尽信，但它对于理解刘因的思想还是有一定意义的。

之二：

《宋元学案·静修学案》附录载有全祖望（谢山）《书文靖〈退斋记〉后》，认为刘因的《退斋记》中“世有挟老子之术以往者”等语，是讥讽许衡，并引杨俊民《静修先生祠堂记》中的一段话为证。《静修先生祠堂记》说：“先正得时行道，大阐文风，众人宗之如伊洛，先生斥之曰：‘老氏之术也！’”全氏以为，“先正”二字，“所指者即文正（许衡谥号）也。”

这里先有一个文字上的问题：“先正”，意即先贤，是普通名词，为什么就是指文正（许衡）呢？《畿辅丛书》本《静修集》将“先正”改成“文正”，说是“据龙本改”。这一改，普通名词变成了专有名词，意思便大有不同。在元初，“得时行道，大阐文风”的大有人在，怎么能一定说是指许衡呢？

其次，是刘因为什么要讥讽许衡。全祖望揣测道：

> 岂当时文正辞左辖（按：指许衡自请罢中书政事），居祭酒（教国子），盖有见于道之难行，而姑思以儒官自安，故公以是诋欤？……由文靖之言观之，则知苟非行道之时，必不当出，亦不当择地而居之。盖立人之朝，即当行道，不仅以明道止。不能行道而思明道，不如居田间而明道之为愈也。

《鲁斋学案》附录中，也载有与全祖望意思相同的按语，并引元人虞集（字道园）作的《安默庵文集序》的话作证，文繁不具引。全氏的这个推测，根据也是不足的。因为，首先，许衡的“辞左辖，居祭酒”能说是老氏之术吗？恐怕不能。所谓“老氏之术”，刘因是指那种“以一身之利害，节量天下之休戚，……特立于万物之表，而不受其责，……以术欺世，以术自免”① 的思想和行为而言的。对照许衡的言行，似难于作出这样的论断。仅从《鲁斋学案》附录中所载的事迹看，许衡的为人是颇为廉直方正的。仅举一例：他敢于与权臣阿合马作斗争：“先生每议，必正色不相让。”并阻止阿合马之子同签枢密院之请，“阿合马由是衔之”②。如果许衡是老氏心态的人，能够如此吗？

① 《退斋记》，《静修先生集》卷二，页四二。
② 《宋元学案·鲁斋学案》附录。

再者，许衡“辞左辖，居祭酒”的行为，本没有什么可指责的。据《元史》，许衡在朝中任职，总是旋进旋退，每次都不太长。“世祖即位，召至京师，授国子祭酒，寻谢病归。至元二年，以安童为右丞相，使先生辅之，乃上书言立国规模，四年又归。五年复召，至七年又归。明年，以集贤大学士兼国子祭酒……久而归之。十三年，定授时新历，以原官领太子院事，历成而还。”① 从这些叙述中可以看出，许衡并不贪恋高位，居官也是尽职尽责的，谈不到什么“以术欺世”等问题。

还有，杨俊民在《静修先生祠堂记》中曾将刘因与许衡相提并论，说：“钦惟世皇，圣虑深远，征先生翌储君，盖欲他日相须，犹向之用许公也。”

这是把刘因被征为赞善、教授东宫，与许衡的任祭酒等量齐观。刘因自己既然曾经接受赞善之职，怎么却讥讽许衡之任祭酒呢？

还须指出，刘因在诗中曾提到许衡，态度是颇为尊敬的。如“堂高余庆在，道重鲁斋传”②。怎么会又说这样的人“以术欺世”呢？如果说许衡一面宣扬理学，一面在元朝当官是以术欺世，那么，刘因自己不也一度在元朝当官吗？再这样说别人，那岂不是以五十步笑百步吗？

可见，此类把许衡与刘因对立起来的逸事的真实性是值得怀疑的。

---

① 《宋元学案·鲁斋学案》附录。

② 五律《示张源》，《静修先生集》卷八，页一五一。

第三章　政治态度

刘因曾两次辞官，诗文中也有一些与当时政治有关联的篇章，前人对此评价颇不一致。有的赞美他淡于功名利禄的品格，说他有高人隐士的风貌；有的强调他不肯仕元的节操，说他不忘故国故主；有的更进而夸张他的"恋金"、"哀宋"情绪，说他"自视为亡金的遗血"，与元蒙消极对抗；也有的从另一角度立论，说刘因曾"幸宋之亡"，为元蒙张目，丧失了应有的民族气节。这些不同评价，集中到一点，就是刘因对当时的政府——元蒙政权的态度问题。刘因究竟对元蒙政权抱什么态度？对此应如何评价？这是需要做具体分析的。

一、拥护国家统一

刘因对元蒙政权基本上是支持和拥护的，其早年尤其如此。这无须讳言，也绝不是什么刘因政治上的污点。刘因生为元人，处在久乱初宁的年代，恰逢比较英明的君主，他的拥元是从拥护国家统一出发的，而不是从狭隘的民族观念着眼的。前人（尤其是明朝人）囿于当时的时局，对此多有误解、曲解，是应当予以澄清的。只有理直气壮地承认这一点，才能真切地揭示刘因的政治观、人生观及其发展变化的逻辑，准确地理解其有关诗文的内涵。下面结合历史背景对此做些分析。

（一）元初政治情况

刘因主要生活在元世祖忽必烈当政的时期。（刘因一生与忽必烈密切相关，而且大体上与忽必烈的统治同步：忽必烈即大汗位时，刘因十一岁；刘因去世的第二年，忽必烈驾崩）元蒙初年，政治比较稳定，经济有较快的恢复和发展，进而完成了统一中国的大业，结束了中国历史上长达数百年之久的分裂。在统一全国的过程中，忽必烈采取招抚流亡、禁止妄杀、屯田积粮、整顿财政等一系列措施，使饱受战争动乱破坏的北方地区的生产得以复苏。特别重要的是，忽必烈锐意改革蒙古旧制，“附会汉法”，“好访问前代帝王事迹”，迁都大都（今北京），改蒙古国号为“元”（取“绍百王而纪统”之意）；废止传统的选汗制度，仿照汉制预立皇太子；他还重视并亲自学习汉文化，接受“儒教大宗师”的称号。[1] 这一切都强烈地表明了他对于以汉族文化为主体

① 《元史》卷一六三，《张德辉传》。

的中国传统文化的认同。忽必烈还重用各族尤其是汉族知识分子。史称:“世祖度量弘广，知人善任使，信用儒术，用能以夏变夷，立经陈纪，所以为一代之制者，规模宏远矣。”① 这“信用儒术”、“以夏变夷”两点，尤其受到汉族士大夫的欢迎，刘秉忠、杨惟中、姚枢、郝经、许衡等先后应召而至，他们对忽必烈的政策多有赞画。而忽必烈在政治、军事方面的成功，也正与重用这些汉族知识分子互为因果。随着忽必烈的这种“尊用汉法”的政治路线的深入贯彻和事业上的日益成功，汉族知识分子也便心甘情愿地为之效力，并承认忽必烈是当之无愧的“中国之主”。郝经的话可以说是个代表：

> 今日能用士，而能行中国之道，则中国之主也。②

这就是说，忽必烈在政治统治上能信用汉族儒士，在意识形态上能认同中国传统文化，这才得到汉族士人的认同。

（二）对元初政治的态度

刘因生于其时，他也是把忽必烈看作“中国之主”的。他对忽必烈即位初年的统治秩序多次肯定和赞美。如说：

① 《元史·世祖纪赞》。
② 《与宋国两淮制置使书》，《陵川集》卷三七。

中统元年，今天子即位，草昧一革，古制浸复。及至元改元，则建官立法，几于备矣。①

对于宋（北宋）—辽—金—元嬗变的历史，刘因有一个总的看法，那就是由北而南，由小而大，最后归于一统，以为这是个总趋势。他说：

辽金迄今，自北而南渐以大。其文物之变也亦然。②

自北而南，天开元基。辽渐燕垂，金奠淮夷。厌分裂耶，孰彻藩篱？白雁一举，横绝天池。彼瘴海兮藏鲸鲵，巨鬣如城兮尾如旗，安得壮士兮驱而守之！③

刘因在诗文中，为元朝统一全国而欢欣的心情多有反映，如：

天彻藩篱要混通，古来佳丽数吴中。
送君如对秋风起，恨我不随江水东。④

在另一篇给友人送行的文章中，这个意思表达得更为明

① 《中顺大夫彰德路总管浑源孙公先茔碑铭》，《静修先生集》卷四，页六五。
② 《题辽金以来诸人词翰后》，《静修先生集》卷三，页五二。
③ 《怀孟万户刘公先茔碑铭》，《静修先生集》卷四，页六七。
④ 七律《送人官吴中》，《静修先生集》卷九，页一八七。

白，说：

> 东南富山水之奇秀，而限于南北，不得周游而历览之，使人恒郁郁不乐而若有所失。自宋亡，百五十年之分裂一日复合，凡东南名胜之迹，一日万里，而惟其所欲焉。此固不屑屑于当世以观物自娱者之所乐得者。方天下无事，事有纲纪，士以才能自负者，每以无以自异于中人而不得尽其所有者以自叹。今沿江南北皆我所有，民不习静而多变，有弊以革，有害以除，此亦有志于当世，以有为为事者之所乐得也。①

这番议论虽然是就游览山川名胜而引发出来的，但从中不难看出刘因对于全国复归统一的欣喜之情。刘因还有一首诗，也流露了这种思想。

> 闻君得官岳阳去，我梦已落江湖滨。
> 天下先忧付公等，江山之乐当平分。
> 荆湖一城百战得，存抚安得人人君。
> 岳阳父老宜相贺，君是荆州旧幕宾。
> 自注：廉荆州治称第一。②

廉荆州指廉希宪（1231～1280），元初名臣，畏兀儿人，因

① 《送张仲贤序》，《静修先生集》卷二，页二九。
② 《送寇长卿同知岳州》，《静修先生集》卷七，页一三四。

熟习儒书，人称廉孟子。官至平章政事（宰相）。至元十二年（1275），元军攻占江陵，他奉命行省荆南。刘因对于友人曾作过廉希宪的幕僚而引以为荣，从中也能侧面反映出他的政治态度。

（三）对元师伐宋的态度

对于元蒙南下灭宋的军事行动，刘因也是积极支持的。他在为人写的一篇碑铭中叙述道：

> 至元十一年，诏大丞相伯颜领诸将兵伐宋，有志之士，咸喜乘此际会，思效计勇以自奋。①

文中详细叙写了这位刘公在渡江攻宋的历次战斗中所立军功和所获封赏。在另一篇《明威将军后卫亲军总管李公先茔碑铭》中，对这位墓主在平定李璮叛乱和伐宋战斗中所立军功及所获封赏，也作了夸耀式的叙述。（不赘）此类写法固然是铭赞文体所要求的，但这样的内容，这样的津津乐道的口气，毕竟能反映出撰写者的政治倾向。

（四）《渡江赋》析

最能反映刘因拥护元蒙态度的作品是《渡江赋》。这篇赋正面写了元军南下灭宋的军事行动，它的政治倾向本来是

① 《怀孟万户刘公先茔碑铭》，《静修先生集》卷四，页六七。

十分清楚明确的，但由于种种原因，前人却有过很不相同的看法，有“欲存宋”说（想保全宋朝），“幸宋之亡”说（庆幸宋军的灭亡），“哀宋”说（对宋朝的灭亡感到可悲）等。为了澄清混乱，有必要先对这篇赋的背景作些介绍。

元蒙对宋的军事行动，如果从1227年成吉思汗侵宋算起，到1276年（至元十三年）攻陷临安、1279年南宋灭亡，历时五十余年之久。前期（成吉思汗和窝阔台）的侵宋战争，目的主要在于掠夺财物，攻陷的城市旋得旋失，大多不能建立长久的统治。宪宗（蒙哥）以后，蒙古统治阶级取宋而代之的意图日益明显。1256年，蒙哥亲征南宋，第三年病死军中（一说系被飞石击中，不治而死）。其时，贾似道任南宋的右丞相，他早已被蒙古的军事力量吓破了胆，上任后的第一件事就是私下谋求与蒙古议和。此举，最初遭到在前线统兵的忽必烈的拒绝。蒙哥突然死亡，忽必烈急于北还争夺汗位，恰巧贾似道再次派议和使者来到，和议遂成。和议规定：蒙古退兵，宋蒙划江为界，宋向蒙古称臣，每年奉献银绢各二十万两匹。可是，贾似道是个翻云覆雨的人，蒙军北还后，他隐瞒真情，冒称“再造之功”班师还朝。为了掩盖和议情况，贾似道把忽必烈派来践约的使者郝经拘禁在真州（今江苏仪征）。1260年，忽必烈即大汗位，初期无暇南顾，待北方局势稳定后，又经过周密准备，于1267年（至元四年）以南宋长期拘留特使为借口，兴师问罪，发动了大规模的灭宋战争。刘因的《渡江赋》就是在这年蒙古军南下之初写成的。

赋开篇的小序说：

郝翰林奉使南朝，九年不还。今国家大举，方与宋君会猎于江东，因之以问罪。北燕处士慨然壮其事，乃计地势，审攻守，将草渡江策以助之。①

这里清楚地交代了作赋的背景和宗旨，申明：宋朝拘囚蒙古特使达九年（1259～1267）之久，是背信弃义的行为，理当兴师问罪，所以才“慨然壮其事”，为蒙军呐喊助威。“北燕处士”是作者自称，而虚设一“淮南剑客”作为对立面，采用自设主客的问答体裁，往复辩难，极尽铺陈之能事，淋漓尽致地表达了蒙军必胜、宋军必败的主题。

刘因用夸张的语言，先回溯了元蒙开国的辉煌历史：

昔我国家，初基创元。顺斗极，运天关，握雄图，祭雪坛。神人赫尔折箭以首之，遂超大河，横八荒，跨北岳，漂九阳。南极破而朔风烈，长星灭而北辰张。继继承承，臣仆万方，其威益振，其武益扬。②

然后写蒙军南下的声势，极写蒙军的强大威武和宋军的不堪一击：

卵压中原，势开混茫。蠢尔荆蛮，何痴而狂。

① 《渡江赋》，《静修先生集》卷五，页九四。
② 《渡江赋》，《静修先生集》卷五，页九四。

自取征伐，孰容尔强？今乃提天纲，顿地纮①，竭冀北之马，会天下之兵。衔枚疾走，摄号而南行。……精甲云屯，白日争辉。扇燎原之猛势，奋盖世之雄威。……使彼淮方之矮马，蛮溪之豪族，延目望之，固足以拳拘喘汗，免胄肉袒，进不敢敌，退不敢窜。我乃击奔霆而倏升，怒长风而迅征。一叱而健瓴折箠，再鼓而瓦解土崩。……断横江之铁锁，焚栅岸之河楼。其势也，人人清河公，一一韩擒虎。小王濬之楼船，凌伏波之铜柱。朝发舳舻，夕会南隅，囊括百越，杯视五湖。灵旗所指，席卷长驱。哀哉宋君，可怜也！战则为黄泉之士，降则为青衣之奴。上绝奎官之运，下失皇祐之区。草满金陵，鹿走姑苏。五溪焦土，七泽丘墟。何其痛哉！②

接着写淮南剑客献疑说：宋朝有长江雄关作天险，“一夫守隘，万夫莫前”，“一轲据津，万夫莫渡”；军备还颇充实：“船襄汉之粟，漕江淮之资。发武库之兵，刲犀象之皮。镂铜牙于龙川，伐竹箭于会稽”，足以抗衡中原，坚守力持。不但这些物质条件极好，人的条件也不错：“义士奋袂，良将登坛，既有枕戈之刘琨，岂无击楫之谢安？”有此种种因素，难保不会发生像曹操败于赤壁、苻坚败于淝水那样

① 纮，畿辅本作“统”，今依四库本改。《淮南子·原道训》有“八纮九野”之说。高诱注：“八纮，天之八维也。”

② 《渡江赋》，《静修先生集》卷五，页九四至九五。

的事。

针对淮南剑客的这番辩解，北燕处士作了驳斥。首先指出，地理上的天险和雄厚的军备物资，并不是决定胜负的主要条件：

> 表里山河，备败而已；坚甲利兵，应敌而已。以势御势，固未知其孰利，曾不知应之以天机，昭之以大义，而有不可御者，我请为子筹之。①

然后，以天机、大义、人心、士气为根据，列举了蒙古必胜，南宋必败的五条理由，说：

> 我直而壮，彼曲而老；我有名而众，彼无义而小，一也。彼江塞之地，盘亘万里，分兵以守之，则力悬而势屈；聚兵以守之，则保此而失彼，二也。彼持衣带之水，据手掌之隅，将惰兵骄，傲不我虞，其备愈久，其心愈疏，三也。彼荆鄂之民，旧经剪伐，久痛疮痍，见旃裘而胆落，梦毳窟而魂飞；今闻大举，重被芟夷，人心摇落，士卒崩离，四也。彼留我奉使，仇我大邦，使天下英雄，请缨破浪，虎视长江，亦有年矣；今天将启，宋将危，我中国将合，我信使将归；应天顺人，有征无战，五也。孰谓宋之不可图耶？②

① 《渡江赋》，《静修先生集》卷五，页九六。
② 《渡江赋》，《静修先生集》卷五，页九六。

赋的最后写道：淮南剑客听了这番道理后，无言以对，困窘不堪，“怙然失气，循墙匍匐，口怯心碎，不知所以对矣。”①

显然，全篇的主题是歌颂元蒙伐宋的正义和必胜。词语满怀激情，倾向十分鲜明。

刘因是儒家大一统思想的拥护者。他生于元蒙，长于元蒙，自然以元蒙为自己的国家。他亲耳听到、亲身感受到当时的皇帝“能行中国之道”，自然以他为中国的共主。而南宋，在他当时看来，不过是个腐败的敌对政权，而且还是个做了那么多背信弃义的坏事的敌对政权，因此早该消灭，实现中国的统一。他歌颂元师伐宋，在很大程度上正是从国家的统一着眼的，因此才写得那么堂堂正正，激昂慷慨，酣畅淋漓。

希望统一，厌恶分裂，是中华民族的民族心理之一。在两千多年的中华民族发展史中，统一的时间长久，分裂的时间短暂。虽然也曾有分裂达三四百年之久的情况，但分裂总是被看作不正常的，统一才被看作是理所应当的。从北宋灭亡至元蒙建立，历时达一百五十年，其间，广大人民群众饱受战乱流离之苦，人民（尤其是北方广大人民）切盼统一，过安定的生活。由此看来，元蒙灭掉南宋，统一华夏，正如刘因所说的那样，是“应天顺人”的事。《渡江赋》反映了这样的民族心理、人民感情，所以才如此有气势。

① 《渡江赋》，《静修先生集》卷五，页九六。

（五）对几种不同说法的辨析

由此亦可知，前人关于《渡江赋》的政治倾向的一些说法，实难成立。“幸宋之亡”说（对宋朝灭亡幸灾乐祸）和“哀宋”说（为宋朝灭亡而悲哀）虽持两个极端，但都是不顾赋中歌颂元蒙举兵这一基本思想，却从对宋的态度来立论，已属偏颇。偏安江南的宋王朝，虽是汉人政权，但对于生为元人的刘因来说，则属于异国、敌国，而且是个腐朽不堪的败亡之国，实在没有任何保全它的理由。可见，对于南宋之将亡，青年时代的刘因既不会有幸灾乐祸的意思，也不会有为之悲哀的感情。

附带说明一下，有人把苏天爵说成是“哀宋”说的提出者，这也不确切。苏氏在《静修先生墓表》中的确说过“王师伐宋，先生作《渡江赋》以哀之”的话，但这个“哀”字不过是说，南宋的结局是可悲的。这仅是据实而论，并不是说作者为之而悲哀。犹如今人说“某某得到可悲的下场”，谁也不会误解成说话人对某某的同情。而且，苏天爵那句话，是针对刘因“欲南游江湖，览观儒先名迹，不果”的情况下讲的，这就更可见此时的刘因绝没有“为宋而哀”的意思。

明末清初的学者孙奇逢提出“欲存宋”说（刘因想保全宋朝），则更难成立。孙氏写有《读〈渡江赋〉辨》[①]，认为，这篇赋的基调是“满纸悲愤”（刘因为宋室之将亡而

---

① 《孙夏峰集》卷八，《畿辅丛书》第十七函。

悲愤)。并认为,设为主客的北燕处士和淮南剑客双方是“总先生一体而两名”(主客双方都代表刘因的观点)。这一说法实在牵强。从前面引述的赋的原文可知,“悲愤”云云,纯属子虚乌有;至于“一体而两名”之说,更难成立。众所周知,自设主客是古代诗文中常见的体裁,从来都是一反一正,一破一立,岂有两种针锋相对的观点而都代表作者的正面意思的道理?

《读〈渡江赋〉辨》(以下简称《辨》)还摘引《渡江赋》中的个别语句立论,以为“呜呼噫嘻!想夫阴山虎士,茹毛饮血,状若神鬼,气傲霜雪,嬉于战斗,业在征伐,……川谷为之荡波,丘陵为之震眩”一段,“极模元势之强”。其实,《赋》中写“元势之强”的文字很多,这一段算不上是最典型的(正因为如此,我们在前文中才没有引用它),它前后的许多话倒是更带感情,更形象生动(见前)。《辨》之所以摘引它,大概是看重“茹毛饮血”、“嬉于战斗”之类近于对“夷狄”不敬的字眼,其实,它们又何尝不是在写蒙军的勇猛呢?

《辨》又引“哀哉宋君,可怜也!战则为黄泉之士,降则为青衣之奴……何其痛哉!”一段,以为是“字字泪,点点血”。其实,原文的意思无非是说,宋君无论是战是降,都难逃彻底失败的下场。这个结局,从宋君的角度说,诚然是可悲的,但从作者刘因来说,则分明不是为宋之必亡而悲痛,倒是为蒙之必胜而欢歌。

《辨》又引淮南剑客献疑的两大段话,以为“辞气激昂,多少打动人处”。其实,剑客所列举的宋室“优势”不过两点:一是有天险雄关,二是有义士良将。但是,前者已被下文“表里山河，备败而已”一段所推翻；后者也被下文“将惰兵骄，傲不我虞”一段所驳倒。其“辞气”实在谈不到有什么“激昂”，倒是反衬了宋朝大势已去，失败的命运已无可挽回。

《辨》的最后引“怗然失气，循墙匍匐，口怯心碎，不知所以对”一段，以为“满腔酸楚，不能为情，真令人垂首丧气，愤闷欲绝”。这种感情，如果要说是夏峰先生自己读后的感触，倒还可以，要说成是作者刘因的意思，就未免扞格难通。“怗然失气”云云，明明是说淮南剑客理屈词穷，张口结舌，无言以对，只得认输。这些话是紧扣蒙军必胜、宋室必败的主题的。

夏峰先生在《辨》中批评别人不能“以意逆志”。夏峰先生无疑是读书破万卷的大学问家，但遗憾的是，恰恰是他，对《赋》的意思作了曲解。全祖望说得好：“岂有身为元人而自附于宋者，真妄言也！”①

刘因还有一些诗也写到蒙军南下灭宋的事，其思想感情与《渡江赋》完全一致。如：

气势江淮一旦空，故教金甲虎生风。
峥嵘铁骑千夫勇，凛烈寒威百兽雄。
不信貔貅御万灶，岂知狐兔动幽丛。
圣朝千古征南录，亦有孙君治造功。②

① 《宋元学案·静修学案》附录。
② 七律《虎甲》，《静修先生集》卷九，页一九三。

诗中称颂"圣朝"(指元蒙)"征南"(指宋)军势的勇武。所歌颂的这位孙公叫孙威，还见于刘因的另一篇文章《中顺大夫彰德路总管浑源孙公先茔碑铭》[①]，文中详细叙写了孙威向元蒙进献用新法制造的甲胄从征南宋的事迹，以及所建功勋和所获封赏。还写到忽必烈对孙威的称赞："能捍蔽尔以与我国家立功名者，非此人之甲耶!"《虎甲》诗的最后两句，正是取的这个意思。

同类的诗还有，如：

江陵春色元无恙，楚泽幽兰恐未清。
惟有酒船三万斛，南飞齐和凯歌声。[②]

其对元军灭宋的军事行动取支持态度亦至为显然。这些诗文，夏峰先生当是读到过的，不知为什么竟置之不顾。

夏峰先生生于明清之际那个民族矛盾异常尖锐的时代，特重民族大义，明亡后隐居不仕，屡次拒绝清朝廷的征召。他与刘因同为容城人，生活道路有某些近似之处，对刘因的志节学问甚是推重，在隐居不仕这点上尤引以为同道。但是，他却没有看出或不愿承认刘因前后思想的变化，遂对刘因早年的支持元蒙以己意作了曲解。(夏峰先生在《辨》中把刘因不受集贤之命、元世祖称为"不召之臣"这些晚年的事与《赋》这篇早年作品中的思想混在一起说，恐怕不

① 《静修先生集》卷四，页一九三。
② 七律《赋孙仲诚席上四杯》之四《橙》，《静修先生集》卷九，页一九四。

是疏忽。文繁不具引。）夏峰先生的用心可谓良苦，其学行节操也令人钦敬，但是他的雄辩，由于违背事实，却不能令人信服。

与夏峰先生成为鲜明对照的是另一位明清之际隐居不仕的著名学者傅山，则不齿与刘因为伍，曾说："后之人诬以刘因辈贤我，我目几时瞑也！"① 傅山看清了刘因曾一度积极支持元蒙伐宋的政治倾向，在这点上他比孙奇逢明睿清醒，但他认为这是刘因的污点和耻辱，则仍不免带有民族偏见。而如果仅仅据此就否定刘因的整个一生，这种以偏概全的观点也是不能令人信服的。

（六）重要旁证

还应指出，刘因写《渡江赋》，还与他和郝经的友情有关。《赋》的第一句中的"郝翰林"即指郝经。郝经（1223～1275）字伯常，泽州陵川人，是元初名臣，忽必烈的重要谋士。他非常欣赏忽必烈招贤纳士，"访以治道，期于汤武"的胸怀，认为，"兵乱四十余年，而孰能用士乎？今日能用士，而能行中国之道，则中国之主也。"② 被征用后，他忠心耿耿地为忽必烈出谋划策，上《立政议》，建议改革政制；又上《东师议》，阐述灭宋方略；蒙哥死，他上《班师议》，力劝暂时与宋议和，北上争位。中统元年（1260），郝经以翰林学士的身份充任元蒙的信使，不顾个人安危，赴宋践

① 《傅山全书》卷二九，《家训·训子侄》，山西人民出版社 1991 年版。

② 《与宋国两淮制置使书》，《陵川集》卷三七。

约。有人劝阻他说，此差事太危险，他回答说："南北构难，兵连祸结久矣。圣主（按：指忽必烈）一视同仁，通两国之好。虽以微躯蹈不测，苟能弭兵靖乱，活百万生灵于锋镝之下，吾学为有用矣。"① 郝经至宋，竟遭贾似道长期拘囚，"九年不还"。在刘因看来，郝经之行，无疑是勇敢的豪杰之举；而宋之所为，则纯粹是背信弃义的小人之伎俩，早该讨伐。

刘因还有诗怀念郝经：

一檄期分两国忧，长缨不到越王头。
玉虹醉吸金陵月，玄鹤孤游赤壁秋。
漠北苏卿重回首，天南王粲几登楼。
飞书寄与平南将，早放楼船下益州。②

诗中的"一檄"当指宋元签订的和约。郝经为践约而使宋，临行前说的那番话（见前），正是"期分两国忧"的意思，由此足见郝经的胸怀是多么博大。"越王"显指宋君。诗中还借苏武以喻郝经的坚贞不屈，借王粲登楼怀乡以寄托作者对故人的怀念。结尾更明确提出早日平定江南的希望。此诗的写作年代当与《渡江赋》大体同时，它是刘因早年支持元军灭宋维护中国统一的又一铁证。

郝经被南宋拘囚长达十六年之久。至元十二年（1275），在元军的强大军事压力下，南宋才将他"以礼送归"。但他的

① 转引自《宋元学案》卷九，《鲁斋学案·江汉学侣》。
② 七律《忆郝伯常》，《静修先生集》卷九，页一九七。

健康状况已很糟糕，竟于当年病逝。从刘因的诗文中可知，郝经返元后还与刘因有过交往。如刘因在《书饕餮图后》中提到:“田景延得古器，其友郝伯常欲为道其然而不果，而属予。”[①]（该文写于至元丁丑［1277］，当是追忆前年之事）又《书东坡传神记后》说:“予既作之诗以赠之，而复书此说于所藏郝奉使所书东坡传神记后云。”[②]（时在至元十二年三月望日，正是1275年事）郝经是刘因敬仰的朋友，他的政治态度不能不对刘因有重要影响。

刘因与郝经的两个弟弟的关系更为密切。郝经的三弟季常（名庸）是刘因的学生。季常于其兄使宋被囚的第二年，曾作为元朝的使节赴宋“问罪”，宋朝不纳。其后，季常又曾两次主动请求出使南宋。刘因写有《送郝季常序》，文中对此作了记述：

> 季常于其兄使宋之二年，请介行人以问罪，遣之，而宋人不纳。后十年，又请焉，下大臣会议，以为不可。明年，又请焉，不得已，复遣，至建康而还，几死者凡十数。其事虽无成，而其可与有为者于此亦可以见之。[③]

文中，刘因正面赞扬的是郝季常不畏艰险以赴国事的精神，而从侧面则流露出他对南宋拘留信使这种不义行为的谴

① 《静修先生集》卷三，页四七。
② 《静修先生集》卷三，页五〇。
③ 《静修先生集》卷二，页三〇。

责态度。

刘因与郝经的二弟仲常也是朋友。在刘因与郭氏定亲的过程中，仲常曾写书信联系，而季常则是陪伴刘因赴山西迎亲的人中的一个。① 刘因与郝氏兄弟还常有诗文往还，如《送仲常游北岳》②、《送郝季常赴正阳幕》③。郝季常得官颍州，"载米与币"，与刘因告别，刘因则写文章为他送行。④ 这些，都反映了刘因与郝氏兄弟的密切关系。郝氏兄弟积极入世的人生态度和忠于忽必烈政权的政治态度自然也会对刘因发生一定影响。

总之，上面这些材料都表明，青少年时代的刘因对元蒙是抱着支持和拥护态度的。

（七）余　论

对于刘因的这种政治态度，过去（尤其是明末）有些学者把这看作是刘因的污点，或批判谴责，耻与为伍（如傅山），或讳莫如深，曲为辩护（如孙奇逢）。他们的这种感情固然是可以理解的，但他们的观点却不免各有偏颇。今天，我们应该遵循马克思主义的历史主义原则，尊重事实，从实际出发，还历史以本来面目，进而对此力求作出恰当的科学的评价。

---

① 《郭氏亲事始末》，三贤集本《静修集》卷四。参见本书第 14 页有关引文。

② 《静修先生集》卷八，页一五〇。

③ 《静修先生集》卷八，页一五一。

④ 《送郝季常序》，《静修先生集》卷二，页三〇。

中华民族的形成和发展，经历了漫长的过程，走过了曲折的道路，充满着激烈复杂的斗争。刘因生活的宋元之际，就是最激烈、最复杂的时期之一。如何评价这一时期的事件和人物的是非功过，成败得失，殊非易事。前人作出过的一些评价，固然可供我们参考，但由于条件、境况的不同，它们无不深深打上时代和阶级的烙印。我们今天理应站得更高些，摒弃狭隘的民族偏见，着眼于中华民族的未来，力求客观、全面、发展地看问题，庶不至重蹈前人的覆辙。

马克思曾深刻地指出：

> 野蛮的征服者总是被那些他们所征服的民族的较高文明所征服，这是一条永恒的历史规律。①

元朝的建立，从政治的角度看，是蒙古人征服了中国；而从文化的角度看，则是蒙古最终被中国文化所征服。元朝的统一，结束了安史之乱以来五百多年的民族纷争和血战，使全国各族人民有可能在比较安定的环境中生产和生活，这无论如何也是历史的进步。尽管蒙古贵族为保持其特权而实行民族歧视和民族压迫政策，但在文化上却不能不对中国传统文化认同，以儒家思想作为官方意识形态。历史学家大都承认，元朝的统一进一步促进了中国各民族之间的大融合。这种融合不仅是血统上的，更重要的是文化上的。这种文化不是相对落后的征服者的蒙古文化，而是具有较高文明程度的

① 《不列颠在印度统治的未来结果》，《马克思恩格斯选集》第2卷，第70页。

被征服者的汉文化。最终，蒙古人亦被这种文化所征服，而融入中华民族大家庭中。

这种历史文化观与中国传统的“夷夏之辨”的精神正是一致的。冯友兰先生对此曾提出过富有启发意义的见解。他认为:“从先秦以来，中国人鲜明地区分‘中国’或‘华夏’与‘夷狄’，这当然是事实，但是，这种区分是从文化上来强调的，不是从种族上来强调的。……蒙古人和满人征服了中国的时候，他们早已在很大程度上接受了中国文化。他们在政治上统治中国，中国在文化上统治他们。”① 冯先生在《中国哲学史新编》中重申了这个观点。他引用了韩愈《原道》中的一句话:“孔子之作《春秋》也，诸侯用夷礼者则夷之，夷之进入中国者则中国之。”进而发挥道:“中国的封建文化是以儒家思想为中心的，它对于民族问题，不以种族作为区别‘夷狄’和‘中国’的标准。它注重‘夷狄’和‘中国’的界限，但认为任何‘夷狄’只要接受封建文化，即可以成为‘中国’的一部分。这个传统，有利于中华民族的扩大。”② 冯先生的这一论断，为如何认识民族矛盾激烈时期尤其是少数民族入主中国时期的历史拓宽了思路，也为正确分析评价生活在此种历史时期中的人物的思想指引了方向。这里想补充说明的是，这种认识的形成有一个过程，一般说来，不会在少数民族夺取全国政权之初立即出现，而是要在建立稳定的统治秩序之后才会形成。在这个

① 《中国哲学简史》第十六章注《关于中国人的民族观念》，北京大学出版社 1985 年版。

② 《中国哲学史新编·全书绪论》第一册，第 45 页。

转化过程的初期，则往往受到汉族士人及百姓的排斥和抵抗（如文天祥、陆秀夫的抗元；史可法、瞿式耜的抗清）。这个过程越是来得突然，反抗就越是强烈。如满族入关，顾炎武、黄宗羲、王夫之等一大批学者都曾举兵抗清；明亡后，又都隐居不仕，屡次拒绝征聘。他们的这种气节，受到当时及后世的普遍尊重和推崇。如果有谁这个"弯儿"转得太快，便不免有投机、卖身投靠之嫌，如明末"四公子"之一的侯方域，原是复社成员，入清后应乡试，中副榜，便受到责备。而到康熙中期以后，三藩、台湾陆续平定，政权已经稳定，此时，方苞等士人应试为官，人们便不以为非了。推求其原因，固然非止一端，但清统治者接受了"中国"文化，奉华夏文化为正统，不能不说是重要的原因。

用这个观点来评价刘因，也是合适的。并且基本上能把刘因的思想说清楚（虽然刘因自己不见得想得这么清楚）。刘因的先辈三世仕金，那时的金人早已接受了"中国"文化（已由"夷狄"变为"中国"），所以，对于仕金，当时的人们不但不认为有什么不应当，还被看作是一种"荣耀"。元蒙取代金朝在北中国建立起巩固的统治，它也接受了"中国"文化，"能行中国之道"，也就不再是"夷狄"而是"中国"了。所以刘述、刘因父子的仕元便也是自然的。刘因生为元人，把元蒙看作是自己的国家，无可厚非。对于元蒙与南宋的对峙，他仅看作是两个并立政权的斗争，而不是华夷的斗争。对于这两个政权，青年时代的刘因认为，元蒙是新兴势力，南宋是腐朽势力（"我直而壮，彼曲而老"）。元蒙代表中国，南宋不过是偏安一隅的背离了中国之道的敌对政权。他切盼并拥护中国统一，消灭腐朽的南宋王朝，这也是正当的，符合历史发展趋势的。

如果从阶级性上分析蒙古统治者，应该说，在他们进行灭金、灭宋战争的过程中，逐步地完成了由农牧主贵族到封建地主阶级的转化；战争的性质，也由劫掠式的骚扰，演变为地主阶级之间的统一战争。从这个意义上看，作为地主阶级知识分子的刘因，对这场战争的主动一方取支持态度，也就没有什么奇怪了。

总之，刘因从拥护中国统一的角度对元蒙政权曾一度积极拥护支持，并希望能得到施展抱负的机会，做一番事业。这是青年时代刘因政治倾向的主流。

二、中年以后的恬退

（一）恬退情调确实存在

历史现象是曲折多变的，社会生活是纷繁复杂的。人的思想受主客观诸方面的影响，也绝非单一的、直线的。刘因的政治态度也是如此。翻开刘因的著作，谁都会发现，其中一些作品情调高昂，积极进取；另一些作品则恬淡谦退，充满着闲适甚至隐逸情调。

比如，刘因写有许多羡慕、赞美隐士生活的诗篇，壶公、巢父、黔娄、严光、陶潜、邵雍等人常是他吟咏的对象；汉阴圃、鹿门田、仇池山、桃花源等常是他讴歌的题材。对于陶渊明，刘因尤其欣赏，和陶诗，咏陶事，集陶句，不一而足，单是“和陶诗”流传下来就有七十六首之多（详见本书第五章第二节，此处不赘）。

刘因自取的一些名号也大多带有此种隐逸情调，如“樵庵”、“牧溪翁”、“泛翁”、“雪翠翁”、“雷溪真隐”等。①

刘因的许多诗抒写了隐逸情怀，如：

诸公久矣笑吾贪，是处云山欲结庵。
只有皇卿解赀助，画山须画静修龛。②

有的颇为澹泊，如：

院静复夜静，幽人世虑轻。
是非容勿辨，忧宠莫多惊。③

有的很是闲适，如：

巧隐林旁无四邻，背山向水得天真。
风光正及二三月，童子同来六七人。
十日得闲须小醉，一年最好是深春。
鸟声似向花枝说，曾见无怀有此民。④

---

① “樵庵”见《静修集》卷二《寿史翁百岁诗序》；“牧溪翁”见《静修集》卷一《嘉氏子字说》；“泛翁”见《静修集》卷二《李公勉复初名序》；“雪翠翁”见《静修集》卷七《雪翠轩》；“雷溪真隐”见苏天爵《静修先生墓表》。
② 七绝《孙尚书家山水卷》，《静修先生集》卷一，页二二五。
③ 五律《夏夜》，《静修先生集》卷九，页一四三。
④ 七律《春游》，《静修先生集》卷九，页一九一。

有的甚至有某些幻灭感，如：

浮世浮名酒一杯，我欲驾此观蓬莱。
只愁日暮三山上，黄尘回首令人哀。①

登临秋思动乡关，展尽晴波落照间。
叹老自非缘白发，爱闲元不为青山。
几经分合世良苦，不管兴亡天自闲。
初拟凭栏浩歌发，壮怀空与白鸥还。②

有时，他对于僧道也有歌颂，如：

不巢由，不伊周，陶然方外游。
不沧浪，不庙堂，超然无何乡。
冠其发，绳其须，温然山泽癯。
水其心，云其身，飘然葛天民。
俗而无尘，野而有文。
九十康强，人间几人？
吾谓可庵之真，乃神仙之神也。③

① 七古《山行见马耳峰》，《静修先生集》卷七，页一三一。
② 七律《南楼》，《静修先生集》卷九，页一六三。
③ 《可庵道士真赞》，《静修先生集》卷五，页九〇。巢由指巢父、许由，相传是尧时的隐士。伊周指伊尹、周公，伊尹辅佐商汤，周公辅佐周武王，统一天下。葛天氏，以及上文的无怀氏，都是传说中我国远古时代的古帝名。

这些诗文中反映出的思想，与上节所述的那种积极情调，形成了鲜明的对照。它们同出于一人之手，这似乎是个矛盾。矛盾确实是存在的，但这种矛盾并不是思想混乱所致，而是反映了刘因不同时期的不同思想倾向。虽然我们无法确知刘因所有作品的写作年代，但仅从部分可知年代的作品中，仍然大体可以推知，表达前一种情调的，大多是他青少年时代的作品；流露后一种情调的，则大多是中年以后的作品。

（二）刘因思想变化的原因

造成这一变化的原因是复杂的。大致说来，有以下几点：

首先，是现实矛盾给他的压抑，即元代的政治变化给他造成的影响。

前文提到，忽必烈统治的前期，全国的政治经济呈现出一派兴旺发达气象，这是应该充分肯定的。但同时也应承认，忽必烈政权也潜伏着深重的矛盾和危机，民族矛盾、阶级压迫、蒙古贵族内部的权力之争等等，问题不少。忽必烈统治的后半期，其保守性和反动性的一面日益发展，许多矛盾便趋于表面化，给政治罩上了一层阴影。这一阴影像铅一样渐渐压在了刘因的心头。主要表现是：

1. 忽必烈也维护蒙古贵族的特权，实行民族歧视和民族压迫政策。蒙古以少数民族而入主中国，为了维护其统治，必然千方百计地维护蒙古贵族的特权。忽必烈虽然停止了一些过分野蛮和破坏生产力的旧制度，但对于民族歧视和民族压迫政策却仍然因袭下来。全国统一后，元朝统治者将人民分为蒙古、色目、汉人（北方汉人）、南人（原南宋统治下的汉人）四等。在中央政权和军权方面，蒙汉的分界是严峻的。南人进入中央政府做官的始终不多。在法律以及各种政治待遇方面，四等人都是有区别的。这既是反动的民族防范政策，又是恶毒的分化挑拨政策。[①] 这种政策，只能刺激和唤起汉族人民的民族意识和敌对情绪。

2. 忽必烈统治的后半期，儒臣的地位有所降低。前文提到，忽必烈在夺取政权的过程中，曾重用汉人知识分子，他们对于帮助忽必烈取得最高统治地位是出了大力的。但是，忽必烈对于汉臣，却并不完全放心。李璮之乱，加重了忽必烈对汉人的疑惧心理。王文统（李璮岳父，时任中书平章）被处死，曾经推荐过王文统的商挺、赵良弼、刘秉忠等都受到怀疑（幽商挺于上都，械系赵良弼于狱）。上述诸人，都是金莲川幕府的重要成员，也是汉臣的著名代表。中统初年，这些人或密参帷幄，决策中央，或节制一方，执掌大局，都是功劳卓著而被忽必烈所倚重的人物。此后，却逐渐被疏远，并排挤出中枢。这种变化，在汉族知识分子的心理上，自然会造成巨大的打击。

3. 太子真金之死。真金是忽必烈的嫡子。中统三年，封燕王、守中书令；四年，兼判枢密院事。至元十年，立为皇太子，仍兼中书令、判枢密院事。从地位看，忽必烈是准备在自己百年之后把权力移交给这个儿子的。真金少从姚枢、窦默受《孝经》，酷爱儒术，“每与诸王近臣习射之暇，

① 参见韩儒林主编：《元朝史》，人民出版社 1986 年版。

辄讲论经典。”[①] 是元蒙朝廷中主张学习汉文化的代表。至元十六年，在汉人官僚的请求下，真金开始参决朝政，“凡中书省、枢密院、御史台及百司之事，皆先启后闻。”[②] 于是，朝中隐然形成由忽必烈支持的色目集团与由真金支持的汉人官僚的激烈矛盾。至元十九年，发生了千户王著假冒太子名义刺杀权臣阿合马（色目人）的事件。忽必烈知道阿合马积怨太深，众怒难犯，不得不在惩处了有关首事人物之后，转而安抚汉人，追究阿合马及其党徒的罪行。但是，阿合马的党羽不久却又被重新起用。两派斗争于是更加激烈。恰在此时，有人上书，请求老病的忽必烈禅位于太子。真金深知，其父在自认为还很健康的时候，是不允许任何人觊觎他的皇帝宝座的，即使亲儿子也不例外。因此，他听到这件事后，惴惴不安。大臣也不敢立刻上奏，而有人竟乘机告发，忽必烈果然大发雷霆，真金更加害怕，产生了难以承受的精神压力，竟致忧惧而死。[③] 真金一死，汉人官僚失去靠山。此时，有声望的金莲川幕府旧臣也已谢世。从此，朝廷上汉人官僚已不再形成一股足以与色目人相抗争的势力。[④]

太子之死，对刘因的政治前途也发生了直接影响。刘因的第一次被征召，是在太子的名义下进行的。入朝后“侍从春坊”，在太子身边供职，立即得到真金的器重。而恰在

① 《元史·裕宗列传》。
② 《元史·裕宗列传》。
③ 《元史·裕宗列传》说：“太子闻之，惧。台臣寝其奏，不敢遽闻。而小人以台臣隐匿，乘间发之。世祖怒甚。太子益惧，未几遂薨。”
④ 参见周良霄：《李璮之乱与元初政治》，载《元史论集》，人民出版社1984年版。

他因母病而“还家省视”时期，朝中发生了太子猝死的事变。这位原是平民，入朝时间不长就辞官的儒生，在朝政剧变之际，谁还会顾及到他呢？复职的事从此便“泥牛入海无消息”了，而此事在刘因思想感情上的震动和打击，又该是多么巨大啊！

4. 儒生的社会地位低下。从秦汉到隋唐，儒生作为一个阶层，社会地位一般是比较高的。“士”总是作为四民之首而居于农、工、商之上。然而元代却有“一官、二吏、三僧、四道、五医、六工、七猎、八民、九儒、十丐”的说法。[①] 儒生的地位仅仅比乞丐稍强一些而排行“老九”，这未免太悲惨了！应该承认，忽必烈在中统以前，的确重视汉族知识分子；即皇帝位后，也曾正式设立国子学，选拔蒙古贵族子弟入学，学习儒家学说。风气所致，使一些入居中原的蒙古贵族也羡慕汉文化，聘请儒生作家庭教师。但是，多数蒙古贵族却只知享用中原的物质财富，对于艰深的汉文化则缺乏兴趣。相比之下，儒的地位总是居于僧道之下。其时，科举未行，读书也没有政治出路。以儒为业的人门庭冷落，生活艰难，有时甚至在贫困线上挣扎。从小自视甚高的刘因，面对的竟是这样的严酷现实，其失落感不难想见。

5. 社会矛盾日益暴露。忽必烈统治的后半期，贪墨少文的色目人掌握行政大权，官场中贪贿盛行，政治日益腐败；忽必烈又连年发动对日本、安南、缅甸、爪哇等邻国的侵略战争，并连遭失败，民财耗尽，国库空虚，二十年间，钱钞贬值十至数十倍，对人民的剥削也就越加残酷。正如清

① ［宋］郑所南：《心史·大义略序》，上海古籍出版社 1991 年版。

代史学家所批评的那样，忽必烈是：“内用聚敛之臣，视民财如土苴；外兴无名之师，戕民命如草芥。”① 这样，元朝的国力，在全国统一达到极盛的顶峰后，迅速走向下坡路。身处其时的刘因对于这些变化是敏感的。他的思想情绪随着政治潮汐的涨落而起伏：由兴奋到失望，由欢欣鼓舞到心灰意冷。

其次，是历史的影响。

蒙古军队进入中原之初，实行残暴野蛮的屠杀政策。“凡城邑以兵得者，悉坑之。”② 只要是进行过抵抗，不问男女老幼、贫富顺逆，除工匠外，一律杀尽，名为屠城。如卫州城破，“悉驱民出近甸，无噍类殄歼。”保州被屠，“尸积数十万，磔首于城，殆与城等。”③ 蠡州守城者用炮打死蒙古军统帅石抹也先（契丹人），结果全城被杀光，“无噍类遗”④。刘因集中也有不少这方面的记载。如：

> 保州屠城，惟匠者免。……昔年二十余，遇保州抄骑。身已十余创，即伏而死矣，其一人复抽刀，由背及腹，刺至地而去。⑤
>
> 凤翔之役，太宗（窝阔台）诏从臣分诛居民，违者以军法论。……河南之役，汴既降，仍不听居

---

① 赵翼：《二十二史札记》卷三。
② 姚燧：《序江汉先生事实》，《牧庵集》卷四。
③ 郝经：《孟升卿墓志铭》，《陵川集》卷三五。
④ 姚燧：《王兴秀神道碑》，《牧庵集》卷二一。
⑤ 《武遂杨翁遗事》，《静修先生集》卷四，页六四。

民自出，日饿死不可计。①

贞祐元年十二月十有七日，保州陷，尽驱居民出。……是夕令下：老者杀。卒闻命，以杀为嬉。……后二日，令又下：无老幼尽杀。②

金迁国汴梁，河朔内附，……时约法未定，刑赏惟意。……师出，将吏额士卒输虏获为常。③

这些材料说明，元蒙政权是在无数人民群众（汉族人占绝大比重）的血泊中建立起来的。身为汉人的刘因对这一切虽未亲身经历，但离他毕竟不远，其中有许多事实是目击者乃至亲历者所提供。它们对于刘因自然会有强烈的震撼力量。刘因曾写到此类材料的来源和给他的刺激：

先人尝手录金源贞祐以来，致死于其所天者十余人，而武臣战卒及闾巷草野之人为多。而予每览之，未尝不始焉而惭惕若不自容，中焉而感激为之泣下，终则毛骨悚然，若有所振动者。故为之访诸故老，撄诸小说，考其姓里，增补而详记之，惟恐其事之不传也。④

这说是说，这些事实是确凿无疑的，给他的震动是巨大的。

---

① 《中顺大夫彰德路总管浑源孙公先茔碑铭》，《静修先生集》卷四，页六五。

② 《孝子田君墓表》，《静修先生集》卷四，页七九。

③ 《处士寇君墓表》，《静修先生集》卷四，页八〇。

④ 《孝子田君墓表》，《静修先生集》卷四，页七九至八〇。

而从这些事实中，不难得出这样的结论：蒙古人是以铁骑征服中国的，元蒙王朝是刺刀下建立起来的政权。但是，青少年时代的刘因对此却一无所知或知之甚少，甚至还为它的强盛而唱过赞歌，对此，他怎么能不“惭惕若不自容”、“毛骨悚然”呢！

（三）困惑和矛盾

历史和现实交织在一起，像一张无形的网，罩在刘因的心头，使他陷入深深的困惑和矛盾之中。他有一首三十自纪诗，就是这种心情的反映：

百岁三分一，初心谩慨然。
空囊难避节，青镜不留年。
静阅无穷世，闲观已定天。
履端思后日，四鼓未成眠。①

他想了些什么呢？大概是——

元蒙政权确实透着血腥气，但是，它毕竟已在全国建立起秩序。一介书生，又能怎样？

再者说，当今之主（忽必烈）毕竟与前代诸大汗不同，他毕竟“能行中国之道”啊！不为他服务，又该如何？

父辈就不置产业，自己更是“我惟一亩宅，贮此明月

① 五律《初夕》，《静修先生集》卷八，页一四三。

辉”[①]，如果想以陶潜为榜样，“不为五斗米折腰向乡里小儿”，那就只有甘守贫贱。自幼就“以远大自期”的他，不自甘于作中人以下的庸人，但是，命舛多乖，道路又在哪里？

……

命运已经把刘因推向“隐居”一途，也只有随遇而安了。“不汲汲于富贵，不戚戚于贫贱”。他绝不会为追求富贵而丧失人格尊严，而情愿在贫困中以黔娄妻之言自慰、自勉！刘因那些恬退情调的诗文当就是在这种处境和心情下写成的。

三、同情人民

毛泽东同志在论述文艺批评的标准时曾指出，对于过去时代的作品，“必须首先检查它们对待人民的态度如何”[②]。这就是人民性的标准。这个标准，对于评价古代思想家也是适用的。刘因固然属于士大夫阶层，但他对人民的态度是满怀同情的。

（一）关心民生疾苦

刘因长时间居住在乡间，后半生比较贫困，生活地位接近平民（参见本书第29页第一段内容）。因此，他对民生

① 《和咏贫士》七首之一，《静修先生集》卷一二，页二四九。
② 《在延安文艺座谈会上的讲话》，《毛泽东选集》合订本，第876页。

疾苦比较了解，对人民遭遇的种种不幸比较同情。他曾写农民遭受灾害之苦：

有客谈稼穑，对人增感伤。
自言二顷业，不博半年粮。
宿麦得春旱，晚田经早霜。
无功一杯粥，俯首汗如浆。①

有二顷土地的人，至少也相当于上中农（古代地广人稀），但遇到自然灾害，打的粮食尚且不够半年的口粮，无地少地的人家，其困苦就更可想而知了。诗人不仅对这位客人满怀同情，还为自己的不劳而食感到惭愧。

又如写人民的辛劳及赋税之苦：

敲门青灯烂红碧，布衾惊走恶睡儿。
破屋犹疑翠鲸怒，短褐谁怜紫凤移。
东家健妇把锄犁，西家处女负薪归。
哀哀正念诛求苦，对此无言空泪垂。②

从诗题可知，这是针对豪家的绝巧香奁而写。这只香奁作为艺术品，也许是巧夺天工的；但诗人却没有以欣赏的态度去津津乐道，而是由此想到人民的辛劳和难以应付统治者无厌

① 五律《有客》，《静修先生集》卷八，页一四五。
② 七古《仲诚家藏张蔡公石女剪制香奁绝巧，持以求予诗》，《静修先生集》卷七，页一三〇。

诛求的苦难。

又如写奴隶之苦及对自动解放奴隶的人的赞美：

共赋人形覆载间，忍教牛马与同栏。
人情比比王褒约，毁卷如君亦自难。①

他还屡屡写到人民的流离以及对蠲免赋税的切盼：

都南连岁水为灾，输挽区区亦可哀。
惊见流民行复止，传闻昨日治中来。②

迂疏不辨一身谋，鬓发空添四海忧。
画本流民今复见，诗家逃屋为谁留？
黄茅安得千间厦，白布空歌万里裘。
政有南风曲中意，可能独醉菊花秋。③

昨朝读君阜民篇，善察物情亦已贤。
南郡饥民想更苦，以君赈济非偶然。……
茅容问稼当有语，野夫忧国愿丰年。④

他希望统治者更多地体察民情，并发出温和的警告：

---

① 七绝《王君愿纵私属诗卷》，《静修先生集》卷一一，页二三一。
② 七绝《王治中请蠲免回》，《静修先生集》卷一一，页二三一。
③ 七律《对菊》，《静修先生集》卷九，页一八一。
④ 七古《王君奉命赈济彰德过予求诗》，《静修先生集》卷七，页一三四。

采风自古自观风，十室谁言九室空。
寄语当年长乐老，回头无忘聂夷中。①

从题目可知，该诗是就一幅描绘《诗经·豳风》（可能是其首篇《七月流火》）诗意的画而发。主题是告诫统治者当知稼穑之艰难。长乐老指冯道。冯历仕五朝，皆身居要职，此处盖泛指官员。聂夷中，唐代诗人，他的《咏田家》传达了遭受残酷剥削的农民的悲痛呼声："二月卖新丝，五月粜新谷。医得眼前疮，剜却心头肉。我愿君王心，化作光明烛。不照绮罗筵，只照逃亡屋。"

在一些给为官赴任或罢职还乡的友人送行诗篇中，他也常以关心民生疾苦相劝勉。如：

江海十年几战酣，劫灰飞尽到耕蚕。
乱离文物想犹在，凋敝征科恐未堪。
眼底兴亡即今古，胸中形胜欠东南。
因君渐有扁舟兴，伫待清风洗瘴岚。②

燕南子许子，胸盘星斗横高秋。
穷则良医达良相，古人须向今人求。
万里黄云马上家，归来泪满银貂裘。
民病未苏国支楞，

① 七绝《豳风图》，《静修先生集》卷一一，页二一三。
② 七律《送人官浙西》，《静修先生集》卷九，页一八七。

勿以一身戚，而忘天下忧。[1]

他还常借幻想的形式，寄托自己对民生的关怀之情。如：

赋薄徭轻复有秋，天恩帝力为谁忧。
老盆醉杀村夫子，尽道今年好社头。

乱后疲民气未苏，荒烟破屋半榛芜。
平生心事羲皇上，回首相看是画图。[2]

诗中描绘了元初社会的残破，民生的凋敝，表达了人民对幸福生活的向往。“回首相看是画图”一句，不啻是对现实的辛辣嘲讽。又如：

食鱼素无望，观水今有期。
所期遍区域，不见贫者饥。[3]

山家历日年年有，林鸟园花报四时。
建戌预求寻药月，逢辰要及种瓜期。
胸中《尧典》二三册，梦里《豳风》第一诗。

① 杂言《送国医许润甫还燕》，《静修先生集》卷七，页一四一。
② 七绝《里社图》二首，《静修先生集》卷一一，页二二六。
③ 五古《池上》，《静修先生集》卷六，页九九。

余韵千年宛如在，晴窗卷帘不胜悲。①

从这些诗篇中可知，在刘因的心里，人民疾苦是占有很大的分量的。

（二）与普通百姓同忧乐

正由于刘因关心民生疾苦，所以便有与人民同忧乐的思想感情。如他敏感地关注着天气的变化，久旱不雨，他像农夫一样焦心：

五月良田种不成，蓬蒿无雨亦青青。
袖中惟有天瓢在，自是今年梦易醒。②

眼中岁旱土不膏，长镵复虑山无毛。
退食归来北窗梦，山巅朱凤声嗷嗷。③

他盼望天降甘霖，心情是那样急切：

农父看云泪亦干，灵湫谁信欲生烟。
万金良药汗犹出，一寸丹心天可旋。
未便无餐思乐土，不禁忧国愿丰年。

① 七律《新历》，《静修先生集》卷九，页一八〇。
② 七绝《次人望雨韵》，《静修先生集》卷一一，页二三七。
③ 七古《食笋》，《静修先生集》卷七，页一三三。

为瞻河汉中宵起，独对残灯理断编。[①]

他半夜起来看云，比今人关心天气预报还要殷勤。不是与农民感同身受，是难于写出这样的诗句的。又如：

乙酉丰凶不偶然，今年千里土生烟。
梦游乐国每嫌觉，望见仙云犹酷怜。
毕竟蛟龙思得雨，何劳虮虱谩呼天。
山人万虑消磨尽，惟有忧农阻静便。[②]

久旱得雨，他总是喜不自禁。他有许多诗表达了这种欢快心情。如：

前日南湖枕白云，蛙声每厌静中闻。
今朝便觉笙歌上，为是多年不听君。[③]

拍手儿童笑不休，笑君前日为谁忧。
天公自有甘霖在，未管渠侬浪白头。

一笑黄河一度清，自缘无物尽欢情。
今朝久旱雨三尺，消得山人酒满倾。

---

① 七律《悯旱》，《静修先生集》卷九，页一八一。
② 七律《次韵悯雨》，《静修先生集》卷九，页一八二。“乙酉”原作“己酉”，为刘因生年，于理不合，臆改。乙酉为1285年，刘因36岁。
③ 七绝《喜雨书事》二首之二，《静修先生集》卷一一，页二〇九。

坐占庭蚁战余酣，一饱无功益自惭。
但见人人厌粱肉，野夫方觉荠苗甘。

为验阴晴看漏星，要知疏密候檐声。
夜来还却当时睡，不脱蓑衣直到明。①

殷殷切切，表达得十分传神。又如：

夜来云初作，期待一如故。
既闻渐成阵，尚谓行且住。
甫寸惊已狂，及犂叹无数。
平明报三尺，感激泪将雨。
玄功亦雄哉，回旋易指顾。
呼酒欲鲸吞，哦诗有神助。
区区喜与忧，岂为一饱虑。②

刘因的情感简直与农民融化为一了。
雨后新晴，他又和农民一样欢欣鼓舞：

雨晴箫鼓，田野歌声举。平昔饮山今饮雨，来就老农歌舞。 半生负郭无田，寸心万国丰年。谁识山翁乐处？野花啼鸟欣然。③

---

① 七绝《喜雨书事》四首，《静修先生集》卷一一，页二二八。
② 五古《喜雨》，《静修先生集》卷六，页一〇三。
③ 《清平乐·贺雨》，四库全书本《静修集》卷六《樵庵词》。

这些诗词都写得情酣意畅，如果不是具有真情实感的人，是写不出这样清新自然的作品的。

刘因还有诗写到他与农民的关系，如：

偶到田家宿，欢迎如遇仙。
杯盘陈户侧，妻子拜灯前。
青白眼谁静，炎凉情易偏。
岂知人世外，还有野夫怜。①

刘因是儒生，和农民毕竟有距离。但能受到农民如此热情欢迎，说明他和农民还是比较亲近的。有时，他和农民几乎达到休戚与共、亲密无间的程度，如：

里胥初过期无事，营幙迟来望有年。
邻舍借醅留客宿，土床分席枕瓜眠。②

有时，他甚至还充当农民的“技术顾问”呢，如：

借住郊园旧有缘，绿阴清昼静中便。……
人来每问农桑事，考证床头种树篇。③

一个封建时代的儒生，对农民能够有这样的态度和感情，是

① 五律《宿田家》，《静修先生集》卷八，页一四六。
② 七绝《书田舍壁》，《静修先生集》卷一一，页二二七。
③ 七律《夏日饮山亭》，《静修先生集》卷九，页一七三。

颇为难能可贵的。

（三）从是否有益于人民的角度品评人物

刘因还从“是否有益于人民”的角度品评人物，论断事理。他曾这样写一位官员的政绩：

> 三为廉使，未尝不以赈济罢民、平反冤狱为事。使河南时，奏罢镇南郎将为民害者一人；力出良家误为豪右所臧获者百余口。……至于陈请省台，严江浙鬻子之禁；上书天子，论国家储副之重；使河南而哀江浙，守一官而忧天下。此可见其心之忠诚恻怛之至也。①

在给清苑县尹耶律伯坚写的碑文中，这个意思表现得更突出。该文先概括写了这位耶律公的才干、作风和政绩，说他“……为政不事表襮而民知爱，不任刑罚而民知畏。做事必为远计，使人得以守其成法而不即坏乱。其处己御下，则欲与者避其廉，受罚者思其公”②。接着写了他任职期间做的几件具体的事：

一是制止了劳民伤财的劳役：“其为清苑尹也，安肃苦徐水之害，诉于大农，欲以人力夺水之故道，道而东之。东，则县之境也，其地形有不能遂其迅激之性者，而水必终返其故道，

① 《种德亭记》，《静修先生集》卷二，页四四～四五。
② 《清苑尹耶律公遗爱碑》，《静修先生集》卷四，页七四。

而其沮洳波荡，坏民田几千顷，彼之害既不得而除，而重以其害贻我。畚锸已兴，民睨视之，莫知计所出。公为图地形，指陈利害，要（邀）农官及郡侯与俱，行视以止之。”

一是公平处理水利纠纷：“县之西塘水，利溉民田甚广。有力者以硙夺之，而民无诉所。公至，为断理，以每岁溉田之余月分之硙。仍闻省部，著为定制。”

一是减少招待应酬的开支：“县居南北冲，每岁为亲王大官治供帐于县西，以十月成；至明年，复撤而新之。吏得媒孽其事，而至岁费不赀。公以一废馆舍移其所，不足，分俸禄以继之。馆成，而是役绝。”

一是平毁盗贼藏匿之所：“县西南卫村，多古斥堠沟堑，时伏盗其间。公为隳其高，堙其下，而夺其穴焉。盗于是息。”

一是用本可归自己的钱修公廨：“县旧杂民居，而县之盐法息钱，例当归己有。公曰：‘是钱在我不必有，公廨在县不可无。’遂割之以起廨。”

一是公平收取赋税：“凡府之赋，县有不均者，公辄曰：‘宁得罪于上，不敢得罪于下。’必为争辩，得其平而后已。”①

这些事迹，把一个深入实际，体察民情，秉公办事，勤政廉洁，明察善断，爱下抗上的地方官，刻画得非常突出，让人肃然起敬。从中不难看出，刘因是把能够“为民请命”，替民说话，解民倒悬，时刻维护人民利益，努力减轻人民负担，作为“好官”的条件的。这是刘因思想具有人民性的又一表现。

① 均见《清苑尹耶律公遗爱碑》，《静修先生集》卷四，页七四至七五。

承认刘因思想具有一定人民性，并不是说他就是“人民思想家”。他毕竟属于封建士大夫阶层，对于封建统治秩序，他总是持维护态度的。不过，从他的维护态度中，仍然能发现，其在客观上有与人民的愿望要求相一致的地方。我们还可以举一些例子。

刘因写过一篇《宣化堂记》，文中在正面阐述了“宣化”思想后，接着对后世不能“宣化”提出批评，说：

> 自世教衰，主德不宣，恩泽不流，而列侯守令又不能承流而宣化，所以阴阳错缪，氛气充塞而天化窒；群生寡遂，黎民未济而人化息。噫！天地之化，会于人心，圣人之化，布于方册。顾人之宣之如何耳！①

进而，他又将意思引申一步，告诫人们应该言行一致，不要辜负“宣化”这两个字，说：

> 堂以是名，人登斯堂，思所以下教令，思所以变风俗，思所以息狱讼，上恐负朝廷兴化之意，下恐负吾民望化之心；如是，则虽无斯名，岂无斯名！堂以是名，人登斯堂，苟俸禄于此，待日月于此，行贿赂于此，教化不行则归之上，风化不美则归之下；如是，则虽有斯名，安用斯名！②

---

① 《宣化堂记》，《静修先生集》卷二，页三七。
② 《宣化堂记》，《静修先生集》卷二，页三七。

作为一种政治观，它当然摆脱不出维护封建统治的立场，但从其批判的笔触中，仍不难看出对人民的关怀和同情。

（四）刘因对历史事件、人物的叙述中，也常常贯注着对人民的同情

刘因在许多文章中回顾了金末北方的大动乱，描述了在极端无政府状态下人民的痛苦。如：

> 金源贞祐，迄于壬辰，河之南北，兵凶相仍，生意殆尽，而先儒所谓天下萧然，洪水之祸，盖不至此者，惟是时足以当之。①

其所以如此，是因为此时金主南渡，元军北还，“两河山东，郡县尽废”，广大河朔地区成为政权的真空地带，于是，“强焉弱凌，众焉寡暴，遗民自相吞噬殆尽”。② 刘因讲的的确是实情。如果说，在原始社会中，由于没有剩余财富，“无政府”状态是与其生产力水平相适应的；那么，在物质文明有了相当发展的社会中，若失去了有效的政府的管理和控制，人民就只会“自相吞噬殆尽”。而在无政府状态下，最不幸的还是处于下层的人民群众。刘因呼唤统治秩序，在一

① 《都山老人九十诗序》，《静修先生集》卷二，页三三。

②、见《泽州长官段公墓志铭》、《易州太守郭君墓志铭》，《静修先生集》卷四，页七二、七七。

定程度上反映了人民渴望过安定生活的要求。

也许就是出于这种心态吧，刘因对于金末动乱时代结寨自保、割据一方的地方武装头领张柔等甚有好感，称之为“豪杰”。他说，在动乱中，“间有豪杰之姿者，则天必诱其衷，使聚其乡邻，保其险阻，示以纪律，使不相犯，以相守望，卒之事定而后复业。凡今所存，非其人，则其人之子孙也。”① 在另一篇碑铭中，他又重申过这个意思，说在兵凶相仍，贼寇充斥的情况下，“公（墓主段直）乃奋然兴起，率乡党族属为约束，相聚以自守。”② 接着写了这位段公任泽州长官期间做的许多有益于人民的好事（文繁从略）。郭君、段公都是张柔一类人物，对于他们，历史上究竟该如何评价，这里不想多论，但刘因显然是把他们当作英雄豪杰来歌颂的。而其着眼点，主要是他们在一定程度上建立了秩序，保护了其统辖区域人民的生命安全。

刘因的诗作中也流露过这个意思，如：

人生丧乱世，无君欲何仕？
沧海一横流，飘荡岂由己？
弱肉强之食，敢以凌暴耻？
优游今安居，欢然接邻里。
曲直有官刑，高下有人纪。
贫羸谁我欺，田庐安所止。

① 《易州太守郭君墓志铭》，《静修先生集》卷四，页七七。
② 《泽州长官段公墓志铭》，《静修先生集》卷四，页七二。

举酒贺生民，帝力真可恃。①

又如：

岩居访高道，少日在风尘。
回首话前事，低眉厌自身。
江山资盗寇，田亩化荆榛。
领取天伦重，无君愁杀人。②

抽象地看，这些诗的意思很庸俗；但如果从久乱初宁的元初社会以及饱受流离之苦的刘因家庭遭遇去考虑，则未始不可以说，它一定程度上表达出了当时老百姓的心情。鲁迅先生说过，在旧社会，就人民的地位说，只有两种时代，一种是暂时做稳了奴隶的时代，一种是想做奴隶而不得的时代。③ 如果说这揭示了一个普遍适用的规律，非此即彼，“无所逃于天地之间”，那么，从普通人的角度说，就只能是愿意选择前者。④ 诚然，历史上确有“有秩序”比“无秩序”更坏的情况（野蛮至极、腐败透顶、白色恐怖、法西

① 《和饮酒》之十九，《静修先生集》卷一二，页二四五。
② 五律《杂诗》五首之四，《静修先生集》卷八，页一四六。
③ 《坟·灯下漫笔》，《鲁迅选集》第2卷，第44页。
④ 当代著名相声艺术家、语言大师侯宝林说：“我一辈子是个顺民，对社会没有什么要求，只希望一不要打仗，二不要搞运动，安居乐业。安居乐业的意思也不敢要求小康，只要求温饱。”（引自朱健：《手按〈圣经〉而不发抖——解读“一户侯”》，载《读书》1993年第6期。）侯先生的话传达出了“普通人”的心声。

斯专政……），但是，“群盗如麻”、“毫无秩序”的情况下，则人民更加颠连无告，最终竟至“自相吞噬殆尽”。刘因的这些话的确不是什么闪光的思想，但却仍然具有一定的认识意义。

刘因还曾以自己的笔为普通人立传。如《徐生哀挽序》、《叙节妇贾韩氏事》、《武遂杨翁遗事》、《新安王生墓志铭》、《孝子由君墓表》、《王孝女旌门铭》、《洛水李君墓表》、《处士寇君墓表》等。这些作品的主人公都是平民，其评价人物的标准，自不免受到封建纲常名教的支配，这是需要批判的。但刘因想使他们传之永久，热情地加以讴歌，从其重视普通平民的态度说，毕竟有可取之处。

四、所谓“恋金”、“哀宋”情绪

谈到刘因的政治态度，不能不涉及他对金和宋的态度。

刘因曾两次辞官，许多诗文中又有浓重的恬退情调，前代一些学者，便据此强调他不肯仕元的气节，夸张他的“恋金”、“哀宋”情绪，有意把刘因说成是个民族主义的思想家。这是需要讨论的。

（一）所谓“恋金”情绪

刘因对于金朝的人和事，有时的确很怀恋。前文提到，刘因的祖辈三世仕金，其祖父一代曾比较兴旺发达。祖母的娘家姓陈，与金皇室有较密切的关系。陈家有园林，叫陈氏庄，“金章宗每游猎，必宿其家”。刘因有诗对此有所追述：

陈氏园林千户封，晴楼水阁围春风。
翠华当年此驻跸，太平天子长杨宫。[1]

遗憾的是，好景不长。随着贞祐金主南渡，这座园林也为之废毁：

浮云南去繁华歇，回首梁园亦灰灭。
渊明乱后独归来，欲传龙山想愁绝。[2]

刘因自注："渊明，谓先父。龙山，指孟嘉事。"孟嘉是陶渊明的外祖父，陶集中有《晋故征西大将军长史孟府君传》。刘因诗的意思是说，刘因之父刘述只身回到故乡后，曾想给其外祖父作传记（既然用"欲"字，想来这篇传并没写成）。诗中接着写了刘因自己当时之所见：

今我独行寻故基，前日家僮白发垂。
相看不用吞声哭，试赋宗周黍离离。[3]

刘因家的日子是因贞祐逃难而中落的，这座园林的兴废可说就是陈家、刘家盛衰史的缩影。当刘因面对废毁的园林故基和满头白发的旧日家僮，不禁悲从中来，借赋《诗经》中

① 七古《陈氏庄》，《静修先生集》卷七，页一二四。
② 七古《陈氏庄》，《静修先生集》卷七，页一二四。
③ 七古《陈氏庄》，《静修先生集》卷七，页一二四。

“悯周室之颠覆”的《黍离》诗，与家僮互相安慰。这首诗中，固然有悲悯金国灭亡的成分，但悲叹自身的比重实在更大。

刘因还写过一首七律《登中山城》，自注说：“予曾伯祖奉议府君，贞祐初死节中山，而举族没焉。”这诗显然是悼念这位曾伯祖的。诗中写道：

> 黄金一夕冷如镔，刘项萧然恐未真。
> 世事恶盈应有数，天心拨乱岂无人。
> 陵迁谷变横流地，卵覆巢倾死节臣。
> 毛髦诸孙生气在，九泉精爽懔犹新。[1]

“毛髦”意指青年人，当是刘因自谓。诗里虽有悲悼之情，但并不消沉，而是表达了对家道中兴的期望。

此类写“陵谷变浮云，家世如残局”[2] 的诗还有一些，不赘。此外，刘因还写过一些流露出“哀金”情绪的作品。如有的针对流落到民间的金朝皇家遗物（如字、画、墨、砚等艺术品）而抒发感慨：

> 金源马坊全盛日，四十万匹如秦川。
> 天教劫火留此幅，玉花浮动青连钱。
> 英灵无复汗石马，悲鸣真似泣金仙。
> 只今回首望甘泉，汾水繁华雁影边。

① 七律《登中山城》，《静修先生集》卷九，页一七四。
② 《和归园田居》之五，《静修先生集》卷一二，页二四二。

奇探竟随辙迹尽，兀坐宛在骅骝先。
人间若有穆天子，我诗当作祈招篇。[①]

黑龙江头气郁葱，武元射龙江水中。
江声怒号久不泻，破墨挥洒余神功。
天人与竹皆真龙，墨竹以来凡马空。
人间只有墨君堂，何曾梦到琼华宫。
瑶光楼前月如练，倒影自有河山雄。
金源大定始全盛，时以汉文当世宗。
兴陵为父明昌子，乐事孰与东宫同。
文采不随焦土尽，风节直与幽兰崇。
百年图籍有萧相，一代英雄惟蔡公。
策书纷纷少颜色，空山夜哭遗山翁。
我亦飘零感白发，哀歌对此吟双蓬。
秋声萧萧来晚风，极目海角天无穷。[②]

这两首诗都是就流落到民间的金太子允恭的绘画作品而发的。允恭是金世宗的次子，一度立为皇太子，但早死。《金史》说他"体貌雄伟，孝友谨厚"。其子（完颜璟）继皇帝位，即章宗，明昌是其年号。金世宗（完颜雍）在位二十九年（年号大定），是金朝的全盛时期，但也是金朝盛极而衰的时期。此后便萎靡不振，苦撑了四十几年，终于亡国。刘因在该诗自注中提到记载这段史实的《金实录》和允恭这幅

① 七古《金太子允恭唐人马》，《静修先生集》卷七，页一二四。
② 七古《金太子允恭墨竹》，《静修先生集》卷七，页一二七。

画流落民间的过程:"汴亡，张蔡公（张柔）以《金实录》归，遗山（元好问）尝就公誊录。此轴亦蔡公得于汴之中秘者。公之子仲仁持以求予诗，故终篇记之。"① 这表明，刘因是在看到允恭的绘画，联想到金朝的盛衰史，不禁勾起对自家身世的感伤，才写出了这篇诗作。同一题目还有两首七绝：

墨竹犹堪验一斑，金源文物见当年。
博山烟暖春闱静，却笑承乾嗜好偏。

手泽明昌秘阁收，当年缇袭为谁留?
露盘流尽金人泪，应恨翔鸾不解愁。②

明昌是金章宗完颜璟的年号。章宗是世宗之孙，允恭之子。允恭早亡，他继世宗即皇帝位。史学家说，金章宗在金朝皇帝中是汉文化修养最高的人，他酷爱诗词，诗作甚多，还是书法绘画的爱好者。在刘因看来，允恭、章宗的文才固然值得称道，但国家没有治理好，毕竟是为政者的最大失误。

刘因还有一些诗是就前代的遗事遗迹而发。如：

闰辽承宋统，此志亦雄哉。
置县名犹在，因山势已摧。
百年元魏史，千古汝南哀。

① 七古《金太子允恭墨竹》，《静修先生集》卷七，页一二八。
② 七绝《金太子允恭墨竹》，《静修先生集》卷一一，页二一九。

华表鹤应有，悲风海上来。①

秋声浩荡动晴云，感慨悲歌气尚存。
洒落规模余显德，承平文物记金源。
生存华屋今焦土，忠孝遗风自一门。
白发相逢几人在，苍烟乔木易黄昏。②

上述这些与金朝有关的诗，或追怀，或慨叹，或惋惜，感情都比较浓重，的确有较浓的“恋金”情绪。

（二）所谓“哀宋”情绪

刘因也写有一些以宋史为题材的诗文，其情调与前述以金史为题材的诗文大有不同。如：

试听阴山敕勒歌，朔风悲壮动山河。
南楼烟月无多景，缓步微吟奈尔何？

物理兴衰不可常，每从气韵见文章。
谁知万古中天月，只办南楼一夜凉。③

刘因自注：“理宗自题绝句其上，有‘并作南楼一夜凉’之

① 五律《过奉先》，《静修先生集》卷八，页一四八。
② 七律《七月九日往雄州》，《静修先生集》卷九，页一七四。
③ 七绝《宋理宗南楼风月横披》二首，《静修先生集》卷一，页二一八。

句。'才到天中万国明'，宋太祖月诗也。"刘因的诗是就宋理宗的一幅自题诗的画而写。宋理宗赵昀是南宋的第五代君主。南宋自高宗起就缺少"开国气象"，此时，已过了近百年，"积弱"的状态更为严重。刘因这首诗从"文气"的强弱来论"国运"的盛衰，以为，宋朝的开国皇帝赵匡胤的诗，还是有气魄的，而到了南宋后期，连宋理宗的诗也写得那么纤弱。这表明，南宋大势已去，不足以和北方的强敌相抗衡了。

如果说上面的诗还比较含蓄的话，在另一些诗中，则对于南宋的苟且偷安的传统政策提出直接的批评，如：

己未天王自出师，眼前兴废想当时。
临江酾酒男儿事，谁向深宫正赋诗？①

"己未"指公元1259年（宋理宗开庆元年，元宪宗九年）。是年，元宪宗（蒙哥）亲自统兵大举伐宋。"酾酒临江，横槊赋诗"，语出苏轼《赤壁赋》，这里以曹操借指蒙哥"固一世之雄也"。可悲的是，面对蒙军的巨大军事压力，宋理宗竟然还在"深宫赋诗"，岂不太有些醉生梦死了吗！

又如：

当年一线魏瓠穿，直到横流破国年。
草满金陵谁种下？天津桥畔听啼鹃。

---

① 七绝《题宋理宗诗卷后》，《静修先生集》卷一一，页二二六。

卧榻而今又属谁？江南回首见旌旗。
路人遥指降王道，好似周家七岁儿。

唱彻芙蓉花正开，新声又听采茶哀。
秋风叶落踏歌起，已觉江南席卷来。①

第一首写宋朝的亡国早在立国之初就已种下远因；第二首写赵宋王朝终于未逃脱灭亡的厄运，正如当年后周的被取代一样；第三首写遭受亡国之痛的江南人民的悲哀。字里行间，表达了对南宋统治者的批判和对江南人民的同情。

对于北宋的沦亡，刘因也曾作过评论：

宝符藏山自可攻，儿孙谁是出群雄？
幽燕不照中天月，丰沛空歌海内风。
赵普元无四方志，澶渊堪笑百年功。
白沟移向江淮去，止罪宣和恐未公。②

刘因认为，赵匡胤立国之初曾积藏金帛，谋求北伐，还算是有统一中国的雄心，可惜儿孙们却没有一个出类拔萃的英雄继承遗志，以致幽燕之地始终未能收复，边境空虚，良将乏人。开国宰相赵普虽自称"半部《论语》治天下"，其实却没有经营四方、统一宇内之志（赵曾谏太祖取燕）；真宗时期与金人签订的"澶渊之盟"，号称"换来百年和平"，其实

① 七绝《书事》五首之一、二、五，《静修先生集》卷一一，页二二二。
② 七律《白沟》，《静修先生集》卷九，页一七三。

是以民脂民膏买和平。苟且偷安、步步退让的国策终于导致靖康之祸，使得界河也从起初的白沟南移到后来的江淮了，这个责任如果只归罪于做了金人俘虏的宋徽宗（年号“宣和”）那是有失公平的。全诗抓住几件典型事例，以高屋建瓴之势，纵论北宋王朝“虚外实内”政策之失，堪称史家大手笔！

此类诗还有不少，如：

五季风烟惨昼霾，渠儿有志亦雄哉！
累朝禅策皆虚器，千古黄袍又厉阶。
文物汉唐今已尽，史编南北更堪哀。
荒坟一品知何处，犹遣石麟草半埋。[①]

干戈天亦厌纷纷，豪圣千年共几君？
太祖无心亦徒说，吾儿有志更谁云？
悲歌莫管千秋后，王气应无一品坟。
今古区区等如此，五陵哀雁入秋云。[②]

这两首诗都是刘因针对赵宋先茔而发出的王朝兴废、人世沧桑的感慨。

前人论及这些诗，常归结为“哀宋”之作。什么叫“哀宋”呢？如果说是指宋朝的下场可悲，那是符合实际的；如果理解成刘因为宋朝的灭亡而悲哀，那就既讲不通，也不符

① 七律《过东安赵宋先茔》，《静修先生集》卷九，页一七三。
② 七律《过东安》，《静修先生集》卷九，页一七四。

合刘因的思想实际。当今有的学者，也受到此说的影响，说这些诗反映了刘因“对故国的怀念”，表达了“遗民思想”。[①] 试问，刘因生为元人，其祖辈是金朝的臣民，三十一岁时南宋灭亡，他怎么可能以宋为“故国”，自视为宋的“遗民”呢？

（三）评 价

“咏史”是旧时代文人墨客经常采用的形式，或臧否人物，或评判得失，或引出教训，或抒写怀抱，大多是“置身事外，平情论事之作”[②]。也有时结合自己的身世，古今交融，直接抒情。刘因的咏史诗题材广泛，不仅有针对金、宋的，还有针对唐、五代的（如五绝《白乐天琵琶行图》、《李贺醉吟图》），魏晋的（如七绝《铜雀瓦砚》、《梁甫吟》），秦汉的（如七律《读汉高帝纪》、五古《明妃曲》），商周的（如五绝《商方爵》、七绝《豳风图》），以至更古的（如七绝《尧民图》、《许由弃瓢图》）。对于它们，贵在作出具体分析，如果笼统地说它们有什么“恋”、“哀”情绪，岂不荒唐？

刘因的咏史诗中，以金史、宋史为题材的比重最大。但二者在表现上实有所不同。咏金史的，大多结合自己的身世，追怀惋惜的情感居多；咏宋史的，大多都不联系自己，批评谴责的成分较重。这就更可说明，那种刻意从刘因诗文

---

① 如武安国等著：《元诗选注》，中州古籍出版社 1991 年版。

② 全祖望：《书文靖〈渡江赋〉后》，转引自《宋元学案·静修学案》附录。

中寻找对宋朝的“故国之思”、“遗民情绪”的说法是难以成立的。

当然，在刘因咏宋史的诗中，有的的确感情比较沉重。如：

北风初起易水寒，北风再起吹江干。
北风三起白雁来，寒气直薄朱崖山。
乾坤噫气三百年，一风扫地无留残。
万里江湖想潇洒，伫看春水雁来还。①

北风三起，喻辽、金、蒙古对宋的军事威胁；白雁，喻元丞相伯颜；崖山，陆秀夫负赵昺投海死所。赵宋王朝从立国至灭亡约三百年，一直未摆脱“积弱”的局面，最终还是在敌国的武力进攻下灭亡。这个结局是多么可悲！又如：

越鸟群飞朔漠滨，气机千古见真纯。
纥干风景今如此，故国园林亦暮春。
精卫有情衔太华，杜鹃无血到天津。
声声解堕金铜泪，未信吴儿是木人。②

海南鸟，喻南宋亡后被迫北上的士大夫；吴儿指江南人民，全诗曲折地抒写了江南人民的亡国之痛。

前文提到，刘因对元蒙政权的态度，前后有比较明显的

① 七古《白雁行》，《静修先生集》卷七，页一二八。
② 七律《海南鸟》，《静修先生集》卷九，页一八三。

变化。青少年时期，他对元蒙积极拥护；中年以后，他对元蒙逐渐失望，恬退情绪增长，汉民族情绪也有所增强。这种不同，在他的诗作中必然有所反映。前引的两首诗中，就蕴含着作者对于汉人失国的难言的隐痛。它们并不是怀念宋朝（对于刘因来说，宋朝没有什么可怀念的）。但是，汉人政权是如此衰败，汉族人民遭受着如此深重的苦难，这对于一个汉民族意识逐渐苏醒的知识分子怎能不深深地感到痛苦！但作为一个普通人，他又只能把这种痛苦埋藏在心底。偶尔有所表露，也是含蓄、曲折而压抑的。

刘因一生，对于具体政权的态度虽然前后有所不同，但是，他对人民的同情，对政治的关注，对民生疾苦的关切都是一贯的。用“民族”的尺度去衡量，他是个矛盾的人物；用“人民”的标准去评判，应该说，他确实是一个有着一片爱心的人。

刘因既不是文天祥式的反元民族志士，也不是岳飞式的爱国主义者，他是从士人（具有儒家思想的知识分子）的一般理想和情操出发，希望统一，憧憬和平，批评统治者的贪枉和不仁，同情人民的苦难和不幸。因此，刘因的政治思想与其说是民族的，不如说是士人的。

第四章　理学思想

理学是中国封建社会后期的统治思想。它奠基于北宋，至南宋朱熹而集大成。但两宋理学在形成和发展中并不顺利，而是不断遭到压抑和打击。理学的奠基者之一的程颐，生前曾被列为“奸党”，先“放归田里”（削职为民），继又“送涪州编管”（交地方官管制），最后还被“追毁出身以来文字”（追回并销毁做官以来所受任命的文件）。① 理学集大成者朱熹在其临终前的六年间，也连遭厄运，他的学说被宣布为“伪学”，遭到禁锢，不仅朱熹本人被“罢职落祠”，他的许多学生也受株连，遭贬黜，甚至科举取士和举荐官员，都要先审查是不是与“伪学”有瓜葛。直到朱熹死后的第九年，朝廷才为他和他的学说平反。②

---

① 朱熹：《伊川先生年谱》，《程氏遗书》附录。

② 王懋竑：《朱子年谱》。

南宋末年，理学受到朝野的尊奉，但其时赵宋王朝已行将寿终正寝，其流行的范围又不过拘于江南一隅，因此，还谈不到真正意义上的在全国思想领域处于支配地位。

理学真正在全国范围成为统治思想是在元朝实现的。元朝在政治、经济上使中国达到空前统一，在思想上经过一段时间的选择，终于奉程朱理学为正统。从此，理学真正成了官方意识形态，并为明清两代奠定了格局。但如果从理论建树说，南宋理学在体系上已经成熟，理论成就已达到巅峰。后人对于它，要有一个理解、消化和吸收的过程，一时很难再超过它。元朝便是理学在全国普及、推广的时期。历史有其自身的发展规律，不同历史时期有不同的历史任务。生于其时的人，一般地说，也只能充当与之相应的历史角色。刘因生活于元朝前期，他承担起了自己应该充当的角色，为理学思想的传播和阐扬，为理学普及于民间并最终被确定为统治思想做出了自己的努力和贡献。

前文提到，刘因在青年时期就经历了由经学到理学的转变（参见第二章）。其后，他沉潜义理，拳拳服膺。义理之学既占据了他的整个身心，也成了他一生矻矻从事的事业。

刘因在许多诗文中由衷地表达了他对宋代理学诸大家的景仰之情。如他对周敦颐、邵雍两位理学开创人物十分钦敬，有诗道：

百年周与邵，积学欲何期？
径路宽平处，襟怀洒落时。

风流无尽藏，光景有余师。①

对于张载，他一再说：

横渠百世师。②

当诵《东铭》篇。③

朱张遗学有经纶，不是清谈误世人。④

对于司马光，他说：

一时宾主记从容，万古风流在洛中。
未敢空中望康节，且从实地学温公。⑤

对于程颐，他更是无限向往，说：

伊川门外雪盈尺，茂叔堂前草不除。
要识唐虞垂拱意，春风元在仲尼居。⑥

---

① 五律《周邵》，《静修先生集》卷八，页一四七。
② 五古《隐仙谷》，《静修先生集》卷六，页一〇二。
③ 五古《送刘校书回》，《静修先生集》卷六，页一一一。
④ 七绝《书事》，《静修先生集》卷一一，页二二二。
⑤ 七绝《癸酉新居杂诗》，《静修先生集》卷一一，页二二〇。
⑥ 七绝《燕居图》，《静修先生集》卷一一，页二二三。

程门万古春风在，百草千花得自由。[1]

对于朱熹，刘因尤其尊仰，有诗道：

举觞当和紫阳歌。[2]

高谈方对紫阳翁。[3]

还说过一段朱熹是集大成者的高论：

邵，至大也；周，至精也；程，至正也。朱子，极其大，尽其精，而贯之以正也。[4]

这段话被后人广泛引用，从中既表现了刘因的“高见远识”，也道出了他的思想渊源。

刘因其生也晚，未能亲炙伊洛诸公门下，但他“闻风妙契，能自得师”[5]。其思想皆祖述宋代诸子，而又有所选择和发挥。他对于周敦颐的“无极太极”之学，邵雍的象数之学，司马光的史学，张载的气学，二程的理学，朱熹“综罗百代”的理气性命之学，都曾致力钻研，或加以引证，或借

① 七绝《癸酉新居杂诗》之二，《静修先生集》卷一一，页二二〇。
② 七律《黄精地黄合酿甚佳，名以地仙酒》，《静修先生集》卷九，页一八四。
③ 七绝《理西斋成》，《静修先生集》卷一，页二三四。
④ 《元史》本传。
⑤ ［明］邵宝：《重刊静修集序》，载畿辅本《静修集》。

以立论,或加以引申，或进行阐发，表现出一定程度的兼综倾向。惟对陆氏心学较少提及，偶尔提到，他也不像其他元代思想家那样进行“朱陆会同”，而是对陆采取明确的批判态度。但是他实际上也受到心学的某些影响，有时也有所流露。(见后)

刘因没有大部头的著作传世，其理学思想散见于他的记、序、书、跋之类短篇杂著以及诗词当中。（他本来著有《易系辞说》、《四书语录》，从书名推测，其中的哲学成分当更集中，惜已亡佚）其中，他对于理学思想的许多重要方面都有所接触，并提出了富有哲学意味的见解。

一、对天道理气的思索

刘因对于宇宙本体（天人之际，性命之原）问题有所思考和探求，主要有以下几点：

(一) 天化论

他说：

> 大哉化也，源乎天，散乎万物，而成乎圣人。自天而言之，理具于乾元之始，曰造化。宣而通之，物付之物，人付之人，成象成形，而各正性命。化而变也，阴阳五行，运行乎天地之间，绵绵属属，自然氤氲而不容已，所以宣其化而无穷也。天化宣矣，而人物生焉；人物生矣，而人化存焉。

> 大而父子、君臣、夫妇、长幼、朋友之道，小而洒扫、应对、进退之节，至于鸢飞鱼跃，莫非天化之存乎人者也。①

这里，刘因把“化”（宇宙间的化育）区分为天化（天地的化育）和人化（人群的教化）。天化表现为阴阳五行运行于天地之间的自然界的秩序，生成万物，繁衍生息，绵延不绝，运动不停；人化则表现为五伦为代表的纲常伦理所维系的社会秩序。他认为，这种社会秩序是与自然秩序完全相符合的，而要由圣人来完成。天化人化的根源都是“天”，天化的理在世界一开始就已具备，人化的理则是在人类产生之后才出现的。这里，刘因显然是在为封建纲常寻找宇宙观的根据，但他把世界的发展表述为一个过程，把人类看作是自然（天）的产物，这还是有道理的。不过，关于这个世界本原的“天”究竟是什么性质——是物质性的自然，还是精神性的主宰，他并没有说得很清楚。② 把“天”作为世界的本原，本是中国古代哲学比较流行的说法。但“天”指什么，则各家的理解和说法大不相同。远的且不说，宋代理学家对

---

① 《宣化堂记》，《静修先生集》卷二，页三六。

② 后世有的唯物主义思想家提出了与刘因这一说法相类似的观点，如清初的戴震说：“道者，言乎化之不已也。……性，言乎本天地之化，分而为品物者也。……是故，生生者，化之原；生生而有条理者，化之流。”（《原善》上，载《孟子字义疏证》，中华书局 1982 年第 2 版。）虽不能肯定戴震此说是受了刘因的影响，但至少可以说，二者有相通之处。

此就做过许多讨论，有设定为“理”的[1]，有宣布为“气”的[2]，有推断为“太极”的[3]，有宣布为“心”的[4]。朱熹对“天”的理解，有时祖述二程，如说：“天之所以为天，理而已。”[5] 有时又近于张载，如说：“天只是一元之气。”[6]“天只是一个大底物。”[7] 刘因对这些说法没有进行过详细讨论和评判[8]，偶尔提及，说法也不那么确定。如上文他归结为“气”；而有时，他又归结为“道”，如说：

> 道之体本静，出物而不出于物，制物而不为物所制，以一制万，变而不变者也。以理之相对，势之相寻，数之相为流易者而观之，则凡事物之肖夫道之体者，皆洒然而无所累，变通而不可穷也。[9]

这个道，有较明显的精神本体的意味。

---

① 程颢说：“天者理也。”（《二程遗书》卷一一）程颐说：“自理言之谓之天，自禀受言之谓之性，自存诸人言之谓之心。”（《二程遗书》卷二二上）

② 张载说：“太虚无形，气之本体。”“由太虚，有天之名。”（《正蒙·太和篇第一》）

③ 邵雍说：“生天地之始者，太极也。”（《皇极经世·观物外篇》，又见周敦颐《太极图说》）

④ 陆九渊说：“心之体甚大，若能尽我之心，便与天同。”（《语录》，《陆九渊集》卷三五）

⑤《朱子语类》卷二五。

⑥《朱子语类》卷六。

⑦《朱子语类》卷一。

⑧ 也许有过。刘因著有《四书语录》，其中当有此类内容，可惜已佚。

⑨《退斋记》，《静修先生集》卷二，页四二。

有时，他又似乎更倾向邵雍的观点。刘因有诗道：

万古堂堂共一元，欲从何处觅天根？
试从闭开中间看，始觉乾元独自尊。①

自注："闭物之后有亥，开物之前有丑，惟子正在开闭之中，其象可见。"该诗的主旨取自《易传》和邵雍的《皇极经世》。《易·乾卦·彖》说："大哉乾元，万物资始，乃统天。"邵雍发挥这一思想，构造出成体系的元、会、运、世理论，认为，一元有十二会，一会有三十运，一运有十二世，一世有三十年。这样，一元总计有十二万九千六百年。十二会以地支记录。据《经世一元消长之数图》（相传为邵雍之子邵伯温作）元之第三会（寅会）为开物之会，第十一会（戌会）是闭物之会。刘因说的"闭物之后有亥，开物之前有丑，惟子正在开闭之中"，正是这个意思。为了把这一个意思看得更清楚，我们可以用圆图表示（如下）。子为一元之始，

子
亥　丑
闭物—戌　寅—开物
酉　卯
申　辰
未　巳
午

又正处于开物之前和闭物之后的中间。由此可知，刘因这里是把"子"看作"天根"的。

① 七绝《一元》，《静修先生集》卷一一，页二一二。

“一元”由开物到闭物之后，并不是就完全归于寂静灭息。按邵雍的理论，一元仅仅是宇宙发展中的一个周期（期数）。邵伯温解释说：“一元在大化中犹一年也。”“穷则变，变则生，盖生生而不穷也。”“但著一元之数，使人引而伸之，可至于终而复始也。”① 可见，这种理论包含有世界无穷发展的意思，这是可贵的。不过，在邵雍看来，这种发展并不是前进、上升，而是终而复始地循环。此点，在刘因思想中也有反映。刘因有诗道：

> 乘春奋幽涧，观化登邱山。……
> 览物有真意，抚节惊循环。②

这是刘因对邵雍的“观化”思想的体会，他为自己发现了宇宙之循环规律而惊喜。

从这种循环论出发，刘因把天地在内的一切事物都看作是一个过程。他说：“呜呼！天地至大，万物至众，而人与一物于其间，其为形至微也。自天地未生之初，极天地既坏之后，前瞻后察，浩乎其无穷。”③ 这就是说，天地虽然是至大的，但却并不是永恒的，它也是一种物，有其“未生之初”，也有其“既坏之后”，今天的天地，只不过是宇宙总循

① 转引自王植：《皇极经世全书解》卷六。
② 五古《游云水庵》，《静修先生集》卷六，页一〇二。
③ 《孝子田君墓表》，《静修先生集》卷四，页七九。

环运动中的一个阶段而已。[①] 刘因这一思想尽管不是他首创，而是对邵雍的继承，但仍有其精辟之处。

邵雍的“元、会、运、世”理论，就其细节说，的确有不少谬误，但就其在总体上讲了宇宙发展的循环运动而论，则包含有“一切都是过程”的思想，应该肯定这是一个贡献。刘因祖述并发挥了邵雍这一思想，应该说这正是他的特识。

（二）气 化 论

天地万物既然都有成有毁，那么其未生之前、既坏之后

① 按：关于循环论，学术界多年来作过许多批判，以为它是一种形而上学的发展观，即否定质的飞跃，否认事物发展的前进性质，否认事物发展是由低级到高级、由简单到复杂的螺旋式上升运动。但是，这种批判只有限制在“事物”（物质的具体有限存在方式）发展的范围内才是正确的；如果就“宇宙”的发展说，实际上并不存在“上升”运动，而仅仅是“循环”。恩格斯曾这样讲到宇宙的发展：“天体的最终命运是碰在一起。”“无限时间内天体的永恒重复的先后相继，不过是无限空间内无数天体同时并存的逻辑的补充。”“这是物质在其中运动的一个永恒的循环，一个在我们的地球年不足以作为量度单位的时间内才能完成其轨道的循环。……在这个循环中，物质的每一有限的存在方式，不论是太阳或星云，个别的动物或动物种属，化学的化合和分解，都同样是暂时的。……物质在它的一切变化中永远还是物质，它的任何一个属性都不会丧失。因此，物质虽然在某个时候一定以铁的必然性在地球上毁灭自己最高的精华——思维着的精神，而在另外的某个地方和另外的某个时候，一定又以同样的铁的必然性把它重新产生出来。”（《自然辩证法》第22～23页，人民出版社1984年版）由此来看，宇宙间的具体事物发展的“上升”运动是相对的，而整个宇宙发展的“循环”运动则是绝对的。

是什么？其变化的原因又是什么？刘因用“气化”来解释。他所谓的“气”，有时指阴阳二气，如：

二气日交感，变态何纷纭。①

邈哉开辟初，造化惟阴阳。②

四时有代谢，寒暑皆常经。
二气有交感，美恶皆天成。③

二气（阴阳）交感，化生万物，是自《易传》以来的唯物主义思想，刘因对于这一传统是认同的。可是并不彻底，并不到此为止，而是又从阴阳二气再进一步向前推寻，归结为太极，说：

二气原从太极分，浮云起灭见来真。④

“太极”语出《易传》：“易有太极，是生两仪。”⑤ 但太极是精神性的，还是物质性的，原文并未做明确表述。后世则发生了根本分歧。朱熹说，太极是理：“总天地万物之理，

① 五古《答乐天问》三首之一，《静修先生集》卷六，页一〇七。
② 五古《答乐天问》三首之二，《静修先生集》卷六，页一〇七。
③ 《和饮酒》之十六，《静修先生集》卷一二，页二四五。
④ 七律《玉柱双清香》，《静修先生集》卷九，页一八四。
⑤ 《易·系辞》上。

便是太极。"[①] "太极生阴阳，理生气。"[②] 张载则说太极是气："一物两体，气也。"[③] "一物而两体，其太极之谓与?"[④] 刘因似乎没有理会这一分歧，因而其哲学属性也就不很分明。

刘因还常用太虚来表述世界的本原：

匏瓜陨自天，中涵太虚气。
造物全其真，世人苦其味。
虽得尽天年，惜坐无用器。
伊谁窍混沌，大朴分为二。[⑤]

太虚是张载经常使用的概念，用来指世界的最高本体。匏瓜，语出孔子："吾岂匏瓜也哉，焉能系而不食?"[⑥] 刘因借用它表达了太虚之气造化万物的意思。"大朴"亦即太虚之气，这个气也就是元气：

湛尔太虚兮，性命之所居兮。
皓尔太素兮，元气之所寓兮。[⑦]

---

① 《朱子语类》卷九四。
② 《太极图说解》，载丛书集成本《周濂溪集》卷一，页六。
③ 《正蒙·参两》。
④ 《正蒙·大易》。
⑤ 五古《匏瓜亭》，《静修先生集》卷六，页一一七。
⑥ 《论语·阳货》。
⑦ 《希圣解》，《静修先生集》卷一，页一。

无寒不温，无贞不元。
时时革化，由是而门。
吁炎吹冷，元气所存。①

把这些话联系起来，可知刘因的世界观中也较多地吸收了张载的成分；最后一段中，又分明可见柳宗元元气说的影响，从而使刘因的思想表现出唯物主义色彩。

应该指出，上引刘因这些诗文，不同于哲学专著，理气等概念仅是为表达人生问题而设定的宇宙观根据。刘因从前代理学家不同的文章中摄取了各不相同的余论，而对它们之间的矛盾则未予理会。也许在刘因看来，它们都具有真理性，“都只是一般物事，言偶不同耳”②。因此，综合起来看，它们便显得不够统一。究竟什么是宇宙的最高本体？是元气，还是太极、太虚，说得游移不定，对于这些概念之间的关系也缺乏交代，表明刘因的宇宙观在体系上尚不够完备，且缺乏足够的理论深度。但如果从元初那样一个特定的时代（少数民族统治者认同中华传统文化，理学由江南一隅走向全国）来考虑，从在北方宣传推广尚处在兴盛阶段的理学角度来评价，则仍然有其意义。

（三）气 机 论

关于宇宙变化的动因，刘因用“气机”来解释。他说：

① 《苦寒赋》，《静修先生集》卷五，页九三。
② 陆九渊语。《语录》下，《陆九渊集》卷三五，中华书局1980年版。

> 夫天地之理，生生不息而已矣。凡所有生，虽天地亦不能使之久存也。若天地之心见其不能使之久存也而遂不复生焉，则生理从而息矣。成毁也，代谢也，理势相因而然也。而为之不已者，气机使之焉耳。……天地之间，凡人力之所为，皆气机之所使，既成而毁，毁而复新，亦生生不息之理耳。①

刘因把自然与社会的一切，都看作是生生不息的、不断成毁代谢的、无穷无尽的过程，这一观点尽管不是他的创见，而是祖述前代哲人（从《易传》到邵雍等理学家）的余论，但毕竟表现了他的哲学思想倾向。可贵的是，他把这种自然之理与人事之为结合起来，认为社会人事也是生生不息的，人们认识了这个成毁代谢的道理后，绝不应得出醉生梦死的结论，而应积极从事，乾乾不已（详见本书“人生观”章）。这一看法显然是积极的。

刘因在这里把自然及社会发展变化的动因归结为“气机”。什么叫“气机”，他没有界说（大概他认为这是固有概念，无须解释）。“机”本是中国传统哲学的范畴，原指控制矢发的弩牙，借指发展变化的关键或微妙之处。《礼记·大学》说：“一家仁，一国兴仁。……一人贪戾，一国作乱，其机如此。”《淮南子·主术训》说：“治乱之机。”《列子·天瑞》说：“万物皆出于机，皆入于机。”张载更将“机”表述为事物发展的内部原

① 《游高氏园记》，《静修先生集》卷二，页四六。

因，说："凡圜转之物，动必有机。既谓之机，则动非自外也。"①众所周知，张载之学是气本论。这里的"机"，当指"气机"。刘因的"气机"论正是对张载学说的继承。

应当指出，刘因的气化论并不彻底，他并不能一贯地用"气机"来解释事物发展的原因，而是有时又讲到"天机"。如：

乘兴闲登眺，归来昼掩扉。
静中见春意，动处识天机。②

并且抱怨别人不能领会天机：

真宰镂雕亦良苦，洪炉销铄似无情。……
欲写天机谁领会，西风吹作棹歌声。③

但什么是"天机"，他没有界说。就"天机"需要从"动处"认识来推测，也许是指自然与社会发展变化的微妙之处。但无论如何，这一说法总带有神秘主义色彩。

（四）理　气　论

刘因毕竟是理学家，对于"理"他还是更加推崇。在

①《正蒙·参两》。
② 五律《野兴》，《静修先生集》卷八，页一四五。
③ 七律《卷帘》，《静修先生集》卷九，页一六七。

早年著作中他曾借浯溪拙翁之口说：

> 天地之间，理一而已。爰其厥中，散为万事；终焉而合，复为一理。①

又说：

> 君不见濂溪先生画出太极图，下笔万物形神枯。又不见伊洛丈人写出先天理，凿破化胎混沌死。②

这都是以理作为世界的最高本原，只是他没有进一步对理气关系进行讨论。（也许他认为，这是前代理学大师们已经解决了的问题，无需他多费笔墨吧）

但刘因却提出了“心帅气”的观点。他写过一篇《何氏二鹤记》，文章从何氏养的鹤的特异之处写起，说：何家养了两只鹤，雌雄不杂处；人工畜养的鹤一般多不产卵，而这只雌鹤却产了两只卵；一般人工畜养的鹤即使产了卵也不能孵化，而这两只卵却孵化成了小鹤；一般蓄养的鹤即使孵出来也活不长，而这两只小鹤却长大了，“翩然二鹤矣”。于是有人称它们为“瑞鹤”。对此，刘因发议论道：

---

① 《希圣解》，《静修先生集》卷一，页二。此说本于朱熹：“宇宙之间，一理而已。天得之而为天，地得之而为地，而凡生于天地之间者，又各得之以为性。其张之为三纲，其纪之为五常，盖皆此理之流行，无所适而不在。”（《读大纪》，《朱文公文集》卷七○）

② 杂言《赠写真田汉卿》，《静修先生集》卷七，页一四一。

> 夫人，天地之心也。心故可以帅夫气，而物则气之所为也。故物有自我（我，这里是“人自身”的意思）而变者，而鹤何瑞之有焉。苟我之积于中而发于外者，莫不霭然慈祥，则彼物之浮沉于吾气之中者，虽万物失所，而独全其生；虽气类暴悍，而独顺其性。故猫有相乳者，鸡有哺狗者，夫物固不得而自知之也。今何氏之鹤能有别，复卵而育也，在我（指何氏）必有以使之然者。虽然，自我（自身）而推之人（他人），自家而推之国，吾之志所得而帅，吾之气所得而育者，二鹤而已乎！①

“人者，天地之心也”，是《礼记·礼运》篇的命题，原意是说，人是天地的精华。“心帅气”的命题语出孟子：“夫志，气之帅也；气，体之充也。夫志至焉，气次焉。”②刘因将这两个命题联系起来，意在表达人对物的支配关系。刘因不承认这两只颇有些特异的鹤是什么祥瑞，这一看法还是可贵的。但是他却要从鹤的主人（蓄养者）何氏身上去寻找原因，以为“在我（指何氏）必有以使之然者”，意思是说，这是何氏重视自身修养所致。这个结论，应该说与认为鹤本身是祥瑞同样荒唐。不过，刘因的这段话还是有可注意之点：说人是天地的心，而心可支配万物，这正是后世心学家的口头禅。王守仁说：“人者，天地万物之心也。心者，天

① 《何氏二鹤记》，《静修先生集》卷二，页三九。
② 《孟子·公孙丑》上。

地万物之主也。”① “我的灵明便是天地鬼神的主宰，……离却我的灵明，便没有天地鬼神万物了。”② 虽然不能断言王守仁是受到刘因的启发，但刘因所论包含有发展为心学的倾向则是值得注意的。

关于理事关系问题，刘因在文章中也有所涉及。他在一篇文章中讲到字词的声音和事物的关系，认为：

> “天”之声，清而上；“地”之声，浊而下，形感而声出焉，理于是乎在。“来”之声必来，“去”之声必去，事感而声出焉，理于是乎在。初无心曰“天”、“地”、“去”、“来”也。③

这是说，“天”、“地”、“去”、“来”四个词的发声，是人根据对于“天”、“地”之形的感受和对于“来”、“去”之事的感受而自然形成的。“天”、“地”之形，“来”“去”之事是基础，人们根据自己对于“天”、“地”、“来”、“去”的感受创造出这些词，自然就发现“天”、“地”、“来”、“去”的字音，天、地、来、去的道理也就凝结在这几个词当中了。这个说法显然有“理在事中”的意思。他又接着说：

> 至于一草一木，其声亦必象其形。曰“树”，有植立之象焉；曰“枝”，有散殊之象焉。至于曰

---

① 《答季明德》，《王文成公全书》卷六。

② 《传习录》下篇，《王文成公全书》卷三。

③ 《唯诺后说》，《静修先生集》卷一，页二〇。

> “鹅”、曰“鸭”、曰“鸡”、曰“雀”、曰“鸦”之类，则又因其声而声焉者也。“鹅鹅”，所以协（谐）鹅也；“喈喈”，所以协鸡也。[①]

这段话把前文的意思说得更明白了。字的创造，或象其形，或谐其声，不会是凭空的，其间总有一定的规律可循。刘因讲的这个道理与中国传统所谓“六书”造字法中的部分原则相合。但是刘因接着又说：

> 言语生于有声之后，而其理具于有声之前。人惟见不同，而不知其同也。……

“言语生于有声之后”，是对前文意思的归结，是讲理在事中；说“其理具于有声之前”，那就是“理在事先”了。在同一篇短文中，为什么会如此矛盾呢？揣摩其文意，前文说的“理于是乎在”，是讲具体的理，在这样的角度，刘因是主张“理在事中”的。而所谓“其理具于有声之前”，是就抽象的“理”说的，意思是说，事物的称谓（名、言语）必与其形象或事实（实）相符，这个道理是永远适用、到处适用的，即使是某个具体事例还没出现，但其“理”却早在它之前具备了。这显然是对朱熹“理在事先”思想的一种解说。刘因接着说：

> 有声之后，则古今方域日益不同。人惟见其不

---

① 《唯诺后说》，《静修先生集》卷一，页二〇。

同，而不知其同也。知其同，则知吾之所以说唯诺者，不但说唯诺也。

这就是说，正因为“言语生于有声之后”，所以不同时代、不同地域的人在语言（语音、词汇、语法等）上便千差万别。这种不同，人们比较容易看到；但是，对于“其理具于有声之前”的道理，人们就不大容易认识到了。而如果真的认识了这番道理，那意义就不限于说“唯诺”，要大得多了。

刘因关于天道理气诸问题的说法，基本上是复述和阐扬两宋理学大师们的观点，由于是缘事而发地零散议论，而不是做集中专论，因此，缺乏严密的系统性，还不免有不够统一甚至矛盾之处。但其中包含的某些唯物主义因素还是可贵的，对于某些理学道理的阐释和提法也是有特色的。

二、对天人合一的阐扬

刘因在关于宇宙人生之究竟问题的探讨中，常表现出天人合一的思想。

天人合一是中国传统哲学的重要观念，得到大多数哲学家尤其是宋明理学家的肯定和宣扬。天人合一的内容比较复杂，从比较原始的君权神授、天谴天瑞说，到比较粗糙的天人相类、人副天数、天人感应说，再到比较精致的性天相通、天人相参说，都属于它的范围。而由于中国古代对于“天”的理解具有模糊性，“天人合一”的含义也就带有多元性，既有人与自然相统一的意思，又有命定、主宰的天与人交互影响的意思。[1] 它的发展，从思想进程说，有一定的阶段性；但从社会实际说，又有一定的并存性（在精致阶段仍存在粗糙乃至原始的形式）。元代是理学在全国普及的时期，也是中国传统文化在全国推广的时期。既然是普及和推广，其精微性和成熟性就难免不足。刘因生活的元初尤其如此。刘因的天人合一思想正是表现了一定的并存性，天人合一观念的几种形式在他的作品中都有所反映。

（一）天人相类

他写过一篇《读药书漫记》，就表达了天人相类的思想。他认为，人和物“盖其源一也”，这个“源”就是“气”。人与各种药材都是禀气而生，某种药材与人体的某一部分（如骨肉筋脉等）从外形到内在性质同属一类，因此，该药便能治疗与它有着同类关系的某种病。“如饮药者以枯木腐骨荡为齑粉，相错合以饮之，而亦各随其气类而之焉。”进而，他引先儒之语说：“木，味酸，木根立地中，似骨，故骨以酸养之。金，味辛，金之缠合异物，似筋，故筋以辛养之。咸，水也，似脉。苦，火也，似气。甘，土也，似肉。其形固已与类矣，而其气安得不与之流通也？推而言之，其吉凶之于善恶亦类也。”[2] 这就叫做“气运变迁皆以类，阴阳对

① 参见李泽厚：《试论中国的智慧》，《中国古代思想史论》，第318～319页。

② 《读药书漫记二条》，《静修先生集》卷一，页一九。

待不相无”[①]。说人与物同出一源，因而有其相类似、相感通之处，虽有些牵强，倒还算言之成理；进而把它们与善恶吉凶相比附，则不免陷入神秘主义。这里，不难看出董仲舒式的天人相类说的影子。不过其所谓“天”既然指“气”，并没有主宰义，这又使它倾向自然主义。

在另一篇文章中，刘因提出人之心与物之气之间存在相互影响的关系。他说:“心之机一动，而气亦随之。”反过来，气的运动也可以影响人的心:“迫火而汗，近冰而栗，物之气能动人也。”进而他认为，“物之气”和“人之气”之间也存在相互影响的关系:“惟物之遇夫人之气也亦然。”然后他举了两个例子，一是他自己经历的：人不扑打老鼠，老鼠也就不怕人；一是他父亲讲的：群蜂近人，凡是扑打蜂的人都被螫，其父“独不动，而蜂亦不迫焉”。于是，他思考出其间的道理是:“盖人之气不暴于外，则物之来不激之而去，其来也如相忘。物之去不激之而来，其去也亦如相忘。盖安静慈祥之气与物无竞，而物亦莫之撄（迫近、触犯）也。”[②] 文中所举的两件事，如果就其本身加以研究，对于认识鼠蜂的习性或许有意义，但刘因由此引出的是人生观道德观的认识:“平吾之心也，易吾之气也，万物之来，不但一蜂鼠而已也。”这就是说，人总会遭遇到种种不同的事物，重要的是应该“不动心”。刘因讲的具体事例是值得咀嚼的，对于理解天人合一也有启发意义；但其最后的“不动心”的结论，却没有太强的说服力。

---

① 七律《恶乌》,《静修先生集》卷九，页一六二。

② 《驯鼠记》,《静修先生集》卷二，页三九。

（二）天人谐调

天人相类只是天人合一观念中较低层、较粗糙的形式。高于它的是天人谐调的思想。《中庸》所谓“赞天地之化育”，“与天地参”；《易传》所谓“与天地合其德，与日月合其明”（《乾·文言》），“裁成天地之道，辅相天地之宜”（《泰·象辞》），“范围天地之化而不过，曲成万物而不遗”（《系辞》上），皆属此类。刘因也有此类思想，他在《阴符经集注序》中写道：

> 予读《阴符经》，“观天之道，执天之行，尽矣”，此言其体之自天而人者也。“天有五贼，见之者昌”，即“观天之道”也；“五贼在心，施行于天，宇宙在乎手，万化生乎身”，即“执天之行”也，此言其用之自人而天也。“天性，人也。人心，机也。立天之道，以定人也”，此则言圣人之兼体用，以天道立人极者也。“天发杀机，龙蛇起陆”，则非天性矣；“人发杀机，天地反覆”，则非为人心矣；“天人合发，万化定基”，则又“立天之道，以定人”者也。夫苟不以道定焉，则天人判而二，以道定焉，则天人合而一。二之，则机过而相悖；一之，则机定而化行。化行，则天地位，万物育，而君臣父子各得乎天理而止其所矣。①

① 《阴符经集注序》，《静修先生集》卷二，页二六。首句是全篇的纲，意思是说，认识自然的法则，把握自然的运动，人所应做的事尽在其中了。“五贼”指五行，金木水火土有相生相克的属性，所以称之为贼。

《阴符经》，是道教经典，旧题黄帝撰，不可信。其作者还有西周吕望（姜太公）、北魏寇谦之、唐李筌等说。传本有太公、范蠡、鬼谷子、张良、诸葛亮、李筌六家注。原文只有三百多字，分三章，百言演道（神仙抱一之道），百言演法（富国安民之法），百言演术（强兵战胜之术）。是一部糅合了儒、道、兵、法、阴阳、纵横各家思想的作品。朱熹对它颇有兴趣，认为，此书时有精语，非深于道者不能作，为之作《考异》一卷[①]。《四库提要》根据李筌说，解释该书的书名意思是："阴，暗也；符，合也。天机暗合于行事之机，故曰阴符。"[②] 并以为，"书虽晚出，而深于理致，故文士多为注释。"[③]

刘因对《阴符经》的第一章（演道章一百二十字）最重视，他采用引证加发挥的方式，引一句经文，加一段评论，从而表达自己对经的理解和他的哲学思想。文中讲的天道，主要指自然规律（也有某些神秘意味）；人道则指社会制度、伦理规范、政治措施等。刘因认为，这二者是合一的、一致的。天道是人之行事必须遵循的至理，又是人事最终成败的关键。人性由天道所决定，人心又是人性的枢机，只有做到人心、人事暗合于天道，才能成功。从本体上讲，天道是人道的根本，即自天而人；从作用上说，必须用人道去符合天道，即自人而天。圣人根据天道来确立人道，是天道的体现者和人道的完成者，所以说圣人是兼体用的。无论是自然还

① 《阴符经考异》，四库全书影印本第一〇五五册，页一一。
② 李筌：《阴符经疏》。
③ 《四库全书总目》卷一四六。

是社会，违反了天人合一的原则，就会出乱子；实现了天人合一的原则，一切就都会有良好的秩序。刘因的这些说法，表明了他为解释天人关系所做的努力。他主张的天道不可违反说，具有一定的合理因素；他强调的“执天之行”说，也没有忽视人的主观能动作用；但他以人事比附自然，突出圣人的作用，则不免有些牵强。

该文的后半篇，体例同前（仍然引一段经文，加一段发挥），继续阐发他的天人合一思想。说：

> “性有巧拙，可以伏藏。九窍之邪，在乎三要①，可以动静。”此希天希圣之功，而所谓执天道，见天贼，立天道，合天人者，其天皆出乎此也。盖九窍之邪未除，则不能静而常动。若以三要为害而绝之，则又一于静而不动也。惟知夫九窍之邪在乎三要，克其邪而反其初，则可以动静矣。其所谓动静者，即朱子之所谓动未尝离静，而静非不动者也。其天人合发、万化定基，则动而未尝离静者也。而杀机则动之过者也。“火生于木，祸发必克。奸生于国，时动必溃。知之修炼，谓之圣人。”夫火克奸溃，以其大者而言之，则“龙蛇起陆，天地反覆”之谓也。以其小者而言之，则九窍之邪也。知之修炼，以其大者而言之，则“立天之道以定人”之谓也；以其小者而言之，则伏藏动静也。

① “三要”指眼、耳、口。《阴符经》认为，九窍是招致邪恶、产生过失的途径，所以称之为邪。而其中最主要的是眼、耳、口。

> 此其言之自相发明，若无所容夫说者。[①]

这就是说，《阴符经》逻辑严密，说理透辟，天人之蕴已阐发无遗。这些话虽然主要是解释原文，刘因自己的发挥并不很多，但他主张天人谐调的意思还是很鲜明的。

（三）天人合一的境界

天人合一的更高层次是指一种觉悟，一种境界。张载讲的“儒者则因明致诚，因诚致明，故天人合一”[②]；程颢讲的“仁者以天地万物为一体”，“仁者浑然与物同体”[③]，都是这个意思。刘因也继承了这一思想。前文提到过的《宣化堂记》对此就作了阐发。该文在讲了“化育”这个伟大的力量是“源乎天，散乎万物而成乎圣人”的意思后，接着着重讲了“人化”（人参与天地之化育）的道理。说：

> 大而父子、君臣、夫妇、长幼、朋友之道，小而洒扫、应对、进退之节，至于鸢飞鱼跃，莫非天化之存乎人者也。天能物与之化，而不能使之不违其化，所以明人伦，察物理，作礼乐，制刑政，以修其道，以明其德。人欲化而天理，血气化而性情，呻吟化而讴歌，暴夭化而仁寿，洋洋乎而发育

① 《阴符经集注序》，《静修先生集》卷二，页二六。

② 《正蒙·乾称》，《张载集》页六五。

③ 《二程遗书》卷二上。

> 万物，而放乎四海，盘亘天地，贯彻古今，而莫之违者，此圣人宣天地之化以立人之化，而使天下后世宣之也。于是时，君宣圣人之化，大臣宣时君之化，列侯守令又宣大臣之化，至于一家宣一长之化，一身宣一心之化，一事宣一理之化，一物宣一性之化。化而宣，宣而复化。宣而不已，至于不宣；化而不已，至于无所化。故人伸天化之上，天隐人化之中。合人物于我，合我于天地，融溢通畅，交欣鼓舞，无所间隔，无所壅蔽，人化宣而天化成矣。①

“宣化”的“宣”是传播、发扬的意思，“化”是化育、变化的意思。语出董仲舒《举贤良对策》:“今之郡守县令，民之师帅，所使承流而宣化也。”刘因把它的意思大大引申和扩展了，不仅表示地方官对君主的政治关系，进而表达一切上下关系，以及身心、事理、物性等关系，尤其是天人关系。在刘因的这番论述中，固然可以看到传统的“修齐治平”的影子，以及维护封建秩序的用心，但是，从中也贯注着对良好的社会秩序的憧憬，对减轻人民痛苦的呼吁。最后几句，对天人合一的境界（既是社会境况，又是思想境界）的描述也是很动人的。

刘因在一些诗篇中也表达了他对天人合一的精神境界的体认。如：

① 《宣化堂记》，《静修先生集》卷二，页三七。

二气原从太极分，浮云起灭见来真。
白虹贯日豪华散，砥柱中流意象新。
方寸有灵涵大块，头颅无物隔苍旻。
蓝田万顷烟生玉，未辨晴窗半穗春。[①]

该诗自注："'心无外，体无间。'吾《薰炉铭》也。"《薰炉铭》现《静修集》中未单独收入。该铭是仅此两句，还是还有其他文句，已不得而知。仅从这两句看，正是上述他的诗《玉柱双清香》第三联的意思。他表达的是一种境界，一种觉悟。"心无外"，即是孟子所谓"万物皆备于我"，朱熹所谓"心包万理，万理具于一心"[②]；"体无间"即是程颢所谓"浑然与物同体"，张载所谓"天地之塞，吾其体；天地之帅，吾其性。民吾同胞，物吾与也"[③]。刘因认为自己已经真切地体认到这一境界。这类诗还有不少，如：

同类天地中，相亲理所宜。
前后亿万年，而我生此时。
前予既不及，后孰能待之？……
今朝好风色，不饮君何辞？[④]

一语未能分付时，难言方信到真知。

① 七律《玉柱双清香》，《静修先生集》，卷九，页一八四。
② 《朱子语类》卷九，《"学"三·论知行》。
③ 《正蒙·乾称》，《张载集》页六二。
④ 五古《欢饮》，《静修先生集》卷六，页九九。

道参天地用何小，心有羲皇生岂迟？
后世直须要扬子，百年即我是钟期。
折花笑对沧浪影，不觉东风就手吹。①

日午云轻草色苏，出门杖履自徐徐。
乾坤俯仰难窥见，花柳青红画不如。
静处规模惟厌小，动时文理却嫌疏。
眼前光景无穷态，注尽濂溪太极图。②

刘因的天人合一思想大多是对前代理学大师们思想的体会和宣扬，难说有多高的创造性。但当时正值理学向全国普及的时期，从这种时代性来考虑，其意义还是应该给予肯定的。何况他表现得那么生趣盎然、气韵生动，就尤其难能可贵。

从思想继承关系看，刘因主要是对程朱一系感兴趣。当代有的学者指出："刘因虽讲'天人合一'之学，但他并不同意心即天，心即理的心学思想。这同许衡、吴澄等人有很大区别。"③ 这很确当。刘因有诗道："人将知我亦何从？天在吾家度量中。此语误人君勿信，我心无愠本冲融。"④ 诗的立意是阐发"人不知而不愠，不亦君子乎？"⑤ "不愠"是

① 七律《偶成》，《静修先生集》卷九，页一五九。
② 七律《日午》，《静修先生集》卷九，页一五九。
③ 蒙培元：《理学的演变——从朱熹到王夫之、戴震》，福建人民出版社1984年版，第222页。
④ 七绝《讲学而首章》，《静修先生集》卷一，页二一一。
⑤ 《论语·学而》。

心性修养的表现，是一种精神境界。而不能像佛家和心学家那样，将主观吞并客观，说什么“天在吾家度量中”。这既划清了理学与释、道的界线，也是对心学的批判。

三、无神论与命定论

（一）无神论倾向

刘因的一些诗文中表现出明显的无神论思想倾向。如：

碣石来海际，西南奄全燕。
中有学仙台，燕平欲升天。
燕平骨已朽，遗台犹相传。
虽复生青松，岁久摧为烟。……
使无不足信，信有亦可怜。
大块如洪炉，金石难久坚。
天地会有尽，何物为神仙？①

诗中对燕平学仙成神这一迷信传说取明确的否定态度，进而，他想追寻世界的起源问题，但觉得假设为“无”或归结为“有”都不尽妥当。他认为，大自然就像个大洪炉，一切都在这个洪炉里销铄生成、发展变化。连天地都有穷尽的时候，至于说什么神仙就更加荒诞不经了。中国哲学，从荀子、王充，到张载、朱熹，具有悠久的无神论传统，刘因

① 五古《燕平学仙台》，《静修先生集》卷六，页九七。

的思想是对这一优良传统的继承。

对于自然界的形成和变化原因，刘因有时拿“万物相为用”加以解释：

有大如天地，日夜常乾乾。
有小如蝼蚁，营营谁使然？……
万物相为用，错综盈两间。……
森然气分内，既有不可镌。
螟蛇谁宥之，生生亦能延。
安有人道尊，湮灭独不传？
乾乾以为师，余者一听天。①

全诗立意在于为“君子终日乾乾”的人生观进行论证。他把天地间的一切都看成是生生不息、相互为用的。认为万物的生灭是个自然的过程，并非有什么造物主的有意安排。这里，可以清楚地看到刘禹锡、邵雍等对他的影响。他们的观点与神学目的论是对立的。

刘因还曾明确地对所谓鬼神的灵妙作用给予否定。如说:“龙祠岳庙尽冠巾，雨露何关土木身?”② 中国神庙中的神像全系人身，它们是民间的雕塑家们依照现实生活中人的样子塑造的，龙王祠、山神庙等等都是如此。旧时老百姓常向这些神像祈雨求福，这种风俗由来已久。刘因对此不以为然，他虽然承认“天”，但绝不承认风雨等自然现象与这些

① 五古《有大如天地》，《静修先生集》卷六，页一〇〇。
② 七绝《写真诗卷》，《静修先生集》卷一，页二二三。

泥塑木雕的“神”有关，而认为风雹雨露等全是天地自然造化本身的事。在鬼神迷信相当普遍的古代，刘因的这种自然主义态度还是比较清醒的。

他还对秦皇汉武等帝王迷信神仙追求长生的行为进行嘲讽，如：

千古谁传海上山，坐令人主厌尘寰。
蓬莱果有神仙在，应悔虚名落世间。[①]

朝游易水侧，步上燕台荒。
燕王好神仙，不见金银堂。
江山古神器，海色围苍茫。
哀哉王风颓，日化争夺场。[②]

刘因曾对许多自然问题发生兴趣，提出独特的见解或疑问。他在一首诗中写道：

前日中秋节，今宵月方圆。
人间欢赏竟[③]，此际吾独观。
吾观意有在，高歌问青天：
苍苍非正色，而况此婵娟？
去我当远近，相值果正偏？

① 七绝《仙人图》，《静修先生集》卷一，页二一一。
② 《和拟古》之四，《静修先生集》卷一，页二四六。
③ “竟”，畿辅本作“景”，据四部本、四库本《静修集》改。

径圆知几许，附丽或空悬？
既疑纨扇如，复昧左右旋。
有食定何物，中黑胡为然？①

这里显然有屈原《天问》的影子。他关于月亮的问题提得很好，但限于当时的自然科学水平，却不能做出满意的正确的回答。全诗最后只是以幻想结尾：

何当凌倒景，迫视如弄丸。
一祛万古惑，如生天地先。
吾观意在此，余光何足怜。

刘因还有一篇奇文《告峨山龙湫文》，是为祷雨而作。开篇说：

一邦之望，有峨惟山。山之精深，聚而渊泉。山川惟形，有神栖之，云雷雨露，神实司之。今是邦之凶旱极矣，岂神之灵坐视而不恤哉？②

这是说，峨山有神，主管着云雷雨露，但现在天大旱，神竟然坐视不管。这与前文讲的“雨露何关土木身”的意思正相矛盾。但刘因毕竟还有一些清醒的认识，说：

① 五古《八月十六日望》，《静修先生集》卷六，页一〇四。
② 《告峨山龙湫文》，《静修先生集》卷五，页八六。

盖雨旸之数出于天，非神之所得而专也；雨旸之咎由于人，非神之所得而释也。是以使神涵蓄灵润，虽欲发之而不得也。[1]

就意味着，天数、人孽，神都无可奈何，对于水旱灾害也就无能为力。既然如此，那还何必求神降雨呢？刘因接着提出他的想法：

虽然，山川之神，受命于天而主佑下民者也。今欲佑之而不得矣，则当为之请命于天。昭昭在上，安有不从？由是言之，神虽欲无责，乌得而无责也？[2]

这里，他有条件地接受了世俗迷信，并且纳鬼神于封建纲常系统，虽然讲得一本正经，毕竟是荒唐无稽的。不过，刘因自有他的高明之处：文章接着把山川之神和淫昏之鬼相区别，认为对前者应崇信，对后者应屏黜，并把这看作是关系到“人情世教”的大事。如致祷于正神而得雨，便能收到正面的良好社会效果；不然，则将使邪惑之俗愈演愈烈。他说：

且小民至愚，穷且极矣，而无所归诚，则惟淫昏之鬼是求。夫淫昏之鬼，乃神之所当屏黜；而下

① 《告峨山龙湫文》，《静修先生集》卷五，页八六。
② 《告峨山龙湫文》，《静修先生集》卷五，页八六。

民之衷，亦神之所当诱相也。今气运已穷矣，穷则必通。或天降之雨，则小民必归功于淫昏之鬼，而惑信愈笃，孰能禁之？今是邦之大夫致祷于神，则是祷其所当祷矣。既祷其所当祷，而当祷之神能随其祷而应之以雨，使既足而又周浃焉，庶小民之愚，知天地之间，自有名山大川之正神，实能阖辟阴阳而神妙造化，而境内吏民之所当敬修其坛壝，洁其牲币而事之，而向之所谓淫昏之鬼者，真不足信也。如是，则人情世教，或自此而变之，则神之惠又不但一雨而已矣。如其不然，则是云雷之泽，神其不司之；旱干之虐，神实不恤之；天命之职，可怠而旷之；邪惑之俗，可助而成之。又何望焉，又何望焉？敢告。①

从该文的宗旨说，当然还是祈神降雨，其世界观无疑属于唯心主义有神论。不过，他将“山川之正神”与“淫昏之鬼”相区别，甚至对神也进行教训，毕竟表现了他的特识。而且，这种崇信上天及正神的思想，在早期儒家创始人那里，本就以神道设教的形式存在；在长期封建社会中，许多杰出的唯物主义思想家，如荀子、王充、范缜、张载等，在阐述其无神论思想时，也都不同程度地保留了神道设教的成分。刘因这里所云，也是从对民众的教化和对民俗的引导的角度提出问题并进行论证的。其理论价值固然不高，但透过它，对于把握那个时代的思想水平则有一定认识意义。

---

① 《告峨山龙湫文》，《静修先生集》卷五，页八六至八七。

刘因还写过一篇颇具浓厚神话色彩的诗：

苍星彗明河，三月丽朱方。
两月忽散落，一月留中央。
下有五星连，西近东少张。
仰面东北隅，流星坠彩芒。
谁令月有瘿，飘摇及吾窗。
须臾日东生，有星环四方。
一星当日中，伫视摇晶光。
自北忽西旋，老阳已榆桑。
西北云一丝，翠晕扬清芳。
嫩云生碧藓，得句声琅琅。
俄见云有鱼，其大丈许长。
火绳纷绕之，昂然欲飞扬。
呼友与共观，此境已茫茫。
《灵枢》梦为病，《周官》梦为祥。
寤言札诸网，庸俟智者详。①

这种迷离惝恍的情景，可以同今人宣称看到飞碟的情况相媲美。这些情景，究竟是刘因亲眼所见又故意闪烁其词，还是梦中的幻觉，疑信参半，我们似不必深究，从中至少可以表明刘因对自然现象的关切。刘因还在诗题下注明了时间："丁丑五月二十八日"。丁丑即至元十四年（1277）。看来刘因的态度还是颇为郑重其事的。如果把这首诗看作是记实之

① 五古《晨起书事》，《静修先生集》卷六，页一〇一。

作，那么，可以说它是七百多年前的一次“不明飞行物”的观察记录。当今世界上有不少人执著地从事 UFO 研究，相信在地球之外一定有高级智能生命存在，并坚信人类终将揭开飞碟之谜。刘因此诗，当会使他们发生兴趣吧。

（二）命定论因素

刘因常常论及“命”的问题。中国哲人关于“命”的讨论由来已久。孔子疑天但信命；墨子崇天但非命。《庄子》总括出“莫为”、“或使”两种观点，以为“或使则实（拘泥），莫为则虚（虚无）”①。此虽主要是讲天地万物变化的原因，但也可以引申指人的富贵贫贱、生死寿夭等问题。孟子说的“莫之为而为者，天也；莫之致而至者，命也”②，可属于“莫为”论；而其徒万章提问中说的“天与之，谆谆然命之”③，则属于“或使”论。至于“命”，有的讲成天定，有的讲成节遇，有的讲成气禀，还有正命、非正命、随命、遭命等说法。限于历史条件，古人对于命的问题，没有也不可能做出科学的回答。刘因也是如此。他常常表现得比较矛盾，有时持自然论，有时又讲前定论；有时持偶然论，有时又讲必然论。他有诗道：

二气日交感，变态何纷纭。

---

① 《庄子·则阳》。
② 《孟子·万章》上。
③ 《孟子·万章》上。

清浊与厚薄，赋与定难钧。
世运如四时，类聚仍群分。
升沉与夺间，今古亦难伦。
天道自悠远，百年寓此身。
未来不可见，既往有未闻。
愚者或贵寿，贤者或贱屯。
龙亢岂无悔，蠖屈岂不伸？
君自不知此，何云诘羲文！①

这是以气禀说为根据，用偶然论来解释人事，认为贤愚与贵贱寿夭没有必然联系，近于王充的观点。可是，就在这同一篇诗中，也掺入了一些因果报应论的意思，该诗之第二首说：

邈哉开辟初，造化惟阴阳。
错然入形化，一受不可忘。
稻粱固为爱，豺狼非故殃。
物理本对待，生气常相将。
孔圣岂无后，暴秦不可长。
鬼神祸福机，昭昭亦可量。
桃啮李树死，城焚池鱼伤。
外来非我取，生意自洋洋。
君何不思此，徒欲问穹苍？②

① 五古《答乐天问》三首之一，《静修先生集》卷六，页一〇七。
② 五古《答乐天问》三首之二，《静修先生集》卷六，页一〇七。

这里用“阴阳”、“对待”来解释遭遇，按其逻辑，应该说，有善必有恶，有福必有祸，一切都是“阴阳对待不相无”的，不可求也不可逃。这近于必然论。但是，必然论与偶然论从来就是孪生姐妹，换一个角度就常向对方转化。刘因也是如此，“桃啮李死”二句正是说的这个意思。而孔圣暴秦四句则是退一步说：事物的存在和发展固然都是必然的，其何时出现又有一定偶然性，但毕竟善常有善报，恶终有恶报。这样，他最终承认了福善祸淫，因果报应。刘因的这种混乱想法，反映了古人面对人生问题而无法科学解释所产生的困惑。

刘因的因果报应思想，在一些酬应之作中表现得更明显。他在为一位友人送行的文章中说：“凡事有智数之所不能测者，必有一定之天存乎其间。”认为这位曾患人以为无望的重病的友人竟然康复并得官，是由于其先人的隐德而获得的好报。①

在另一篇为人写的碑铭中，先说：“其名位赫著，子孙蕃衍，则宜必有发之者。”叙述墓主事迹后，又发感慨道：“呜呼！当大变故，夫人之与气运而升降者，以人视之，非必尽有所以致之者；而其予夺之间，又未必尽得其平也，疑若一出于偶然而已。抑不知人之所见者，以一世为终始，固不能如天之所见者之久且远也。予固知孙氏之有以发之者

① 《送翟良佐序》，《静修先生集》卷二，页三一。

也。"① 这里，将他曾经坚持过的偶然论也否定了，而完全倒向了因果报应论——而且是佛教的三世因果报应论。

此类思想，在他的一些诗中也一再提到。如：

> 扰扰推迁里，谁知不偶然。
> 要从人力外，推见事机先。
> 青白天公眼，低昂造物权。
> 俗情谩悲喜，倚伏有他年。②

> 世事恶盈应有数，天心拨乱岂无人！③

这样，一切似乎都是前定的了。

刘因还流露过天人感应思想，如：

> 开眼昭昭天，无形有痛痒。……
> 乃知天地间，感应如影响。④

有时，刘因甚至对"天命"表示虔诚信仰：

> 天命无私义理公，此身承奉有余恭。

---

① 《中顺大夫彰德路总管浑源孙公先茔碑铭》，《静修先生集》卷四，页六六。

② 五律《偶书》，《静修先生集》卷八，页一四六。

③ 七律《登中山城》，《静修先生集》卷九，页一七四。

④ 五古《偶书》，《静修先生集》卷六，页一〇一。

人心可信难尽合，亲令何由敢勇从。[1]

当然，话又得说回来，刘因的这种“信仰”说不上多么坚定，而是常常摇摆不定。他在为一位九十老翁庆寿赋诗的序中说，这位老人生值乱时（“金源贞祐迄于壬辰”），居于乱地（“河之南北，兵凶相仍”），居然都平安地闯了过来，“九十而康强”，他深为感慨道：

> 夫天地气运坏乱若是，而人物生乎是气之中，乃所谓命也，将何术以逃之哉？而老人居南北之冲，乃若与世变不相与也，岂气禀之异，虽天地之运亦不得而夺之耶？抑存之深而积之久者，有以胜之耶？或偶然耶？是固不可得而知之矣。[2]

这里，遭遇说、气禀说、报应论、偶然论都提到了，究竟相信什么呢？他也拿不定主意了。

刘因思想中的确有许多混乱，但公平地说，他对于“命”毕竟是清醒的。他有诗道：“人因遇困方言命”[3]。既然“命”只是人们在遭遇困难时才言说，那岂不是说，讲命只是人在逆境中的一种自我安慰罢了。按照这个逻辑可以推知，刘因在诗文中虽然也讲了不少“命”，但只能说这是

---

① 七绝《天命》，《静修先生集》卷一一，页二三三。
② 《都山老人九十诗序》，《静修先生集》卷二，页三三。
③ 七律《付阿山诵》，《静修先生集》卷九，页一八七。

他生活遭遇困厄的一种反映，而心底里他并不真相信。

四、观物思想

（一）对邵雍观物思想的契合

苏天爵在谈到刘因的思想渊源和学术倾向时曾说:“其学本诸周程，而于邵子观物之意深有契焉。”① 的确，刘因对“观物”说十分欣赏，直接提出“观物”的诗就很多。如:

清不见群鱼，暗不藏毒怪。
观物得吾师，终日欲相对。②

芳蝶具百种，幽花散红翠。
道人观物心，一一见春意。③

平生远游心，观物有深静。④

弄丸恣游戏，观物供研摩。⑤

---

① 《静修先生墓表》。
② 五绝《石潭》，《静修先生集》卷一〇，页二〇一。
③ 五绝《百蝶图》，《静修先生集》卷一〇，页二〇三。
④ 《和杂诗》之二，《静修先生集》卷一二，页二四八。
⑤ 杂言《先天漆砚诗》，《静修先生集》卷七，页一四〇。

天教观物作闲人，不是偷安故隐沦。
要识邵家风月兴，一般花鸟华山春。①

刘因如此频繁地讲观物，可见其受邵雍思想影响之深。什么叫“观物”呢？

“观物”是北宋邵雍的哲学用语。邵的主要哲学著作有《观物内篇》、《观物外篇》。其内容比较复杂。邵雍说的“物”，包括天地阴阳、日月星辰、水火土石、寒暑昼夜、风雨霜露、鸟兽草木、性情形体、色声气味等等。天地是最大的物，人是最灵的物。其所谓“观”，既指感官对外物的认识，又指心灵的体认和理性的反观。因此，“观物”是有不同层次的，既有认识论意义，又有方法论意义，尤其指一种修养境界意义。②

邵雍认为，就一般人说，“目能收万物之色，耳能收万物之声，鼻能收万物之气，口能收万物之味”③，在常识的意义上，他还是承认感性认识的。

但圣人的观物则不同：“谓其能以一心观万心，一身观万身，一物观万物，一世观万世者焉；又谓其能以心代天意，口代天言，手代天工，身代天事者焉；又谓其能以上识天时，下尽地理，中尽物情，通照人事者焉；又谓其能弥纶天地，出入造化，进退古今，表里人物者焉。”④

---

① 七绝《杂诗》五首之三，《静修先生集》卷一，页二二〇。
② 参见冯友兰：《中国哲学史新编》第一册，第80～81页。
③ 《皇极经世·观物内篇》。
④ 《皇极经世·观物内篇》。

圣人观物的最大特点是“反观”:“圣人之所以能一万物之情者，谓其能反观也。所以谓之反观者，不以我观物也。不以我观物者，以物观物之谓也。既能以物观物，又安有我于其间哉?”①

上述说法，尽管有对圣人过分夸张的地方，但总的看，颇具唯物色彩。似乎是说，在观察事物的时候，不要有主观成见，要避免主观的影响，避免感情用事，尽量尊重事物的本来面目。②

但是，邵雍却进而否定“观之以目”，而讲“观之以心”、“观之以理”:“夫所以谓之观物者，非以目观之也，非观之以目而观之以心也，非观之以心而观之以理也。”又说:“以目观物，见物之形；以心观物，见物之情；以理观物，见物之性。”③

由此可知，邵雍的观物说，既是认识论，又是思想方法，还是修养方法。作为认识论，它是从唯物主义出发而最后陷入唯心论的先验论；作为思想方法，它是演绎法（“加一倍法”），其中包含辩证法的因素，但整个体系则是形而上学；作为修养方法，它讲的是通过存理去欲，在精神上达到圣人境界的原则。

刘因的观物思想，正是在上述各点上与邵雍相契合。

---

① 《皇极经世·观物内篇》。
② 参见冯友兰:《中国哲学史新编》第五册，第80页。
③ 《皇极经世·观物内篇》。

（二）观物的修养境界

邵雍论观物的这三个方面的意思在刘因思想上都有反映，而其深相契合的重点则在于把“观物”作为一种修养境界。前引刘因的那几首观物诗，表达的都是一种感受（“受用”）。前代理学家津津乐道的所谓“风月情怀，江湖性气”（邵雍），所谓“襟怀洒落，光风霁月”（周敦颐），所谓“闲来无事不从容”，“浑然与物同体”（程颢）等等，在这里都或明或暗的有所反映。

刘因的一些讲“观化”的诗，表达的也是这种意境。如：

风雨何方来，呼童出门望。
归报是群蜂，声在庭花上。①

乐事相关禽对语，生香不断树交春。
程家若要观生意，却恐鸢鸟画不真。②

刘因所表达的这种“观物”的精神境界，在旧时代也许是高尚的，有意义的。但在今天，人们对此可能已觉得比较隔膜，引不起多大兴味，我们也就不多费笔墨。

---

① 五绝《观化》，《静修先生集》卷一〇，页二〇二。
② 七绝《癸酉新居杂诗》九首之五，《静修先生集》卷一，页二二〇。

（三）观物的思想方法

“观物”的第二方面，即作为一种思想方法，其中包含有辩证法因素。刘因也是如此，当他把“观物”作为一种思想方法来运用时，常表现出一些辩证色彩。如说：

物齐也，齐之，则不齐矣。犹之东西也，东自东而西自西，固不齐也。然东人之西则西人之东也。是曰东亦可，曰西亦可，则是未始不齐也。然东西之形既立，指其西而谓之曰东，则为东者必将起而争之，而不齐者出矣。不齐之，则物将自齐而平矣。东也西也，吾立于中而制其东西焉，如是，则谓之无所著可也，一有所著，则不西而东矣。谓之无所著，可乎？彼空将无所著也，一倚于空，独非著乎？此程子深有取于邵子之言也。然彼为其说者曰：“是不足以破吾说也。吾曰齐，固未尝齐夫物也；吾曰空，固未尝著乎空也。”噫！悠谬辗转，愈遁而愈无实也。①

齐即同一，不齐即差别。“齐物”本是庄子哲学思想的重要范畴。庄子从相对主义出发，认为“是亦彼也，彼亦是也。彼亦一是非，此亦一是非”；“天下莫大于秋毫之末而泰

① 《书康节诗后》，《静修先生集》卷三，页五一。

山为小,莫寿于殇子而彭祖为夭”。[①] 从而主张齐物我，齐彼此，齐是非，齐寿夭，总之一切都是相对的。刘因所论，固然以庄子为基础，但都作了一定的修正。他认为，事物在本质上是同一的，但如果用一个既定的标准去衡量它、评价它、要求它（“齐之”），则千差万别，矛盾百出（不齐）。比如东、西的方位吧，东自是东，西自是西，本来是不同的。然而，东方人的西，正是西方人的东，这就可见，单就某一具体地点说，说东也可以，说西也可以，并不是“不齐”。但是，如果以某一点作基准而判断其周围事物的方位，其东、西就是确定的，此时如果再指西为东，那就要引起争端，就出现“不齐”了。可见，如果不用某一个既定的标准去衡量、判断、要求（“不齐之”），事物就会“自齐而平”了。刘因这里突出了事物的条件性，所谓“齐之”，就是有条件地看；“不齐之”，就是无条件地看。一切事物的存在本来都是有条件的，排斥了条件性，则一切都可以说是齐一的（无差别的）；而有条件地看，则就是千差万别的（不齐的）。刘因认识到事物的条件性，这是可贵的；遗憾的是，他却并不主张坚持条件性，反而要摆脱条件性，他说的“吾立于中而制其东西焉”就是这个意思。这个“中”超越于具体的方位之上，从刘因的一贯思想看，应是指“道”。（刘因曾说:“吾之所谓齐也，……有道以为之主焉，……必循序穷理而后可言之。”[②]）不能“有所著”（偏执），如果偏执于某一具体方位，那就陷入了片面性，“不西而东”了。那么，这种

① 《庄子·齐物论》。

② 《庄周梦蝶图序》,《静修先生集》卷二，页二七。

“无所著”，是不是指“空”（如佛教那样）呢？刘因说不是，因为“一倚于空”就是“著乎空”了。最后两句批判“彼其为说者”的辩解：“吾曰齐，固未尝齐夫物；吾曰空，固未尝著夫空”，意即不是说物本齐，而是心以之为齐；不是说物本空，而是心以之为空。这是心学的遁词，所以才说是“愈遁而愈无实”的悠谬之言。

刘因的这套“齐物”之论，显然是受了庄子的影响，但与庄子实有不同。庄子以齐物为出发点，又作为归宿，最后在幻想中达到物我同一，实现绝对的精神自由。刘因则只是作为一种认识方法来谈齐物，而对庄子齐物论的幻想性持批判态度。这种批判态度在他的另一篇文章中表现得更明显。他说：

> 周寓言梦为蝴蝶，予不知何所谓也。说者以为齐物意者，以蝶也周也皆幻也，幻则无适而不可也；无适而不可者，乃其所以为齐也。谓之齐，谓之无适而不可，固也；然周乌足以知之？①

接着刘因对庄子学说的性质和齐物之论形成的原因作了论断，说：

> 周之学，纵横之变也。盖失志于当时，而欲求全于乱世，然其才高意广，有不能自已者。是以见夫天地如是之大也，古今如是之远也，圣贤之功业

① 《庄周梦蝶图序》，《静修先生集》卷一，页二七。

> 如是之广且盛也，而已以眇焉之身，横于纷纷万物间无几时也；复以是非可否绳于外，得丧寿夭困于内，而不知义命以处之，思以诧夫家人时俗而为朝夕苟安之计而不可得，姑浑沦空洞举事物而纳之幻，或庶几焉得以猖狂恣肆于其间，以妄自表于天地万物之外也。以是观之，虽所谓幻者，亦未必真见其为幻也。幻且不知，又恶知夫吾之所谓齐也，又恶知夫吾之所谓无适而不可也？①

进而，刘因阐述了自己的正面观点，并指出庄子齐物说的要害和不良影响：

> 吾之所谓齐也，吾之所谓无适而不可也，有道以为之主焉。故大行而不加，穷居而不损，随时变易，遇物赋形，安往而不齐？安往而不可也？此吾之所谓齐与可者，必循序穷理而后可以言之。周则不然，一举而纳事物于幻，而谓窈冥恍惚中，自有所谓道者存焉。噫！卤莽厌烦者，孰不乐其易而为之？得罪于名教，失志于当时者，孰不利其说而趋之？……世之所谓大儒，一遇困折而姑藉其说以自遣者亦时有之。要之，皆不知义命而已矣。②

最后，刘因还用调侃的笔法对“齐物”论作了辛辣的嘲讽：

① 《庄周梦蝶图序》，《静修先生集》卷二，页二七至二八。
② 《庄周梦蝶图序》，《静修先生集》卷二，页二八。

> 虽然，周已矣；其遗说，亦其梦中之一栩栩也。吾从而辩之，宜无与于周矣。然以周观之。则不若休之以天均。故即其图而戏之曰：图汝者画，辩汝者书，书与画，无知也。图汝者之心及吾之辩，汝之心未发，无有也，既发，亦无有也。以其无所知无所有者而观之，安有彼是？既无彼是，安有是非？周而有知，则必曰：吾恶乎知之？使读者作色于前，发笑于后，乃所以齐之也。①

刘因的这一篇言论，主要是阐发他的人生观（详后），方法论的意思比较浅淡。引在这里意在说明，刘因虽然也用了“齐物”的字眼，但与庄子毕竟有所不同，不宜把它们混为一谈。

（四）刘因思想的辩证色彩

说到方法论，还须指出，刘因讲到过事物矛盾对立的普遍性问题，他说：

> 凡物，无无对者，无无阴阳者。而声亦然，其意象之清浊、阖辟，亦莫不合也。姑以进退、存亡、吉凶、消长体之，则可见矣。此天机之所发，而礼乐之所由生，虽天地亦不知其所以然者。岂但

① 《庄周梦蝶图序》，《静修先生集》卷二，页二八。

> 人乎，物之声亦然。岂但声乎，凡形色气味皆然也。而况古今之时变，事物之伦理，圣人何尝加损于其间哉！①

坚持朴素的辩证观是中国古代哲学的优良传统，宋代理学诸大家在这方面亦做出了杰出贡献，如张载讲“一物而两体”，程颐讲“动静无端，阴阳无始”，朱熹讲“凡事无不相反以相成”，都是很精彩的。刘因这一思想正是对这一优良传统的继承。其中个别词语虽不甚准确（如，矛盾对立的原因并不是什么“天机之所发”，而应说是事物所固有），但他认为，不能再追问其“所以然”，“圣人何尝加损于其间”。就是说，“有对”是事物固有的属性，不能在事物之外、之上再追求什么原因。这一观点还是有道理的。

刘因在分析一些问题时，常能贯彻一分为二的精神，如他在一篇给友人送行的文章中说：

> 名家之子弟，处天下之至易，而亦处天下之至不易。苟能勉焉自立，而稍异于众人，则皆得因缘凭借以立事功；苟为不然，在他人未必遽得贬斥，而已为清议所不容矣。②

这就是说，“易”和“不易”不是凝定的，而是在一定条件下可以相互转化的。

---

① 《唯诺说》，《静修先生集》卷一，页二〇。

② 《送郝季常序》，《静修先生集》卷二，页三〇。

对于倚伏之道，盛衰之理，刘因也常常提到，如：

扰扰推迁里，谁知不偶然。
要从人力外，推见事机先。
青白天公眼，低昂造物权。
俗情谩悲喜，倚伏有他年。①

盛衰阅无常，倚伏谁能通？
天方卵高鸟，地已产良弓。②

人生皆乐事，忧患谁当得？
人皆生盛时，衰世将尽惑。
水性但知下，安能择通塞？
不见纥干雀，贪生如乐国。
古今同此天，相看无显默。③

总之，盛衰相寻，治乱相推，忧乐相继，祸福相倚，一切都在阴阳对待中转化不已，永无止息。这大概就是刘因"观物"的结论之一吧。

① 五律《偶书》，《静修先生集》卷八，页一四六。
② 《和饮酒》之十七，《静修先生集》卷一二，页二四五。
③ 《和饮酒》之十八，《静修先生集》卷一二，页二四五。

五、象数思想

刘因思想中有不少象数成分，值得注意。

“象数”是用“象”和“数”解释《周易》的一种学说。“象”指卦爻的象征意义，如乾坤分别象征天地、君臣、男女、君子小人、刚健柔顺、衣裳、马牛等等。“数”指卦爻所表现的数量关系，有天数、地数、天地之数、大衍之数等说法。“象”、“数”是《易大传》中固有的概念，西汉时期形成系统的象数理论，孟喜、京房等易学家以象数说《易》，预言灾变。纬书兴起，更多杂入象数思想。终东汉之世，易学中象数派占主流。魏晋时期，以王弼为代表的义理派兴起，倡导“得意忘象”之说，一扫象数而只谈义理，象数之学遂一蹶不振。宋代理学兴起，周程张朱诸大家，虽都以义理为主，但对象数之学也有一定继承。周敦颐的太极图就是一种“象”（但他不大言“数”）；邵雍的先天学，更是一种具有庞大体系的象数理论。朱熹作为理学的集大成者，基本上是义理派，但也并不屏弃象数，他作《周易本义》，将《河图》、《洛书》等易图冠于正文之前，并写了《易学启蒙》，对有关象数问题详加阐述。这样，河图、洛书这两个见于《论语》、《易传》的固有范畴，遂成为理学家们的热门话题。

刘因作为理学后学，也参与了这一讨论。他写了《河图辩》、《太极图后记》、《中孚象》、《节象》、《椟蓍记》等著作，阐发了他对一些象数问题的理解。①

（一）关于"河图"

刘因在《河图辩》中，探讨了有关"河图"的一些问题。他对朱熹关于河图的解说极表赞成，说："河图之说，朱子尽之矣。后人虽欲议之，不可得而议之也。"②

关于河图，有必要先作些解释。

《易大传》说："河出图，洛出书，圣人则之。"③ 汉代人把这段话敷衍成两个神话故事，说伏羲时有龙马出现在黄河，伏羲取法龙马身上的花纹而画八卦。夏禹时有神龟出现在洛河，禹根据神龟身上的文字而作洪范九畴。（据《汉书·五行志》、《尚书·顾命》伪孔安国传。细节上各说略有不同）

但河图、洛书究竟是什么样子，唐朝以前并不明确。有的说，既然叫"河图"、"洛书"，就一定有其图与书，但图与书是什么样子，没传下来。有的说，图和书都是伏羲氏作《易》的根据；有人则反驳说，洛书既然是夏禹时出现的，时代晚于伏羲，伏羲又怎么可能则之以作《易》。宋代刘牧始作《易数钩隐图》，朱震（子发）著《汉上易传》，以刘牧

① 《太极图后记》文字较短，基本上是《河图辩》的一部分，只个别文字略有不同。因之，《河图辩》可说是刘因象数思想的代表作。《中孚象》、《节象》二文是对"中孚"、"节"两卦象辞的解释，《楱蓍记》对卜筮的过程、方法和含义作了阐述，都没多大哲学意义。

② 《河图辩》，《静修先生集》卷一，页八至一二。本节以下引文，凡不注出处的皆出此篇。

③ 《易·系辞》上。

的图作依据，画出了九数和十数的河图与洛书，图如下：

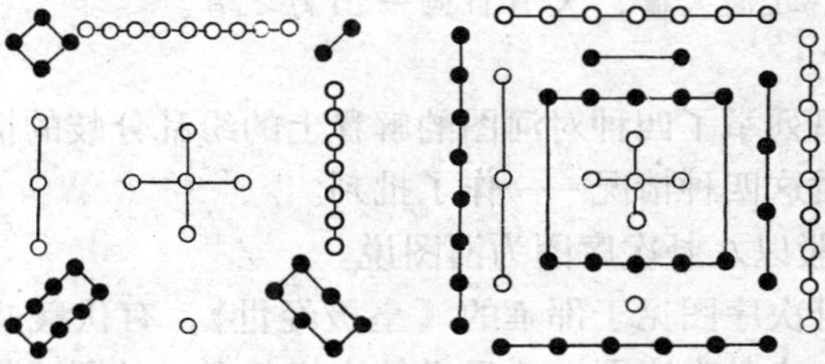

河　图　　　　　　　洛　书

朱熹对于这两个图，认为是弄颠倒了。他认为，十数的是河图，九数的是洛书。《周易本义》中，朱的学生蔡元定就加了如下说明："图书之象，自汉孔安国、刘歆，魏关朗子明，有宋康节先生邵雍尧夫，皆谓如此。至刘牧始两易其名，而诸家因之。故今复之，悉从其旧。"朱熹还在一篇文章中讲到此事，说："世传一至九数者为河图，一至十数者为洛书，考之于古，正是反而置之。予于《启蒙》辩之详矣。"① （朱熹在《易学启蒙》中的详细辩说，文繁不具引）

朱熹写的《周易本义》一书，有很高的权威性，本该有廓清的作用。但在元代初年，种种不同的说法仍然存在，并有一定影响。刘因维护朱熹的观点，对于纷纷然的种种议论，持明确的批判态度。他写道：

> 然其自私者，必出于己而后是，是以致疑于其间者尚纷纷然也。有指伏羲八卦次序为之者；有指

① 《文公易说》，四库全书影印本第一八册，页四一六。

先天图而为之者；亦有主刘牧而疑朱子取舍之误者；近世大儒，又有自画一图为之者。

刘因这里列举了四种对河图的解释上的纷乱分歧的情况，进而，他对这四种情况一一作了批判。

1. 驳以八卦次序图为河图说。

八卦次序图见于邵雍的《皇极经世》，有伏羲八卦次序图和文王八卦次序图。这里说的当指前者。其图式是：

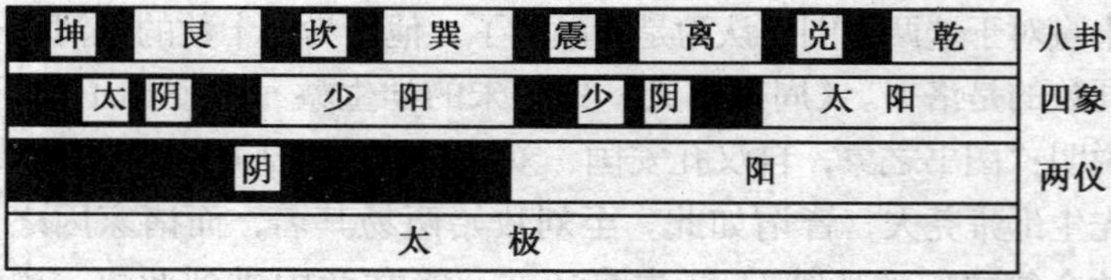

这个图既然叫“伏羲八卦次序图”，改称为“河图”，实在没什么像样的理由。刘因指出：

其图八卦次序者则曰：“《大传》既谓‘河出图，洛出书，圣人则之’，是必有其所谓图与书，圣人可得而则者矣。今夫十数之点志，安可则以为八卦之画象也?”此其为说，盖出于汉儒“洛书有文字”，王肃“河图即八卦”，及苏子瞻（轼）“图书粗有卦畴之象”之说，而与张敬夫（栻）以河图为兴易之祥，圣人则其时以作《易》，而力诋先儒有所则其图者，正相反而各极其偏也。若是，则卦固自画，安得谓圣人则而画之？而圣人亦何必复观取于远近俯仰之间？而程子何为有“河必图至”，与“因见河图”之说也哉？

这里，刘因批评了汉儒、王肃、苏轼与张栻说法的片面性，而维护朱熹、程颐的观点，并举出《易大传》中“仰则观象于天，俯则观法于地，观鸟兽之文与地之宜，近取诸身，远取诸物，于是始作八卦”一段话作为依据，认为，八卦是圣人的创造，但这种创造不是凭空的、随心所欲的，而是有其依据，河图、洛书就是这种依据。如果说“十数之点志”之图不足以作为画卦的依据，那么，八卦次序图更不能说是依据。因为它是画卦的结果。倒果为因，显然是不适当的。

2．驳以先天图为河图说。

先天图是邵雍所创造。邵雍的学说自称为先天学，先天图是先天学的图式化，以为“天地万物之理尽在其中”[①]。据朱震说，先天图的最早传授者是五代末宋初的道士陈抟（希夷），其传授系统是：陈抟—种放—穆修—李之才—邵雍。[②] 先天图不是一个，而是一套，有八卦次序图、八卦方位图、六十四卦次序图（方图）、六十四卦方位图（圆图）、卦气图等。把这么复杂的一套图说成是河图，显然于理难通。所以，刘因没有作长篇大论地驳论，只扼要地说：

其图先天图者，而其失尤甚。固可以借唐孔氏（指孔颖达）“天语简要，不应若是之烦”，及朱子

① 《皇极经世·观物外篇》上。

② 《汉上易传·卦图》。

“伏羲淳厚，未必如是之巧”者以破之矣。

这一驳斥虽显得简略了些，但大体能说明问题。

3. 驳以九数之图为河图。

前文提到，北宋初年，出现了十数和九数黑白点志的河图洛书，但究竟何者是河图，何者是洛书，各家说法都不一致。刘牧、朱震以九数之图为河图，十数之图为洛书。朱熹著《周易本义》，认为刘牧、朱震弄颠倒了，依照汉魏各家的旧说，应该改正过来，“悉从其旧”，即十数之图为河图，九数之图为洛书。朱熹这个说法虽有相当根据，但分歧并没有完全消除，直到元初，刘牧、朱震之说都仍有影响，所以刘因对此又进行了较详细的讨论。刘因说：

> 其主刘牧者，则以九数之变，见于列御寇之书；九宫之文，见于张平子（衡）之言；而巽四、兑七、震三、艮八又杂出于魏晋诸儒之说，固不可必以八卦之本于九数，而谓刘氏之说无明验也。

这是先退一步说，刘牧的观点也不能说没有一点根据。《列子·天瑞》载列御寇之言曰：“易者一也，一变而为七，七变而为九，九者究也，乃复变而为一。”这与九数之图的原理基本相合。在汉魏晋人的著作中，还可以找到一些类似的提法。但是，这些例证只能说明九数之图的渊源关系，却不足以说明九数之图就是河图。所以刘因又进一步分析道：

> 然其列氏之说，则纬书从而出者，而说者固以

一为北方阳气之始，七为南方阳气之盛，九为西方阳气之究，而与图合矣。而图之下之一得六，固可上变而为七；上之七得二，固可左变而为九；九穷，则复下变而为一，又无不合者焉。然彼以七为衍，而九为元者，亦无不可，然于图亦安见其不合者，而必以洛书为说也？就使列氏指洛书而言，则洛书固可以为《易》，而亦不必遂以为河图也。夫九宫之说，出于纬书，而张氏亦尝破之。且其言又曰："杂之以九宫"矣，盖不即以九宫正为八卦也。

这里，刘因先引纬书的说法，揭示其似是而非和理由的不充分。接着又引郑玄（康成）之说，指出它自相矛盾，说：

断（原作斯，据四库本改）为九宫之说与河图九篇之说者，郑康成也。其于《明堂》之数，则曰"法龟文"，是郑氏又不以九为图，而其说有自相矛盾者。则是亦可以证刘氏（牧）之失矣，安得引之以为助乎？

郑玄所说的《名堂》是《大戴礼记》中的篇名。该篇中有一句话与河图似有很密切的关系。这句话是："二九四七五三六一八"。把它列成图式则为左图。即所谓"戴九履一，左三右七，二四为肩，六八为足，五居中

4	9	2
3	5	7
8	1	6

央”[①]。由于洛书传说是“禹治水时，神龟负文而列于背，有数至九，禹遂因而第之以成九畴”，所以说是“法龟文”。刘因指出，郑玄一则说九数之图是法龟文，则显指九数图为洛书；又说“河图九篇”，这就自相矛盾了。刘因的意思是，河图应指十数之图。

（二）关于太极图的作者问题

刘因还探讨了太极图的作者问题。这个问题也是其说不一。有的说是周敦颐的创造，有人则说是周得自陈抟的传授。他先叙述了一些学者对这一问题的主张：

> 太极图，朱子发（震）谓周子得于穆伯长（修）[②]，而胡仁仲（宏）因之，遂亦以为穆特周子学之一师；陆子静（九渊）因之，遂以朱（震）录为有考，而潘志之不足据也。

潘志，指潘兴嗣为周敦颐写的《墓志铭》。潘是周的朋友，周去世后，潘应周之子周寿的请求，作《墓志》，文中说：周敦颐尤喜谈性理，深于易学，作太极图。既然潘说是周“作太极图”，而没谈传自何人，这表明：潘兴嗣认为太极图是周所自作。刘因对此分析道：

① 朱熹、蔡元定：《易学启蒙·本图书第一》。

② 原作“朱子发谓发于穆伯长”，据《太极图后记》改。见《静修集》卷一，页一四。

> 盖胡氏兄弟（胡宏、胡实）于希夷（陈抟）不能无少讥议，是以谓周子为非止为种（放）穆（修）之学者。陆氏兄弟以希夷为老氏之学，而欲其当谬加无极之责①，而有所顾藉于周子也。然其实，穆（修）死于明道元年，而周子时年十四矣②，是朱氏（震）、胡氏（宏）、陆氏（九渊）不惟不考乎潘志之过，而又不考乎此之过也。

接着，刘因又对朱熹在这个问题上的态度作了分析：

> 然始也，朱子见潘志（按：朱熹作《濂溪先生传》，内容多据潘志），知图为周子所自作。而于《行录》附注，虽破朱氏（朱震）之说（按：指太极图传自陈抟说），而犹以胡氏（宏）抑希夷、种、穆，谓特其学之一师者为过，而疑其传自希夷，至周子始笔之书，而亦不敢遽以为不传于希夷、种、穆也。岂其后有所考于此也？故于注《图》、《书》，则曰："莫或知其师传之所自"；记遗文后则曰："非有所受于人也"；记书堂则曰："不由师传，默

① 朱熹与陆九渊关于"无极太极"问题展开过往复辩论，朱坚持"无极而太极"说，认为无极是太极的形容词；陆则认为，只能说太极，不能于太极之上再"头上安头"加无极。

② 《宋元学案》引此句下有王梓材的按语道："周子生于天禧元年丁巳，至明通元年壬申，盖年十六矣，作十四误。"（《濂溪学案》下，卷一二，页五〇九）

契道体，实天之所畀也。”①而其问答之间则常谓：希夷未尝有濂溪之说，濂溪之说未尝出于希夷；周子自为周子之学，而未尝考夫邵子者；邵子自为邵子之学，亦未尝考夫周子者。而断然以为无所传授，而不出于希夷。而敬夫（张栻）亦以谓“自得之妙，非数子可得而知也”。

这里，刘因详细列举了朱熹对这一问题的不大一致的种种说法，然后推测道：“盖前之为说者，乃复疑而未定矣。岂亦不考乎此，故其为说之不决于一也？”刘因对朱熹虽推崇，却不迷信，他揭示了朱熹也有疑而未定的情况，这种治学态度是实事求是的。刘因接着批驳了两条无稽之谈：

而或又谓周子与胡宿、邵古同事润州一浮屠，而传其易书。此盖与谓邵氏之学因其母旧为某氏妾，藏其亡夫遗书以归邵氏者，同为浮薄不根之说也。②

一种学说的传授关系是个比较复杂的问题，由于史料有阙，记载不详，一时不易说得清楚，疑而未定，在所难免，

---

① 此句下，《太极图后记》有一段话为本文所无，文曰：“又十年，因见张咏‘事有阴阳’之语，与《图说》意颇合，以咏学于希夷者也，故谓：是说之传，固有端绪，至于先生，然后得之于心，无所不贯，于是始为此图，以发其秘尔。”（见《静修先生集》卷一，页一四）

② 见《太极图后记》，《静修先生集》卷一，页一四。这段话《河图辩》中无。

但捕风捉影则是不可取的。这里，再次表现了刘因治学态度的严肃性。

刘因虽认为周子的太极图是自己的创造，但对于邵雍之学，则承认是发于陈抟。他说：

若夫邵学，则虽穆（修）、李（之才）之前，不著其传，先儒谓有深意，而始推及理，自得为多，固有如二程之言者。然其源之隐于方士，而发于希夷，为无可疑。而不必强为授于王豫，得之《归藏》之说也。

然后，刘因说出了一句很精辟的话：

盖义理，人心之所同，不必托之异人异书而后神。义理，天下之公器，虽得之方外之书，亦不当为之讳也。

这话讲得深刻而辩证。前一句说，只要是真理，人心都会认同，没必要假托出于异人异书而加以神化。后一句说，真理人人都会公认，佛道之书如果讲出某些真理，也不必讳言。作为一种治学态度，它既讲尊重事实，又很开明，不持门户之见，既反对故弄玄虚，又反对盲目排斥。

（三）会通三图为一的思想

河图、太极图、先天图，产生于不同时期，创始于不同作者，但刘因认为，它们在理论上是一致的，道理是相通的。他讲了一段会通三者的话：

> 周子、邵子之学，先天、太极之图，虽不敢必其所传之出于一，而其理则未尝不一；而其理之出于河图者，则又未尝不一也。夫河图之中宫，则先天图之所谓无极，所谓太极，所谓道与心者也。先天图之所谓无极，所谓太极，所谓道与心者，即太极图之所谓无极而太极，所谓太极本无极，所谓人之所以最灵者也。河图之东北（按：中国古人画图，在方位上与今人正相反，为上南下北，左东右西），阳之二生数（一、三）统夫阴之二成数（六、八），则先天图之左方，震一、离兑二、乾三者也。先天图之左方，震一、离兑二、乾三者，即太极图之左方阳动者也，其兑离之为阳中之阴者，即阳动之为阴静之根者也。河图之西南，阴之二生数（二、四）统夫阳之二成数（七、九），则先天图之右方，巽四、坎艮五、坤六者也；先天图之右方，巽四、坎艮五、坤六者，即太极图之右方阴静者也。其坎艮之为阴中之阳者，即阴静中之为阳动之根者也。河图之奇偶，即先天、太极图之所谓阴阳，而凡阳皆乾，凡阴皆坤也。河图、先天、太极图之左方，皆离之象也，右方，皆坎之象也。是以河图水火居南北之极，先天图坎离列左右之门，太极图阳变阴合而即生水火也。而《易》之为书，所以首乾坤，中坎离，终既济未济，而先天之为图，

中孚、颐、小过、大过，各以其类而居于正也。[1]

刘因的这一大篇会通之词确有所见。这是因为，河图、太极图、先天图三者，都以阴阳奇偶作为基本观念，其致思方式本来一致。尽管表现形式各有不同，范畴理论自成体系，但毕竟有相通之处。刘因的揭示虽不能说是定论，但还是能给人以启发。

刘因的这种会通倾向，在谈蓍卦问题时也有所表现。如说：

> 蓍之在椟也，寂然不动，道之体立，所谓"易有太极"者也。及受命而出也，感而遂通，神之用行，所谓"是生两仪，两仪生四象，四象生八卦，八卦定吉凶，吉凶生大业"者也。犹之图也，不用五与十，不用云者，无极也；而五与十，则太极也。犹之易也，絜（洁）静精微，絜静云者，无极也；而精微，则太极也。知此，则知夫椟中之蓍，以一而具五十，无用而无所不用。谓之无则有，谓之实则虚也。而其数之流行于天地万物之间者，则亦阴阳奇偶而已矣。[2]

---

① 这一大段话，《河图辨》与《太极图后记》不完全相同。兹主要据《太极图后记》，个别字句据《河图辨》作了补正。见《静修先生集》卷一，页一四至一五。

② 《椟蓍记》，《静修先生集》卷一，页一五。

椟，这里指盛蓍草的柜子。据筮法，卜筮时，从五十根蓍草中取出一根，放回椟中，只用其余四十九根进行占卜。刘因认为，这一根虽然不用，但却具备了五十根的全部作用。在这里，刘因将卜筮的过程，与《易·系辞传》、河图、太极图中的某些道理相会通，认为它们在根本点上是一致的，再次表现了他会通诸说的努力。

（四）对自为图者的批判

“河图”的概念虽然见于《论语》、《易传》、《尚书·顾命》等先秦古籍，但图究竟是什么样子却语焉不详，后世便更是众说纷纭。十数或九数的河图，则是晚至宋代才出现的。刘牧、朱震、邵雍等开创了大画易图的先例，虽经朱熹厘正，但最初并未得到普遍的认可，还有人继续按自己的理解，大画其图。元代初年，此风仍在蔓延。刘因对此不以为然，他引述了一位“自为图者”的观点说：

> 若夫自为图者，则曰：河图之数，凡五十五而十位；洛书之数，凡四十五而九位，举不合夫画三卦八，错综之六十四。若以位言，则去九与十，合夫乾一、兑二、离三、震四、巽五、坎六、艮七、坤八之叙，然不知所以为卦，所以为画，虽为推衍凑定，不免牵合。若五、十为衍母，一、九为衍数，则揲蓍求卦之法，非按图画卦之本。①

① 《河图辩》，《静修先生集》卷一，页一二。

这是用八卦之数及揲蓍求卦之法来衡量十数及九数的河图洛书，以为于理不合，讲得振振有词。但是，这位“近世大儒”当自画一图时，却也仍未超出十数图的思路。刘因批判道：

> 此其为说，似也，然及自为图，则亦不外乎十数而为白圈黑圈，为五相间而为十，以白为天奇，以黑为地偶，取三奇为乾，三偶为坤，其余卦取之亦然。①

刘因进而指出，这类自为图者虽极尽纂组华纷之能事，但实际上，不但谈不上什么创造性，而且不免有难于理解和假合悠谬的地方：

> 观其附合，乃有纂组华纷之极所不能为者。而谓出于天之自然之数必如是，而圣人之画卦如根干枝叶，迫于不得已而然者，亦必如是，是则可疑之大者。若其以天五地五合各一太极而为六，为重卦之本；二五相合而为十，为揲蓍之本，凡其不可晓皆此类。而其假合悠谬，又有出于林黄中、郭子和百千之下者。然其反复辩论，几数万言，盖有欲尽废先儒而独行己说之意。②

---

① 《河图辩》，《静修先生集》卷一，页一二。
② 《河图辩》，《静修先生集》卷一，页一二。

显然，这位自为图者对自己的蹩脚理论未免过分武断了。刘因进而将大学问家朱熹对河图那严肃、认真、谦虚、求实的态度与之作了对比，说：

> 呜呼！朱子之于河图，虽推本为卦画之源，而欲人玩心于其间，然亦有不切之戒。而其为说，第于其理可通而事有可证者而叙次之，然亦有传疑，而未尝以为河之所出、伏羲之所目睹者必如是也。今斯人也，既以先儒之或有所传而来者尽以为非，而于千万世之下出于己手之所纂画者，自断以为必合乎天之所出，则是以天自处，其所见亦必有甚异于人者。惜不得从而问之，姑与诸说杂而记之，以俟参考。①

“以天自处”四字，一针见血地揭示了自为图者的武断和荒谬。

“象数学是一个以八卦为基础，庞大、烦琐而有条理的哲学体系。”② 它既有科学因素，又包含不少神秘主义内容。刘因作为后学，对象数之学做过较深入的研究，对其中的一些问题作了阐述（除本文提出的一些材料外，他还对一些卦的象辞、彖辞的意义，对卜筮方法的道理等问题作过较详细的阐述，文繁不具引），惜其尚未构成完整的体系，也难

① 《河图辩》，《静修先生集》卷一，页一二。
② 侯外庐等：《宋明理学史》上册，第286页。

说有太高的成就，但从中可以看出他的思维水平、致思倾向和孜孜探求的精神；他连带讲到的一些治学态度和治学方法方面的见解，也给人以启发。他在这方面的学术批评，对于宋元之际污漫的学术空气，具有一定的澄清净化作用；对于保护和延存传统文化也具有一定的意义。

第五章　人生观

刘因像其他许多中国哲人一样，非常重视人生问题的探索。在他的诗文中，涉及到对于人生价值、人生目标、人生态度诸问题的理解，提出了许多有意义的见解。

一、对人生价值的肯定

刘因肯定人生的意义和价值，认为人的一生有永恒性的东西存在，与无穷的宇宙相比，人生虽然有限，但如果生得有意义，便可以参天地之化育，与宇宙相始终。他说：

> 呜呼！天地至大，万物至众，而人与一物于其间，其为形至微也。自天地未生之初，极天地既坏之后，前瞻后察，浩乎其无穷。人与百年于其间，其为时无几也。其形虽微，而有可以参天地者存

焉；其时虽无几，而有可以与天地相始终者存焉。①

刘因从宇宙入手，引出他对人生的理解。人与天地万物相比，从形体说确实微小，但唯有人可以参与天地的化育；从寿命说不过百年，确实短暂，但人的精神却可以永恒。这是对于人生意义的高扬和赞美。他接着说：

故君子当平居无事之时，于其一身之微，百年之顷，必慎守而深惜，惟恐其或伤而失之，实非有以贪夫生也，亦将以全夫此而已矣。②

这是说，人们都是重视生命的，但这种重视，不应该仅仅是贪恋生命的维持，“全其天年”就行了，而应该活得有意义，无遗憾。他认为，生命的意义不在于寿数的长短，而在于生命价值能否实现。尤其是当突然事变临头之时，这种价值会更突出地表现出来。他说：

及其当大变，处大节，其所以参天地者以之而立，其所以与天地相终始者以之而行，而回视百年之顷，一身之微，曾何足为轻重于其间哉！然其所以参天地而与之相终始者，皆天理人心之所不容已，而人之所以生者也于此而全焉。一死之余，其

① 《孝子田君墓表》，《静修先生集》卷四，页七九。
② 《孝子田君墓表》，《静修先生集》卷四，页七九。

生气流行于天地万物之间者，凛千载而自若也。[1]

所谓“当大变，处大节”，指面临生死考验的关头。刘因认为，“节”、“义”是最重要的，个人生命与之相比，微不足道。一个人如果能经受得住这种考验，那么，他的精神就可以获得不朽的价值。相反的态度则是一味苟且偷生，这样的人虽然生命得以保全，但其精神实际上已经死了。这样的生，简直还不如死。他接着说：

> 使其舍此而为区区岁月筋骸之计，而禽视鸟息于天地之间，而其心固已死矣。而其所不容已者，或有时发焉，则自视其身，亦有不若死亡为愈者。是欲全其生，而实未尝生；欲免一死，而继之以千万死。呜呼，可胜哀也哉！[2]

刘因认为，生命固然是宝贵的，但却有比生命更宝贵的东西。这种观点是积极向上、深刻感人的。现代诗人臧克家有诗道：

> 有的人活着，
> 他已经死了；
> 有的人死了，

---

① 《孝子田君墓表》，《静修先生集》卷四，页七九。
② 《孝子田君墓表》，《静修先生集》卷四，页七九。

他还在活着。[①]

歌颂的对象虽有不同，但主旨却有相通之处。

刘因还认为，生命的意义不但不在于年寿的长短，而且也不在于官位的有无或高低。他说：

邵康节诗："虽无官自高，岂无道自贵？"非以道对官而言也，但言道不以此为有无尔。若以为对，则其浅狭急迫，非惟不知道之所以为道，而慕外之私，亦必有不可胜言者矣。[②]

话虽不多，但其旨趣甚高，发人深思。他从辨析邵雍这两句诗的意思入手，强调道义不以官位的有无、官阶的高低为转移。并认为，如果把官位看作与道义有必然联系，那就难免产生希图高官、羡慕地位的私心，就不懂得道之所以为道了。这些话，表明了作者对人生意义的理解，表现了作者高尚的志趣和对于庸俗社会心理的批评。

刘因还认为，一个人首先和最重要的是做一个"人"。他说：

天授之予曰："人"焉而已矣。凡配"人"而称其美，如"贤人"、"善人"之类，虽其高下之品

① 《有的人——纪念鲁迅有感》，《臧克家诗选》，第294页，人民文学出版社1978年版。

② 《道贵堂说》，《静修先生集》卷一，页二〇。

> 不同，要其所指称也各有限，皆不足尽“人”之大也。如“天”也，或称之曰“上天”者，言其崇高也；或称之曰“神天”者，则言其变化也，皆不能有以相兼也。若止曰“天”而已，则其天之全体为尽见也。惟人也亦然。今人有人称之曰“子贤人也，子善人也”，则必欣然而悦；称之曰“子人也”，则将怫然而不悦。盖不知天之授予曰“人”者之为大也。苟知之，将终身汲汲望有以少及乎“人”之称而未能，而向之所以欣然而悦者，亦将陋之而不屑矣。①

刘因这里显然不是讲语法，说逻辑，他的意思是说，“人”这个词代表的是人之所以为人的最本质的属性，因此，一个人应该首先做一个真正的“人”。刘因的这一思想也是深刻的。我们今天还说，人首先要懂得做人的道理，要做好某种人，首先要懂得做“人”。刘因讲的基本上也是这个意思。这个问题永远不会陈腐，只是不同时代注入不同的时代含义罢了。但作为一般性的道理，则是历久而常新的。

二、对人生目标的追求

人应该把什么做为最高目标？理学家们一致的回答是：

---

① 《李公勉复初名序》，《静修先生集》卷二，页三一。

学作圣人。[1] 刘因作为理学后学，也对学作圣人问题作了阐发。他在青年时期（十八岁）写过一篇《希圣解》，集中表达了这一思想。该文以神话的形式，借涪溪拙翁、西洛无名公、诚明中子[2]三人的形象和言辞，渲染了“学作圣人”的主题。文中说：

> 拙翁曰：“士希贤，贤希圣，圣希天，小子疑吾言乎？”吾应之曰：“圣可希乎？”曰：“可。”“有要乎？”曰：“有。”“请问焉？”曰：“一为要。”“一者何？”曰：“无欲。”“孰无欲？”曰：“天下之人皆可无欲。然则天下之人皆可为圣人。”[3]

---

① 周敦颐说：“圣希天，贤希圣，士希贤。……志伊尹之所志，学颜子之所学。”（《通书·志学第十》）张载说：“学必如圣人而后已。”“知人而不知天，求为贤人而不求为圣人——此秦汉以来学者之大蔽也。”（转引自《宋元学案·横渠学案上》卷一七，页六六三）程颐说：“人皆可以至圣人，而君子之学必至于圣人而后已。不至于圣人而后已者，皆自弃也。”（转引自《宋元学案·伊川学案上》卷一五，页六三一）

② 涪溪拙翁指周敦颐。涪溪在湖南湘水之南，周原籍湖南道州，亦在湘南。周写有《拙赋》，自抒怀抱。文中说拙翁“襟怀洒落，如光风霁月”，系黄山谷评濂溪语。西洛无名公指邵雍。邵自传名《无名公传》，并写有《无名公序》。文中说无名公“有风月情怀，江湖性气”，语出邵之《安乐窝吟》。邵为河南共城人，地在洛西。诚明中子指张载。张载的代表作《正蒙》有《诚明》篇。张逝世后，门人曾拟谥曰“诚”，又拟曰“明”，俱未用。文中称他“有淳古君子之风”，语出《宋史·张载传》：“吕公著荐张载于朝，言其有古学。”

③ 《希圣解》，《静修先生集》卷一，页二。

问题提了出来，还需进一步展开，于是拙翁又说了一大篇话：

> 天地之间，理一而已。爰其厥中，散为万事，终焉而合，复为一理。天地，人也；人，天地也。圣贤，我也；我，圣贤也。人之所钟，乃全而通；物之所得，乃偏而塞。偏而塞者，固不可移；全而通者，苟能通之，何所不至矣?①

浯溪拙翁的这些话，主要是杂引周敦颐《通书》“志学”、“志圣”两章及朱熹《中庸章句序》中的文句，但也混合着刘因的理解，因此也可以代表刘因的观点。它以天人合一的理论为根据，讲人和人在本性上是同等的，能不能最终达到圣贤，只在于能否把全具的本性加以贯通罢了。进而，仍借拙翁之言，区分了天、圣、贤、士的界限：

> 圣希乎天，至则天，不至则大圣；贤希乎圣，过则天，不至则大贤；士希乎贤，过则圣，至则贤，不至则犹不失乎令名。此圣之所以为圣，贤之所以为贤也。②

这就是说，人的修养有不同的境界，目标越高，最后达到的程度往往也越高。只要尽了主观努力，即使原定目标未达

① 《希圣解》，《静修先生集》卷一，页二。
② 《希圣解》，《静修先生集》卷一，页二。

到，但仍不失为贤、为士，仍会得到社会的承认。进而，拙翁又勉励道：

> 子受天地之中，禀健顺五常之气，子之性，圣之质；子之学，圣之功。子犹圣也，圣犹子也。……苟修而静之，勉而安之，践其形，尽其性，由思入睿，自明而诚，子希圣乎，圣希子乎！①

这就是说，从禀赋上说，人人都具有同圣人一样的素质；从学习的内容和方法说，也与圣人一致，只要坚持不懈，身体力行，在形色（身体——引申指行动、感觉、欲望等）中体现出人的固有本质，充分发挥人的固有本性，由思索达到睿智，由明善达到与天为一的诚的境界，这样就与圣人无异了。这里，连引了《孟子》、《尚书·洪范》的文字，对“圣可至”的意思作了充分地阐发。

人既然在本性上都同等，在目标上都可以成为圣人，那为什么许多人都达不到这个目标呢？刘因在另一篇文章中回答了这个问题。他说：

> 性无不统，心无不宰，气无不充。人以是生，故材无不全矣。其或不全，非材之罪也，学术之差，品节之紊，异端之害惑之也。②

---

① 《希圣解》，《静修先生集》卷一，页二。

② 《叙学》，《静修先生集》卷一，页三。

他提出了三个方面的原因，即学术道路的差错，品类（科目）节次的紊乱和佛老异端的迷惑。为了克服这些问题，他认为需要从古圣贤的书籍中寻求智慧，说：

> 今之去古远矣，众人之去圣人也下矣，幸而不亡者，大圣大贤惠世之书也。学之者以是性与是心与是气即书而求之，俾邪正之术明，诚伪之辨分，先后之品节不差，笃行而固守，谓其材之不能全，吾不信也。①

远在孟子已明确提出“圣人与我同类”、“尧舜与人同”、“人皆可以为尧舜”的思想。但在封建社会的现实中，存在的却是“圣”、“凡”的种种差异。因而后世的许多学者又用不同的语言，从不同的角度阐发这一由凡入圣的道理。刘因所云，没有多少更新的东西，但在元初那样的社会中能对之加以大力宣扬，对于破迷解惑、廉顽立懦，确立积极的人生观，还是有积极意义的。至于他把读圣贤书作为修养的唯一方法，这是封建士大夫的眼界给他的限制，是应该批判的。

三、对人生态度的探讨

人生活在社会上，遭际种种不同，这便有一个抱什么态度的问题。对此，刘因也进行了许多探讨。

---

① 《叙学》，《静修先生集》卷一，页三。

（一）出处进退之道

《易传·系辞》说:“君子之道，或出或处，或默或语。”“出”指出仕为官，“处”指居家退隐。先秦儒家对于如何对待这两种不同的境况已做过许多论述，最著名的是孔子说的“天下有道则现，无道则隐”，孟子说的“穷则独善其身，达则兼善天下”。宋代理学大家对此更作了精微的辨析。刘因继承这一传统，在人生态度问题上，他特别强调“立心之初”的善，即首先和最重要的是端正思想行为的出发点。他说：

> 君子立心之初，曰为善而不为恶，曰为君子而不为小人，如是而已。苟为善也，为君子也，则其初心遂矣。夫道无时而不有，无处而不在也，故欲为善、为君子，盖无时无处而不可，而吾之初心，亦无时无处而不得其遂也。①

这篇文章是就一位友人筑亭取名“遂初”而写的。“遂”是顺、满足的意思；“初”指初心，即怀抱的最初动机、最初目的。“遂初”即遂顺本心、满足最初立心的意思，它讨论

① 《遂初亭说》，《静修先生集》卷一，页二一。晋人孙绰写有《遂初赋》，南宋尤袤将藏书楼取名“遂初堂”，并编有《遂初堂书目》。刘因的朋友张子有将亭取名“遂初”，可能是受了前人的影响，而刘因则借此阐发了一套人生哲理。

的是人应该抱什么样的生活目的的大问题。刘因认为，为善、为君子的生活目的如果确立了，那么，无论以后生活中境况遭遇如何，就都能够遂其初心。为什么这样说呢？他接着讲道：

若曰：吾之初心将出以及物；苟时命不吾与焉，则终身不得其遂矣。如是，则是道偏在乎出；而处也，无所可为者矣。若曰：吾之初心欲处而适己也；苟时命之不吾释焉，则亦终身不得其遂矣。如是，则是道偏在乎处；而出也，无所可为者矣。道果如是乎哉？……夫义当闲适，时在匡济，皆吾所必当为者；然其立心，则不可谓必得是也而后为遂。苟其心如此，则是心境本无外，而自拘于一隅；道体本周遍，而自滞于一偏。其为累也，甚矣。①

这是说，一个人的出仕或退隐，并不是全由自己所能决定的，而是由“时命”所决定的。所谓时命，指遭遇的时代条件、际遇、机会之类。天下有道或无道，那是客观的社会政治环境，固然不以个人的意志为转移；就是生逢有道之世，一个人的出仕或不出仕，也常常并非全由自己。从这个意义上说，或是过“闲适”的隐居生活，或是担当“匡济”（匡时济世，治国平天下）的大任，都是由客观决定的。因此，刘因认为，无论是闲适的隐居，还是匡济的事功，虽然都可

① 《遂初亭说》，《静修先生集》卷一，页二一。

以作为人生选择的一种方式，但一个人立心的初衷，却不能以这些为指归。如果那样立心，往往会“终身不得其遂”的。正确的态度应该是，把能够完全由自己把握的根本方面作为出发点，这就是“为善而不为恶，为君子而不为小人”，这个出发点端正了，就会时时刻刻想的做的都是为善为君子，初心当然也就无时无处而不得其遂了。在刘因看来，“道”（儒家圣圣相传的立身行事、治国安民的原则）是无时不有、无处不在的，所以不管遇到什么样的客观环境，只要把完善自己作为目的，在主观精神上立下一个明确的目标，那么，不管是“出”是“处”，就都会“初心遂”了。不然，就会“自拘于一隅（一心只想隐居）”，自滞于一偏（一心只想事功），这样的生活目标就成了巨大的负担和累赘。刘因的这一观点，是对于儒家特别是理学家特重自身修养思想的发挥，对于今人端正生活目的也有借鉴意义。

（二）入世精神

“出”或“处”，是封建时代知识分子普遍遇到的生活目标选择上的矛盾。刘因想超越于二者之上，设立一个更根本的目标，用心是良苦的；但这个矛盾实际上并不能解决。在刘因的大量诗文中，分别说“出”或“处”的时候倒是更多些，有时表现出积极入世的昂扬精神，有时又表现出消极退隐的恬淡情调。大体说来，前一种精神在青少年时期占主流，后一种情调则主要反映了他中晚年的心境。这里先谈前者。

刘因在给学生讲为学之序时，勉励他们要广泛学习多种知识，说如果能“各底于成，则可以为君相，可以为将帅，可以致君为尧舜，可以措天下如泰山之安”。在政治上大展宏图，做一番事业。如果由于时代、环境等客观条件不具备，那也不应消极，“时不与志，用不与材，则可以立德，可以立言，著书垂世，可以为大儒，不与草木共朽，碌碌以偷生，孑孑以自存，失天之至善，坏己之全材也。”[①]

这段话，反映了刘因对于人生价值的理解，也表现了他的入世精神。其理论根据是先秦儒家的“三不朽”说[②]。“不朽”就是有长久的价值，“立”就是有所建树。就是说，人的一生，在道德、事功或言论思想方面有所建树才是最有价值的。这一思想为儒家的入世主义人生观奠定了基调。刘因所云，正是对这一基调的阐扬。这一思想，刘因还多次谈到。如他给一位画家赠言：

> 愿君传写圣贤之蕴，经纬天地之文，穷乾坤无形之理，思风云变化之春，周邵二公相左右，藐焉不作尘中人。[③]

这些话既是勉励别人，也可以看作是他以此自勉。

他还曾给某人取名为“勉”，字为“履文”，并解释说：“勉者，将以力行也。”“履文”二字则进而表明了力行的内

① 《叙学》，《静修先生集》卷一，页八。
② 叔孙豹说：“太上有立德，其次有立功，其次有立言，虽久不废，此之谓不朽。”（《左传·襄公二十四年》）
③ 《赠写真田汉卿》，《静修先生集》卷七，页一四一。

容，即力行文王之道。①

他又曾给一位学生取名为“潜”，对此，他发抒了如下一番议论：

> 夫人之家或未振，而有以振者，必卓越非常之人也。人而未自振，思所以振之，非挺拔特立蹇蹇自负者，不能也。尔之家，卑而未显；尔之质，柔而懦；予又潜尔也，又欲尔之潜也，惑矣。②

这是先从“潜”字的字面含义立论，认为无论是一个家庭或一个人，都应该振作进取，这似乎和“潜”字的意思是相反的，那为什么还取这样一个名字呢？他接着说：

> 虽然，尔独不知夫天地之凛然者乎？此潜之象也。刚健之初，君子自强之始也。跃也，飞也，自潜而来也。以儒新尔家，以道立尔身，汝之潜也。不然，浑浑沦沦，混于常人以终其身，顾尔自能之，予又何教焉！③

这是从《周易》中推求“潜”字的内在含义。《乾卦·象辞》说，“天行健，君子以自强不息”，而初九为“潜龙”之象，所以说“潜”是“刚健之初，君子自强之始”。《乾》九四爻

---

① 《王景勉名字说》，《静修先生集》卷一，页二三。
② 《张潜名说》，《静修先生集》，卷一，页二三。
③ 《张潜名说》，《静修先生集》，卷一，页二三。

辞“或跃在渊”，九五爻辞“飞龙在天”，所以说“跃也，飞也，自潜而来”。这表明，“潜”字不能理解成一味隐伏、敛藏、退缩；相反，它是跃而欲飞的未发状态，是刚健自强的象征。因此，取名为“潜”的用意是：准备着，用儒学来振兴家庭，用道德来安身立命，而绝不是要浑浑沦沦混于常人。这些都表明，刘因对于人生是有着强烈的进取精神的。

这种精神在刘因的诗作中也多有表现。如他曾借有人以“匏瓜”名亭而抒发感慨。“匏瓜”的典故出自《论语·阳货》:“佛肸召，子欲往”，子路劝阻，孔子辩解说:“不曰坚乎，磨而不磷；不曰白乎，涅而不缁。吾岂匏瓜也哉，焉能系而不食!”刘因认为，孔子的这些话表现了博大的救世情怀，可惜常常不能被人理解。他写道：

匏瓜陨自天，中涵太虚气。
造物全其真，世人苦其味。
虽得终天年，惜坐无用器。①

匏瓜俗称瓢葫芦，向来被看作是无用或无大用的东西。匏瓜剖开可作水瓢，而瓢这种器物因历史上有颜渊“一箪食，一瓢饮”和许由弃瓢不接受尧禅让的天下的典故，便和退隐联系在一起。所以刘因接着写道：

伊谁窍混沌，大朴分为二，
一供颜渊乐，一为许由弃。

① 五古《瓠瓜亭》，《静修先生集》卷六，页一一七。

颜有圣人依，许逢尧舜治，
天下非其责，行藏适自遂。
秋色高箕山，春风满洙泗。
后来鼎铛徒，谁知两瓢贵？
寥寥千载间，复坠无用地。①

刘因认为，颜渊谦退不仕，许由隐居，是时代环境使然，并不是他们真忘天下。至于孔子不愿作“系而不食”的匏瓜，就更有深意：

人知圣人言，孰有圣人志？
圣人心如天，何时无生意？
时无不可为，人无不可致。
吾道苟寸施，吾民有寸庇。
坚白自有持，磨涅岂无累！
岂不欲无言，恐与匏瓜类。……
请观欲往心，岂与乘桴异？②

刘因这里以孔子之言立论，认为孔子的人生态度表面看似有所不同：“佛肸召，子欲往”，似过于热衷；“道不行乘桴浮于海”，似过于消极。但实际上并不矛盾。人们只停留在字面上抓住只言片语，却未能深入了解圣人之志。其实，孔子的人生态度是一贯的，无论处于何时何地，遭遇何人何事，

① 五古《瓠瓜亭》，《静修先生集》卷六，页一一七。
② 五古《瓠瓜亭》，《静修先生集》卷六，页一一七。

都是尽量多尽一分道义，多有益于人民，绝不苟且偷安，而尽可能积极地生活。刘因进而正面表达自己的心志：

我生学圣人，栖栖形瘏瘁。
穷年忧道丧，漫自中肠沸。
君才当有用，自以无用置（指友人以匏瓜名亭）。
我才当无用，自以有为觊（刘因自谦）。……
愿君志我志，才志庶相利。
使君名我名，名实亦相位。①

诗中既叙写了高远的志向，又抒发了入世的情怀，并以有为与朋友共勉。有些话虽说得比较超脱，但并不能掩盖全诗奋发向上的精神。

刘因赞美积极入世、益国利民的人。前文提到的王允中“三为廉使，未尝不以赈恤罢民、平反冤狱为常”，“守河南而哀江浙，守一官而忧天下”，就很典型。刘因还为这位王允中的画像写过一篇“赞”：

齿未老，须胡为而白耶？隐然含四海之忧；鬓已衰，颜胡为而壮耶？凛然横千仞之秋。朱实丹心，砥柱中流。百折而必东，寸折而不柔。其履危犯险，几祸一身，固可为戒；然视循默苟容、贻害当世者，宁不优耶！②

① 五古《匏瓜亭》，《静修先生集》卷六，页一一七。
② 《王允中真赞》，《静修先生集》卷五，页九〇。

一个刚强不屈、忧国爱民的形象跃然纸上。炽烈的赞美之情，洋溢于字里行间。作者对人生的积极态度亦表露无遗。

刘因还为一位国医写过一首送行诗，诗中先赞美其人的里籍，“燕赵豪杰窟……人物杰出崭然雄九州”。再称道其生活道路，“穷则良医达良相，古人须向今人求。”然后以不忘天下相劝勉：“民病未苏国支梠，勿以一身戚，而忘天下忧。”① 刘因的这一思想，与范仲淹讲的“不以物喜，不以己悲。居庙堂之高，则忧其民；处江湖之远，则忧其君。是进亦忧，退亦忧”② 的情怀是一脉相承的。

（三）澹泊情怀，隐逸情调

孔子说：“君子喻于义，小人喻于利。”③ 正统儒家都坚持孔子这一观点，把追求道义还是热衷财利看作是君子与小人的分水岭，把一味追求衣食看作是人格低下、道德堕落的表现，从而形成了儒家鄙薄财利的传统。刘因也继承了这一传统，常以贫贱生活自甘。有诗道：

雪瓮冰畬满筯黄，砂瓶豆粥透邻香。
此中真味无人识，熬煞羊羔乳酪浆。④

---

① 杂言《送国医许润甫还燕》，《静修先生集》卷七，页一四一。
② 《岳阳楼记》。
③ 《论语·里仁》。
④ 七绝《豆粥》，《静修先生集》卷一一，页二三七。

乐天方识淡中甜，安土无妨著处粘。
道在市朝皆可隐，机忘鸥鸟亦无嫌。……①

他还常讲一些知足常乐的话，如：

几叶疏桐万斛秋，四山清霜一窗幽。
人能知足随处乐，心若忘机百虑休。……②

还写到一位卖药为生的隐士：

之子隐于药，四休今不孤。
藏名哪论价，得号尚嫌壶。
知足随处乐，忘机一事无。
东邻开小径，茗碗不须呼。③

对于争夺财利的人，他很轻蔑，说：

区区后世人，犹爱黄金名。
黄金亦何物，能为贤重轻？……
伊谁腐鼠弃，坐见饥鸢争。……
黄金与山平，不救兵纵横。④

---

① 七律《次人韵》，《静修先生集》卷九，页一七一。
② 七律《几叶》，《静修先生集》卷九，页一六九。
③ 五律《西市药隐》，《静修先生集》卷八，页一五五。
④ 五古《黄金台》，《静修先生集》卷六，页九八。

对于轻财仗义的人，则给予热情的赞美。如他写到一位“世为农家”的王翁，蓄粟行善，凶年济人，“全活者甚众”，但不接受推戴，“子孙读书，不求仕禄”。然后赞道：“乡闾嗷嗷公哺之，公囷有底心无边。……谁能生死太平日，白石共煮西山泉。”①

在另一首诗中，记一位南溪翁早岁以医被征，“入为天子侍从臣”，后来辞官归里，“鼎湖白云望不极，招之归来山有岚。身出梦关涉觉境，人间万有皆空函。侍从之名不复记，老人自署南溪衔。”从而过起了隐居乡里的宁静田园生活：“老人耕牧南溪南，南溪草浅牛所贪。大孙携书小携酒，青蓑为席树为庵。”生活过得很惬意：“以书教孙仍自读，隔溪遥听声喃喃。牛眠树荫孙劝酒，老人未醉意已酣。”老人嘱咐儿孙说：“开此乐国自我始，继而大之在汝男。我今已成齐变鲁，汝等当为青出蓝。”②

诗中把辞官归隐说成是“身出梦关涉觉境”，这个意思他还一再说到。如：

梦觉关头梦已空，此时方识乐无穷。
便将富贵浮云比，恐落华歆一掷中。③

华歆（157~231），三国时人。东汉末举孝廉，孙策占江东，待歆以上宾之礼。后被曹操以汉献帝名义征召，“宾

① 七古《蠡吾王翁画像并序》，《静修先生集》卷七，页一二六。
② 七古《南溪行》，《静修先生集》卷七，页一三五。
③ 七绝《漫记》三首之一，《静修先生集》卷一一，页二一七。

客旧人送之者千余人，赠遗数百金”，都被他婉言拒绝。《三国志》说华歆“素清贫，禄赐以振施亲戚故人，家无担石之储”。“歆淡于财欲，前后宠赐，诸公莫及，然终不殖产业。”① 刘因诗中咏叹的正是华歆这种视富贵如浮云的品格。刘因还有诗道：

> 百钱破釜发长叹，一局赢棋为解颜。
> 扰扰自无安脚处，几人打透名利关？②

原诗自注：“‘透得名利关，便是小歇处。’见赵孟卿手简。”意思是说，人生如跋涉长途，有道道关口，名利关、毁誉关、生死关……一重又一重。名利关是一大关口，过不了它，就会活得很累，扰扰无时休；过去了，就会轻松许多，有了“安脚处”。

上述诗文，反映了刘因淡泊名利的思想和精神。淡薄名利或叫重义轻利，是儒家很有特色的思想之一，历来被人们称道，看作是风节超卓、道德高洁的表现，从而成为中国传统文化的一个组成部分。但是，这一思想近年来颇受谴责，说它与现代文明、与社会主义市场经济格格不入等等。这其实是误解。重义轻利（淡薄名利）是与热衷名利、见利忘义针锋相对的，后者是庸俗观念，前者是崇高思想。只要不是把“义”与“利”绝对对立起来，正确吸收传统文化中的优秀成分，正是建设社会主义精神文明的应有之义。可见，刘

① 《三国志》卷一三《华歆传》。
② 七绝《漫记》四首之三，《静修先生集》卷一一，页二二一。

因这方面的一些观点还是有一定现实意义的，不应视为迂腐之论而轻易抹煞。

刘因的诗文中，常流露出隐逸情调。如他多次写到不肯为五斗米折腰归园田隐居的陶渊明，仰慕、缅怀之情着实笃厚。有诗道：

每读渊明诗，最爱桃源长。①

缅怀长沙孙，生气流千龄。
乾坤一东篱，南山久亦倾。
回看声利徒，仅比秋花荣。
抚时感遗事，可见万古情。②

但恨于今又千载，不闻再有渔人迷。③

刘因还曾将几位隐士的事集在一起，构成他的理想国，说：

少小不解事，谈笑论居山。
为问五柳陶，栽培几何年？
安得十亩宅，背山复临渊。

①《和归园田居》，《静修先生集》卷一二，页二四一。
②《和九日闲居》，《静修先生集》卷一二，页二四一。"长沙孙"指陶潜。潜之远祖陶侃封长沙郡公。
③ 七古《桃源行》，《静修先生集》卷七，页一一九。

东邻汉阴圃[①]，西家鹿门田[②]，
前通仇池路[③]，后接桃源间。
熙熙小乐国，梦想羲皇前。[④]

他如巢父、许由、严光、壶公等隐逸人物也常常是他吟咏的对象。不具引。

值得注意的是，刘因羡慕的“避世之士”，往往并不是那种“与鸟兽同群”、不食人间烟火的人，而多是淡于名利、特立独行又生活于人群之中的人。如：

执价韩伯休，混迹在人境。[⑤]
百钱严君平，阅世心独醒。[⑥]
我无腾化术，凌虚振衣领。
又无辟谷方，终年酌清颖。
会须学严韩，遗风相焕炳。[⑦]

再就是他赞美一度为统治者建立功业又能名遂身退的人

① 汉阴丈人是《庄子·天地》篇中虚构的人物。他凿隧入井，抱瓮灌园，以使用新工具为耻，教训孔子弟子子贡：“有机械者必有机心。”
② 汉末庞德公登鹿门山采药不返。
③ 仇池，山名，以山上有仇池得名。在甘肃成县西。山形如复壶，四面陡绝。山上可引泉灌田，煮土成盐。魏晋南北朝时氐族杨氏累世居此。
④ 《和归园田居》，《静修先生集》卷一二，页二四一。羲皇，指伏羲氏。
⑤ 韩伯休，东汉隐士，自采药卖，三十年口不二价。
⑥ 严君平，西汉隐士，卜筮于成都，日得百钱即闭门读《老子》。
⑦ 《和饮酒》之十三，《静修先生集》卷一二，页二四五。

（如张良、范蠡），或虽为隐士却与统治者有某些瓜葛的人（如四皓、严光）。他有诗赞四皓、张良道：

智脱暴秦纲，义动英主颜。
须眉不得见，犹思见南山。……
鄙哉山林槁，抟也或可班。
安得六黄鹄，五老相追攀。……
留侯在汉庭，四老在南山。
不知高祖意，但欲太子安。……
孺子诚可教，从容济时艰。
平生无遗策，此举良可叹。
出处今误我，惜哉不早还。
何必赤松子，商洛非人间。①

在刘因看来，四皓本心并不愿隐居：

虽恋紫芝美，难忘帝力深。
驰驱恨臣老，高尚岂初心？②

他还写到东汉隐士严子陵：

---

① 五古《四皓》二首，《静修先生集》卷六，页一〇五。四皓指东园公、角里先生、绮里季、夏黄公。四人皆隐于商山，年皆八十余，时称商山四皓。西汉初，高祖敦聘不至。吕后用张良策，令太子卑词安车，招此四人与游，因而使高祖认为太子羽翼已成，消除了改立赵王如意为太子的意图。

② 五绝《四皓图》，《静修先生集》卷一一，页二〇二。

文叔虽天子，因陵位愈尊。①
为陵成高节，此亦天子恩。
两星映千古，精爽如尚存。
有此谨厚者，可赠狂奴真。②
巢由本不经，怪妄徒拟伦。
中庸久芜没，矫激非天民。
惟余仁义语，至今懔若新。
想象富春石，崔嵬犹起人。③

这就是说，严光的节操与刘秀的宽厚是两相辉映的。严光的隐居不仕，不慕富贵，固然可敬；光武的不忘故旧，礼贤下士，尤其可嘉。孟子曾说："将大有为之君，必有所不召之臣。"④ 刘秀与严光的故事可以说为孟子此语提供了又一例证。刘因诗中虽没有用这些字眼，但其所论，正是把此二人分别看作是"大有为之君"和"不召之臣"的典型的。后来，元世祖忽必烈说刘因是"不召之臣"⑤，这表明，刘因与严光等人相比，不仅在"踪迹"上有相似之处，在思想

① 文叔，汉光武帝刘秀字。陵，严光字子陵，曾与刘秀同学。刘秀当皇帝后，他改名隐居。后被刘秀召至京师，任为右谏议大夫，他不肯受，归隐于富春山。

② 刘秀遣使将严光召至京师，严光不肯相见，刘秀笑曰："狂奴故态也。"（据《后汉书·严光传》）

③ 五古《严光》，《静修先生集》卷六，页一〇五。

④ 《孟子·公孙丑》下。

⑤ 《元史》本传。

上也是相通的。

刘因对于邵雍一向尊仰有加，不但服膺其思想（见前），而且欣赏邵的生活态度。邵写有《安乐窝吟》多首，咏叹自己的生活和心态。刘因有诗评论道："安乐名窝有真赏，打乖非是要安身。坡仙便道学喑哑，负杀园中独乐人。"① 这里，刘因借用程颢的意思而批评苏轼。程颢《安乐窝》诗说："打乖非是要安身，道大方能混世尘。""时致时行皆有命，先生不是打乖人。"而苏轼《独乐园》诗说："拊掌笑先生，年来学喑哑。"刘因诗的意思是，苏轼对于邵雍还缺乏理解，而程颢对于邵雍的"打乖"倒是作出了恰当、准确的评价。在这里，不难看出刘因所欣赏的人生态度，那就是，隐居是高尚的，但不能陷入矫情；遇浊世诚然该隐避，但终究不应对社会完全忘情。

由此，也便可以理解刘因对巢父、许由等隐士的矛盾态度了。一方面，刘因在不少诗文中对这些隐士加以歌颂，如"物外壶公能避世，山中巢父不知尧"②；"鸟声似向花枝说，曾见无怀有此民"③；"果有仙山隔尘土，先生亦欲住仇池"④。另一方面，有时又对巢父等有所批评，如前引的《严光》诗中，说"巢由本不经"，"矫激非天民"。又有诗道："尧天万古大无邻，何地容君作外臣，莫占箕山最深处，

① 七绝《漫记》之三，《静修先生集》卷一一，页二一七。
② 七律《水北道馆》，《静修先生集》卷九，页一七九。壶公，古仙人。巢父、许由，传说尧时的两个隐士，尧要把天子位让给他们，他们不受。
③ 七律《春游》，《静修先生集》卷九，页一九一。
④ 七律《记梦》，《静修先生集》卷九，页一六七。

后来恐有避秦人。”[1] 这都表明，刘因敬仰的是巢父等人的品德和节操，但是，对于他们在政治上完全放弃责任，过与鸟兽同群的生活则持保留态度。

从上面的叙述可知，刘因的人生态度的确是矛盾的。他屡次说到自己的“初心”、“夙志”，想有一番作为，主流是积极进取、奋发向上的。但是，“命与心违”，连遭不幸，他的后半生常处于困穷之中，过的是近于隐者的生活。他的隐逸诗，大多是在这种境况下，为求得心理平衡，混合着自励、自慰的复杂情绪写成的。

元代名士欧阳玄曾把刘因比作四皓、鲁两生[2]，但同时又说，刘因的志向并不是想“遗世而独往”，而是要“从周公孔子之后，为往圣继绝学，为来世开太平”。论者以为知言。[3] 这表明，元人对刘因的人生态度也给予积极评价。既肯定他的隐士节操，又肯定他的救世心志。

隐逸之士，对于今人来说，已属历史陈迹；隐逸情调，今人也已比较陌生。但是，隐士们那种视富贵如浮云，视权位如敝屣的精神，那种努力摆脱名利的束缚而追求高尚精神生活的志趣，对于今人仍不失为一种有借鉴意义的价值

---

① 七绝《许由弃瓢图》，《静修先生集》卷一一，页二一八。箕山，相传巢父、许由隐居于“颍水之阳，箕山之下”（［晋］皇甫谧：《高士传》）。

② 《刘因画像赞》，载三贤集本《静修集》附录。鲁两生，鲁地的两个儒生。据《史记·叔孙通传》，汉初，叔孙通欲为刘邦定朝仪，征鲁诸生三十余人，有两生不肯行，说：“今天下初定，死者未葬，伤者未起，又欲起礼乐。礼乐所由起，积德百年而后可兴也。吾不忍为公所为，公所为不合古，吾不行。公往矣，无污我！”

③ 见《元史》本传。

取向。

隐逸之士的高洁情操，历来受到人们的景仰。今天也不例外。毛泽东同志诗句“陶令不知何处去，桃花源里可耕田”①，不也对这位靖节先生寄寓了缅怀之情吗？

（四）对老庄人生哲学的批判

前文提到，刘因的人生观具有两面性，既有积极入世的一面，又有消极退隐的一面。但这两个方面并不是平均对等的，而是有主有次，积极入世是其主流，消极退隐不过是补充。刘因一生（尤其是后半生）虽然贫困穷乏，但却并不潦倒颓废，他始终没有丧失儒家本色。他把自己的人生观与老庄严格区别开来，对老庄的人生哲学多次进行明确的批判。他曾这样谈到老子的哲学：

> 老氏其知道之体乎！道之体本静，出物而不出于物，制物而不为物所制，以一制万，变而不变者也。以理之相对，势之相寻，数之相为流易者而观之，则凡事物之肖夫道之体者，皆洒然而无所累，变通而不可穷也。彼老氏则实见夫此者，吾亦有取于老氏之见夫此也。②

刘因首先肯定老氏思想中有积极成分，即对道体有所认识，

① 七律《登庐山》。

② 《退斋记》，《静修先生集》卷二，页四二。

用今天的话说，就是在本体论上有见地。刘因毫不隐讳地承认，理学所构造的形而上的“道”与老子是一致的。但是，由这种本体论而推导出的人生观，理学与道家却有着根本的区别。刘因明确表示，他对老氏的人生观是不赞成的。他接着引用《老子》文句，以铺陈的笔法揭示了老氏人生观的自私自利性质，说：

虽然，惟其窃是以济其术而自利，则有以害夫吾之义也。下，将以上也。后，将以先也。止，将以富也。俭，将以广也。衰（哀），将以胜也。慈，将以勇也。不足，将以无损也。不敢，将以求活也。无私，将以成其私也。不大，将以全其大也。柔弱，将以不为物所胜也。不自贵，将以贵也。无以生，将以生也。知洼必盈，于是乎洼。知弊必新，于是乎弊。知少必得，于是乎少。知朴素之可以文，于是乎为朴素。知豁谷之可以受，于是乎为豁谷。知皦之势必污，盈之势必溢，锐之势必折，于是乎为婴儿，为处子，为昏、闷、晦、寐。曰忿，曰武，曰争，曰伐，曰矜，凡物得以病之者，皆阉（掩）然而不出。智而示之愚，辩而示之讷，巧而示之拙，雄而示之雌，荣而示之辱。虽出一言而不令尽其言，事则未极而先止也。故开物之所始，成物之所终，皆捭焉而不与。而置己于可以先，可以后，可以上，可以下，可以进退，可以左右之地，方始而逆其终，未入而图其出，据会而要其归，阅衅而收其利，而又使人不见其迹焉。虽天地之相荡相生，相使相形，相倚相伏之不可测者，亦莫不在其术中，而况于人乎？故欲亲而不得亲，欲疏而不得疏，欲贵而不得贵，欲贱而不得贱，欲利而不得利，欲害而不得害。其关键橐籥，不可窥而知。其机纽本根，不可索而得。其恍惚杳冥，不可以形象而抟执也。①

刘因的这些话，把老氏“以术欺世，以术自免”的自利性质可谓揭露得淋漓尽致。接着他又推进一层，指出老氏这种人生观的危害性是相当严重的：

呜呼！挟是术以往，则莫不以一身之利害，而节量天下之休戚，其终则必至于误国而害民。然而特立于万物之表而不受其责焉。而彼方以孔孟之时义，程朱之名理，自居不疑，而人亦莫知夺之也。②

这就是说，老氏的人生观是以个人的利害为中心，而不管天下国家的休戚，并且企图超然物外，虽误国害民也不受其责。持这种人生观的人还善于用孔孟程朱的言辞来伪装，这就更增加了它的欺骗性。刘因还指出，这种人生观的要害在于，不但“以术欺世”，而且“以术自免”。老子的人生观是不是如此狭隘，当然还可以讨论。单就刘因所理解，所批判

① 《退斋记》，《静修先生集》卷二，页四二至四三。
② 《退斋记》，《静修先生集》卷二，页四三。

的而言，这一看法还是比较深刻的。

刘因在另一篇文章中继续阐发这一主题，揭露老氏“保啬自全”的本质。该文是由于有人以“蠢”字作书斋的名字而发，说：

> 近世士大夫多以“顽”、“钝”、“椎”、“鲁”人所不足之称以自号，彼其人未必真有是也，亦非故为是谦托而然也，盖必有所取焉耳。①

那为什么要取这类名字呢？刘因接着分析了如此取名的两种不同用意：

> 然其所取之义有二焉：盖或病夫“便”、“儇”、“皎”、“丽”之去道甚远也，思欲自矫以近本实，于是不得已而取之。而其意若曰：与其失于彼也，宁失于是。此其设心，于义无所失也。②

第一种用心是，宁失于鲁钝，不失于智巧。刘因认为这种用心还是好的。但另一种用心——“保啬自全”的老庄心态则是非常糟糕的：

> 或为老庄氏之说者则不然，以为天下古今，必如是而后可以无营而近道，保啬而自全也。此则择

① 《蠢斋说》，《静修先生集》卷一，页二一。
② 《蠢斋说》，《静修先生集》卷一，页二一。

> 而取之，非不得已也。而其意则将以自利而已。[1]

接着，刘因分析了这两种不同的用心如果盛行起来所可能导致的不同社会效果：

> 使前之说行，亦不过人人尚质，而于世固不为无益也。若不幸而此说（老氏之说）一炽，则天下之人皆将苟简避事，而其为害庸有既乎？呜呼！一事之间，心术之微，其义利之分有如此者，不可不察也。[2]

这是对于自私自利的社会心态的尖锐批判。刘因认为，这种心态如果蔓延开来，人们就会不关心社会公利，而一味苟简避事，只求保全自己，其危害是无穷尽的。读到这里，不禁使我们联想起近代以来对于所谓“国民性”的批判。此种批判，在前几年的“文化热”中又一度兴起。这表明，封建社会的遗毒在今天还远没有消除，批判和清除这种遗毒还是摆在我们面前的艰巨任务。刘因在七百年前就作了这种批判，而且鲜明指出其原因盖出于老庄的消极影响，这不能不说是他的明睿之处。

刘因在诗中也常对庄子进行批评，如：

---

① 《蠢斋说》，《静修先生集》卷一，页二一。
② 《蠢斋说》，《静修先生集》卷一，页二一。

无心乃至道，矫情实庄周。[①]

庄生虽旷达，与道不相关。[②]

对于具有道家气息的玄学人物阮籍，刘因也进行指责：

阮生本嗜狂，欺世仍不情。
酒中苟有道，当与世同名。
何为戒儿子，不作大先生？
良心于此发，慨想令人惊。[③]

以上材料表明，从总体上说，刘因是努力与道家的人生观划清界限的。

但是，问题也不是这样简单。正如前文提到的刘因人生观上的矛盾那样，他对道家的态度也是矛盾的，刘因在批判道家的同时，有时也使用一些道家的语言，如："问子居何方？环中有真宅。"[④] 甚至也有"保啬自全"的情调流露，他有诗道：

因观倚伏机，亦爱柱下老。

---

① 《和咏贫士》之四，《静修先生集》卷一二，页二四九。
② 《和咏贫士》之五，《静修先生集》卷一二，页二五〇。
③ 《和饮酒》之三，《静修先生集》卷一二，页二四三。
④ 《和杂诗》之七，《静修先生集》卷一二，页二四八。"环中"是庄子的术语。《庄子·齐物论》："彼是莫得其偶，谓之道枢。枢始得其环中，以应无穷。"邵雍也讲"环中"，显然是受了庄子的影响。

时危不易度，逊默庶自保。
不见春花树，隆冬抱枯燥。
生意敛根底，发泄敢独早？
圣德实天生，自信耿中抱。
犹存悄悄心，庸人安足道！[①]

该诗从倚伏转化的角度立论，但既说“逊默庶自保”，这就和他曾经批评过的“保啬自全”很难划清界限。应该承认，它们的确表达了刘因内心深处某些消极的东西。但是，从诗的后几句看，他是将生机暂时敛藏，以之作为勃发的准备，并不是一味地消极。

纵观刘因的人生观，刚健有为是主流，淡泊超脱是补充。这种人生观在封建时代的儒家士大夫中颇具代表性。它具有某些道家色彩，但主调却仍然是儒家的。不少当代学者指出，儒道结合（或叫互补）是中国传统文化的特征之一，表现在人生观上也是如此。以儒家思想服务国家，造福人群，以道家思想立身处世，修养身心，是正统封建士大夫的普遍心态。即使同一个人，也往往是得志则偏于儒，不得志则偏于道。[②] 刘因的言行，正是为此又提供了一个例证。

此种人生观对于今人仍然有一定影响，而且并不全是负面的。刚健有为的积极意义自不必说，就是淡泊宁静，也需要分析。

---

① 《和杂诗》之五，《静修先生集》卷一二，页二四八。
② 参见李威熊：《董仲舒与西汉学术》第30页，台湾文史哲出版社1978年版。

冯友兰先生曾说，庄子哲学是一种“取消问题”的哲学。“在历史中的任何时代，总有不得志的人。在一个人的一生中，总要遇到些不如意的事，这些都是问题。庄周哲学……能使人有一种精神境界。对于有这种精神境界的人，这些问题就不成问题了。它不能解决问题，但能取消问题。人生之中总有些问题是不可能解决而只能取消的。”① 刘因似乎就有了此种精神境界，他不是说过“意当极快处，心有不平时”② 吗！刘因人生哲学中的淡泊一面，至少对于“取消问题”，自我安慰，抚慰心灵创伤，实现心理平衡是有意义的，更不要说它追求心灵的纯洁高尚对于净化灵魂的意义了。

刘因写有许多吟咏隐居生活的诗，如：

会从气朗看春朝，始信兰亭水石遥。
物外壶公能避世，山中巢父不知尧。
波间明月随吾取，松上白云如见招。
晓策重来有成约，无妨谈《易》对渔樵。③

孤云生几时，冉冉何所适？
岂无昆华高，路远嗟独力。
徘徊天中央，明月为颜色。
下有幽栖士，岁晏倚青壁。

---

① 《中国哲学史新编》第二册，第141页，人民出版社1984年版。
② 五绝《偶书》，《静修先生集》卷一〇，页二〇二。
③ 七律《水北道馆》，《静修先生集》卷九，页一七九。

朝饮涧下泉，暮拂松间石。
相对澹忘情，倒影寒潭碧。[①]

勿庸讳言，刘因也写了一些格调不高的作品，其中有不同程度的悲观、消沉、幻灭或庸俗情绪（前面已提到，此不赘）。有时还流露出人生如梦、及时行乐的意思，如说：

一笑问花枝，花枝得几时？
人生行乐耳，今古都如此。[②]

它们的影响无疑是消极的，应该严肃批判。不过，它们毕竟不占主流。封建时代的人，偶尔产生此类想法的并不少见。英武如曹孟德，尚且有“对酒当歌，人生几何？譬如朝露，去日苦多”[③] 的慨叹；飘逸如李太白，也还有“世间行乐亦如此，古来万事东流水”[④] 的感慨；豪放如苏东坡，犹且有“人生如梦，一樽还酹江月”[⑤] 的叹息。刘因作为他们的后学，偶尔流露此种心境，也就是可以理解的了。

---

① 五古《孤云》，《静修先生集》卷六，页一〇〇。
② 《菩萨蛮·饮山亭感旧》，四库本《静修集》卷六。
③ 《短歌行》。
④ 《梦游天姥吟留别》。
⑤ 《念奴娇·赤壁怀古》。

第六章　历史观及史学思想

刘因不仅是理学家、诗人，还喜欢研究和思考历史。以成就论虽然尚达不到卓然成家的水平，但他确有一套自己的历史观，并且在史论史评中提出了不少深刻的见解，值得玩味。

一、矛盾的历史观

刘因的历史观中，既有浓重的慕古、复古情绪，又有某些历史发展观，呈现出明显的内在矛盾。

（一）慕古复古情绪

中国古代思想家大多认为，人类最美好的时代在古昔——孔子赞美尧、舜、禹、汤、文、武、周公，老子歌颂小国寡民，激进如韩非子，虽然认为“世异而事异”，但也说“上古竞于道德”。终战国之世，关于伏羲、神农、三皇、五帝等古代传说，已为各派学者所共同称道。至北宋，邵雍构造出“元、会、运、世”的历史观，更以系统的理论形式，说明历史是个不断退化的过程，人类的黄金时代早已过去，今天的一切都不如古代理想。这个思想被大多数理学家所继承，并且常常是他们用来批判现实（尽管是微弱的）的工具。作为一种历史观，其引导人们向后看的倾向无疑是应该批判的；但是，从思想动机说，他们并不是要把历史拉向后退，而是希图为批判现实提供事实或理论根据，借以矫正现实中的弊病（所谓世风日下，人心不古）。由于封建时代可供士人选择的批判武器实在有限，所以这个武器便一再被人捡起。刘因深受邵雍影响，在历史观上也继承了这一思想，时常流露出慕古、颂古、复古情调。他曾就饰有饕餮图像的古器发议论道：

> 饕餮之生于唐虞，犹水物之生于陆也，虽欲饕餮，乌得而饕餮？……及世运降矣，人道晦矣，淳者漓而和者戾矣，《关雎》、《麟趾》之意息，而“河图”、“凤鸟”之叹兴，饕兮餮兮，此其时也。①

这是说，在唐尧虞舜时代，饕餮这种恶兽虽然也有（他说这是阳中之阴，所以不能绝），但却不能为非作歹。降及后世，

---

① 《书饕餮图后》，《静修先生集》卷三，页四七。《关雎》、《麟趾》，《诗经》周南二篇名。《诗》小序有“关雎麟趾之化，王者之风”的说法。朱熹注以为，《关雎》言后妃（文王妃大姒）之德；《麟趾》言子孙宗族皆化于善。

人道晦暗，淳朴变为浇漓，和谐变为乖戾，像《关雎》、《麟趾》反映出的那种美善灭息了，连孔夫子都发出“河不出图，凤鸟不至”的叹息。在这样的混乱时代，饕餮这类恶兽便得以肆意妄行了。

在另一篇文章中，他慨叹“古道不复”，说：

> 若夫后世，则虞有不知其姓，而颜有不知其名，颠倒侧媚，惟姸（一本作奸）而已矣，而况于学者乎？呜呼！世变降矣，虽一艺之微，亦莫不然，可胜叹哉！①

除细节不同外，其对历史的看法与上文同。他还说，在没有文字之前的时代是最质朴的（“太古熙熙存太质”），发明了文字记事，便产生了麻烦（“谁为结绳陷胶漆”），有了古代典籍，就更生祸端，“《三坟》《五典》生厉阶”②；甚至连花鸟也有古今之异，说：“世变日以文，花卉亦应尔。悬知太古时，其美未如此。”③ 至于歌颂和向往羲皇的情感，就更是经常流露于笔端，什么“熙熙小乐国，梦想羲皇前”④，“北窗自古有羲皇”⑤ 等等，不一而足。

---

① 《篆隶偏旁正讹序》，《静修先生集》卷二，页二五至二六。

② 《送王之才赴史馆编修》，《静修先生集》卷七，页一三六。结绳，语出《易·系辞》下：“上古结绳而治，后世圣人易之以书契。”这里结绳当借指文字。

③ 五绝《牡丹》，《静修先生集》卷一〇，页二〇四。

④ 《和归园田居》，《静修先生集》卷一二，页二四一。

⑤ 七律《夏日即事》，《静修先生集》卷九，页一七〇。

作为历史观，这些思想确实没有什么新东西。不过，也应看到，它们不仅反映了对纯朴安宁自由生活的向往，而且曲折地表达了对后世以及元初现实中阴暗面的批判。

（二）历史发展观

刘因的历史观也具有复杂性。在一些诗文中，他突破了复古的历史倒退论，而承认后胜于前，今胜于古。如说：

> 器饮代洼尊，巢居化安宅。
> 凡今佚乐恩，孰非圣神迹。①

“洼尊”又作洼樽、汙尊，古代掘地为坎以盛酒之称。“洼尊而抔饮（用手捧着喝）”是饮酒饮水的原始形式，后来才发明了杯碗等器具。居住条件的进步也是如此，上古构木为巢，以避群害，“后世圣人易之以宫室”②。刘因诗中把这种进步归功于圣人，属于传统的英雄史观，固不足取；但他承认和肯定文明不断进步，历史不断发展，还是积极的。

在另一篇文章中，他针对一位银器工匠能在金银器上镂嵌出精密神巧的花纹而大发感慨：

> 予所感者，自汙尊抔饮而有器皿，自器皿而有文饰，自文饰而有如此。至有如此者，考其世，尚未远

---

① 《和饮酒》之十五，《静修先生集》卷一二，页二四五。
② 《易·系辞》下。

> 也，而来者无穷焉。将止于如此而已邪？将变而益以文邪？抑亦将反古人创物适用正大淳厚之制也？[①]

刘因这里显然是不大情愿地承认了文化进步的迅速，并预感这种进步是无止境的。只不过，他的立意不在此，而是以此相衬托，提出“反古人创物适用正大淳厚之制”的主题。从文明与艺术的发展角度看，这个主题当然是保守的，但他主张戒奢靡文巧，则有一定的可取之处。

对于“三代”以后的历史，刘因也不像如陈亮所批评的朱熹那样看成“有眼皆盲”的时代，而是承认英雄辈出。他有诗道：“却喜夷吾成霸业，又思汉武亦英才。”[②] 还说：“唐汉英风未易轻”[③]，“晋楚英雄管晏才”[④]。荀子说：“仲尼之门，五尺之童子，言羞称乎五霸。”[⑤] 身为儒门后学的刘因却屡屡称道管仲、晏婴之伦，至少表明他并不那么固执迂腐。

刘因对于纷繁的历史现象，常能提出一些宏观的看法。如，他祖述邵雍“治世少，乱世多。君子少，小人多”[⑥] 的观点，也认为“乱多治少”是人类历史中带规律性的现象。他有诗道：

---

① 《题娄生平钑墨本后》，《静修先生集》卷三，页五二。
② 七绝《感兴》七首之二，《静修先生集》卷一一，页二二一。
③ 七绝《感兴》七首之五，《静修先生集》卷一一，页二二二。
④ 七绝《曾点扇头》，《静修先生集》卷一一，页二二三。
⑤ 《荀子·仲尼篇》。
⑥ 《皇极经世·观物内篇》之九。

得意好花开易落，恼人芳草烧还生。
乱多治少君知否，阴偶阳奇理自明。[①]

阴偶小故多，阳奇屹无倾。……
既知治长少，莫叹才虚生。[②]

他还时而发出盛衰无常的慨叹，说：

诸生聚观史，掩卷慕高风。……
盛衰阅无常，倚伏谁能通？
天方卵高鸟，地已产良弓。[③]

说“乱多治少”、“盛衰无常”，态度不免消极（虽然是事实），不过，这只是问题的一方面。另一方面刘因又认为，人倒不必因此而悲观，他有诗道：“气运变迁皆以类，阴阳对待不相无。”[④] 又曾引朱熹的话：“天将降乱，必生弭乱之人以拟其后。”[⑤] 这就意味着，乱后会有治，衰后会有盛。他说：“天生此一世人，而一世事固能办也。……世固无无用之人，人固无不可处之世也。”[⑥] 这个看法，正是与他的历史发展观相一致的。中国人相信朴素的历史辩证法，无论任何艰难困苦都挺

---

① 七绝《试笔》，《静修先生集》卷一一，页二〇九。
② 《和饮酒》之七，《静修先生集》卷一二，页二四四。
③ 《和饮酒》之十七，《静修先生集》卷一二，页二四五。
④ 七律《恶鸟》，《静修先生集》卷九，页一六二。
⑤ 《读药书漫记二条》，《静修先生集》卷一，页一九。
⑥ 《读药书漫记二条》，《静修先生集》卷一，页一九。

得住，在极端黑暗时仍希冀光明。刘因的态度是又一个例证。

上述思想，如果从历史观的理论角度来衡量，是不够完备的，且有内在矛盾；如果从个别观点说，还是有一些能引起人思考的东西。

二、史学思想

刘因对历史有浓厚兴趣，诗文中以历史为题材的篇目占了相当的比重。或讲论史书，或评论史事，或月旦人物，或考订史实，常能提出独到见解，很有些历史眼光。

（一）论史书

刘因曾对前代史书作过系统评论，说：

> 史之兴，自汉氏始。先秦之书，如《左氏传》、《国语》、《世本》、《战国策》，皆掇拾记录无完书。司马迁大集群书为《史记》，上下数千载，亦云备矣。然而议论或驳而不纯，取其纯而舍其驳可也。后世史记，皆从迁法，大同而小异。其创法立制，纂承六经，取三代之余烬，为百世之准绳，若迁者，可为史之良者也。班固《前汉史》，与迁不相上下，其大原则出于迁，而书少加密矣。《东汉史》成于范晔，其人诡异好奇，故其书似之。然论赞情状有律，亚于迁、固；自谓"赞是吾文之奇，作诸序论，往往不减《过秦》"，则比拟太

过。《三国[志]》,陈寿所作,任私意而好文,奇功伟绩,往往削没;非裴松之小传,一代英伟之士遂为寿所诬。后世果有作者,必当改作,以正寿之罪。奋昭烈之幽光,破曹瞒之鬼蜮,千古一快也。《晋史》成于李唐房、杜诸人,故独归美太宗耳,繁芜滋浸,诬谈隐语,鄙泄之事具载之,甚失史体。《三国》过于略,而《晋书》过于繁。南北七代,各有其书,至唐李延寿,总为《南北史》,遣词记事,颇为得中;而其事迹污秽,虽欲文之而莫能文矣。《隋史》成于唐,兴亡之际,徼讦好恶,有浮于言者。《唐史》二,旧书刘昫所作,固未完备,文不称事;而新书成于宋欧、宋诸公,虽云完备,而文有作为之意,或过其实,而议论纯正,非旧书之比也。然学者当先旧而后新。五代二书,皆成于宋,旧则薛居正,新则欧阳子也。新书一出,前史皆废,所谓"一洗凡马空"者也。宋金史皆未成,金史只有实录,宋事纂录甚多,而《东都事略》最为详备。是则前世之史也。①

这一大段议论,无异于一篇从先秦至南宋的中国史书纲要,而评论之中肯,言词之有分寸,褒而不过誉,贬而有节度,纲目清晰,鞭辟入里,堪称大手笔,表明刘因对历代史书进行过系统学习和认真钻研,其对于各书的高下优劣等评价,虽不能说都是不刊之论,但至少表明他确有所见。其高度称赞《史记》,尤能反映他的特识。史料记载,苏辙曾对司马迁进行批评说:

① 《叙学》,《静修先生集》卷一,页五。

“其为人浅近（近，一本作陋）而不学，疏略而轻信。”①朱熹引此语并说：“此二句最中马迁之失。”还进一步从思想上批评道：“迁之学也说仁义，也说诈力，也说权谋，也说功利，然其本意，却只在于权谋功利。孔子说，伯夷求仁得仁，又何怨？他一传中，首尾皆是怨辞，尽说坏了伯夷……今求义理，不于六经，而反取疏略浅陋之子长，亦惑之甚矣。”②郝经对司马迁的批评更激烈，说：“其游也外，故其得也小；其得也小，故其失也大。是以《史记》一书，甚多疏略，或有牴牾。论大道则先黄老而后六经，序游侠则退处士而进奸雄，述货殖则崇势利而羞贱贫。其于书法也，则记繁而志寡：项籍，一夫也，而述本纪，与尧舜并；陈涉，役徒也，作世家，与孔子同。其失岂浅浅哉！”③这些批评，大多表现了批评者的偏见，而他们文中所指摘的各点，往往恰是司马迁的卓见特识之处。刘因虽尊敬朱熹和郝经，但并未接受朱郝此类“道学家”的说法。尽管也说《史记》议论或驳而不纯，但仅此一句，轻描淡写，总体上却是赞美有加的。不但在体例上赞其“创法立制，为百世之准绳”，还在思想内容上肯定其“纂承六经”。这是对《史记》的高度肯定，与朱、郝等人从思想性上否定《史记》形成了鲜明对照。

---

① 《古史》原叙，四库全书影印本第37册，第207页。
② 《朱子语类》卷一二二，中华书局版，页二九五二。
③ 《陵川集》卷二〇“游内”。郝氏此说本于班固《汉书·司马迁传》，但却把班说中肯定的部分全删了。班氏说：“至于采经摭传，分散数家之事，甚多疏略，或有牴牾，亦其所涉猎者广博，贯穿经传，驰骋古今上下数千载间，斯已勤矣。又其是非颇谬于圣人，论大道则先黄老而后六经，序游侠则退处士而进奸雄，述货殖则崇势利而羞贱贫，此其所蔽也。然自刘向、扬雄，博极群书，皆称迁有良史之才，服其善序事理，辩而不华，质而不俚，其文直，其事核，不虚美，不隐恶，故谓之实录。”

刘因在为一位新任史馆编修的友人写的送行诗中，也说到史书的发展问题，他说：

太古熙熙存太质，谁为结绳陷胶漆。
《三坟》《五典》生厉阶，一派前道千流出。
商周灏噩数千年，删定尘编才半壁。
自从盲叟好浮夸，天遣阿迁夺其笔。
历代烦文愈是非，凿碎名山藏不得。
伟哉君实集大成，尔后不闻麟再泣。①

这里，崇古的态度是不足取的，但它大致勾画了从《三坟》、《五典》到《尚书》、《左传》、《史记》，再到《资治通鉴》这一史书发展的清晰线索，末句更对司马光的修史贡献作了高度肯定的评价，这表明他对史书的研究达到了较高水平。进而，刘因对友人王之才提出希望和勉励：

辽金二史无人修②，略主英臣少颜色。
策书未削徒纷纷，当恨天孙惜刀尺。

---

① 七古《送王之才赴史馆编修》，《静修先生集》卷七，页一三六。

② “辽金二史无人修”，畿辅本《静修集》作“辽金邪魅无人诛”，今据四库本改。按：刘因多次提到“辽金”，如：“辽金讫今，自北而南渐以大”（《题辽金以来诸人词翰后》），“逸史访金源”（五律《宋道人八十诗卷》），“辽金风物异中州”（七律《渡白沟》）等，从来不把辽金作“邪魅”看。而且，辽、金、元一脉相承，生为元人的刘因，也不可能把辽金视为邪魅。即以本篇上下文意看，刘因这里是指出将赴史馆编修的友人将要面临的任务，由于当时辽金二史无人修，以致辽金二代的“略主英臣少颜色”，改成“邪魅无人诛”，显然有悖作者原意。

公耽史癖今史荣，奸魂夜哭崔浩直。
善恶磊磊轩天地，笔头休放波涛息。①

这是说，友人出任史官，重任在肩，应该像北魏政治家、良史崔浩那样秉笔直书，做出成绩。该诗最后，刘因写了自己的抱负：

贱子芜绝寂寞滨，耕牧河山拾古迹。
悲愁忍效虞卿穷，苍黄敢召台州谪。
中原人物有权衡，玉堂谁擅才学识。
山东麟凤半青云，燕南独占天荒隙。
公能一奋天下文，袖手旁观甘自适。②

诗中含蓄地流露了治史的愿望，从"拾古迹"等句看，刘因曾留心并搜集过金元史料，有写史的打算。征诸刘因诗文，这话不假。如刘因写的十几篇碑铭志表，除个别属酬应之作，大多都带有纪传的意思，他自称，曾"访故人遗文行实"③，"访诸故老，摭诸小说，考其姓里，增补而详记之"④，写作态度是严肃认真的。

刘因确曾做过某些史实的考订，如他非常钦佩颜真卿抗

① 七古《送王之才赴史馆编修》，《静修先生集》卷七，页一三六。
② 七古《送王之才赴史馆编修》，《静修先生集》卷七，页一三六。
③ 《玉田杨先生哀辞并序》，《静修先生集》卷四，页八三。
④ 《孝子田君墓表》，《静修先生集》卷四，页八〇。

击安禄山叛乱的忠贞气节，对颜真卿的事迹及家世有所考证。①

漆侠先生著文曾引傅斯年《史学方法导论》指出，有所谓“不经意的史料”②。刘因的诗文中就包含着不少此类史料③，因其富有历史的真实性而具有可贵的历史价值，它们对于真切地了解金末元初的社会情况是很有意义的。善治史者，不当忽视。

刘因还曾对历代史书的真实性提出过怀疑，他有诗道：

记录纷纷已失真，语言轻重在词臣。
若将字字论心术，恐有无边受屈人。④

这是说，由于记录纷纭，史事的真实已成问题，加以修史者（词臣）遣词用字之际，轻重褒贬难免失当；如果再总以心术作为尺度妄加评断，那就恐怕有无数人要受到冤屈了。关于心术问题，他在另一篇文章中还曾举出北魏高允作为实例（例文从略）进行了分析，指出：“史臣不明义理，而于遣词之际，轻为增损，往往使人忠亮之心不洒然于天地之间，非止允一端已矣。读史者亦不可不知也。”⑤ 刘因要求治史者

---

① 见《跋鲁公祭季明侄真迹后》，《静修集》卷三，页四八。文繁不具引。

② 漆侠：《〈三言二拍〉与宋史研究》，载《河北大学学报》1988年第3期。

③ 参见本书第三章引录的刘因关于贞祐之变的两段文字。

④ 七律《读史评》，《静修先生集》卷一一，页二〇九。

⑤ 《题高允图后》，《静修先生集》卷三，页五一。

尽量尊重事实，既不应受某种外在势力的胁迫而轻为增删，也不应只凭主观揣测而妄加褒贬；提醒读史者不要一味盲从轻信，而应抱一种清醒的批判怀疑态度。这些意见都是恳切的。

（二）论历史人物

刘因写了许多以历史为题材的诗文，涉及许多历史人物，如春秋的管仲、晏婴，战国的燕丹、荆轲，秦汉的张良、韩信、四皓、两生，三国的曹操、诸葛亮，晋代的陶潜，南北朝的刘裕、高允，唐代的王维、颜真卿，五代的冯道，直至邵雍、元好问等宋、金人物，都是他吟咏的对象。或赞美，或叹惋，或嘲讽，或斥责，有时感慨系之，抒写怀抱，有时以古鉴今，总结教训，写得各有特色。下面选几个重点，略作评价。

1. 咏荆轲

荆轲是战国末年的勇士，被燕太子丹尊为上卿，受丹之托，谋刺秦王嬴政。他慷慨悲歌，义无反顾地入秦，以进献燕督亢地图为由接近了秦王，“惜哉剑术疏，奇功遂不成”，荆轲被杀于秦廷，燕国亦随之被秦所灭。这个故事司马迁在《史记·刺客列传》中作了详细记载，并成为后人不断吟咏的题材，魏阮瑀、晋陶渊明等都写过咏荆轲的诗。刘因喜读史，更热爱陶诗，他对荆轲的故事是熟悉的，又恰好生活在古燕国地，常往来于荆轲曾燕饮饯别的易水之上，不免触景生情，写下了凭吊荆轲的诗文。刘因咏荆轲的诗文留传下来的共三篇，一是他十七岁时写的《吊荆轲文》，文前小序说：

岁丙寅十月，步自镇州（今正定），历保定，将归北雄，息肩于易水之上。草枯木落，寒风飒起。登高四顾，慷慨怀古，人莫测也。“风萧萧兮易水寒”，此非高渐离之歌乎？荆轲与太子沥泣共诀，拉血相视，就征车而不顾，望行尘之时起，非此地乎？方其把臂成交，豪饮燕市，烈气动天，白虹贯日，亦一时之奇人也。至若怒秦王，灭燕国，奇谋不成，饮恨而死，独非天意乎？呜呼，轲乎！吾想夫子之愤惋，千载不散，游魂于此矣。古称燕赵多感慨悲歌之士，余不忍负此言也，故投文以吊焉。①

由于是青少年时的作品，这篇序在形式上难免有模仿（苏轼《赤壁赋》）的痕迹，但其对于荆轲的缅怀、景仰和惋惜之情表达得还是很深切的。序后便是祭吊辞正文，辞曰：

稷文祚绝兮，天骄强嬴。六王猖狂兮，系首咸京。席卷天下兮，势若缚婴。英雄胆落而求死兮，膏镬锯之余腥。脱手于商网兮，寄命儒坑。②

这是讲荆轲生活的政治历史背景：秦国强大，席卷天下。六国相继被吞并，士人亦备受迫害。接着正面评说荆轲：

---

① 《吊荆轲文》，《静修先生集》卷五，页八五。
② 《吊荆轲文》，《静修先生集》卷五，页八五。

呜呼吾子，将何为哉？此时何时兮，不匿影而逃形。惭一时之豢养兮，遗千古之盗名。逞匹夫之暴勇兮，激万乘之雄兵。挟尺八之匕首兮，排九鼎之威灵。死而伤勇兮，虽死何成！呜呼吾子，何其愚也！相彼白帝之嗣兮，岂燕秦之鬼囚。阿房未灰兮，骊山未秋。走鹿未罢兮，素罗未游。子亦何人兮，敢与天仇？①

这是说，荆轲不识时务，不讲策略，对当时天下的形势缺乏清醒的认识，以致铤而走险，招来杀身之祸，“遗千古之盗名”，“死而伤勇”。否定与责难成了这篇祭吊辞的主调，未免是对荆轲的壮烈行为的亵渎。荆轲刺秦王的行为究竟应如何评价，三言两语不易说清。应该承认，荆轲重然诺，讲义气，临危不惧，慷慨赴死，这些品格，即使千载以下，仍然令人钦敬，也使这一故事具有永久的魅力。但是，如果进一步追问：荆轲的行为是否恰当，是否应当，是否正确？回答恐怕就不一致了。从历史发展的角度看，战国末年正是新兴地主阶级取得全国统治的时期，统一是大势所趋，不可阻挡。荆轲在燕太子丹的“豢养”之下，为报“知遇之恩”，不惜孤注一掷，结局只能是悲剧性的。刘因说荆轲“与天为仇”，确实说到了点子上，抓住了要害。这个“天”，正是以秦王为代表的历史发展趋势。

吊辞的最后对燕太子丹进行批判和哀悼：

① 《吊荆轲文》，《静修先生集》卷五，页八五。

> 呜呼太子兮，岂无良谋？招贤养士兮，信义是求。胡为嗾歇骄（猎犬，喻荆轲）搏于菟（老虎，喻秦王）兮，不顾吞噬之忧。召公之庙不祀兮，将谁之尤？损燕士之奇节兮，吾为子羞。感霸业之遂墟兮，悼昭王之不留。仰苍天之茫茫兮，写我心之悠悠。①

燕太子丹也是个悲剧性人物。他曾向太傅鞠武询问对付秦国的办法，鞠武说，秦国强大，不可“批其逆鳞”，“请西约三晋，南连齐楚，北媾于单于，其后乃可图也。”燕太子丹认为这个计策“旷日弥久”，远水解不了近渴，遂不听。鞠武之计能否实现的确很难说，但太子丹请出荆轲入秦行刺，的确是“速祸”之举。结果，奇谋未成，轲被杀，燕王虽在秦兵的追迫下斩太子丹以献，但最终还是当了俘虏，燕亡。燕最初是召公奭的封国，燕昭王时曾一度兴盛，下齐七十余城。但是，这一切都流水落花春去也，仅供人们追忆凭吊罢了。

刘因咏荆轲的作品还有两首诗。其中一首是和陶诗《和咏荆轲》：

> 两儿戏邯郸，六国朝秦嬴。
> 秦王鸷鸟姿，得饱肯顾卿？
> 燕丹一何浅，结客报咸京。

① 《吊荆轲文》，《静修先生集》卷五，页八五。

当时势已危，奇谋不及行。
政使无此举，宁免系颈缨。
如丹不足论，世岂无豪英。
天方事除扫，孰御狂飙声？
我欲论成败，高歌呼贾生。
乾坤有大义，迅若雷霆惊。
堂堂九国师，谁定讨罪名？
一战固未晚，何为割边庭？
区区六孱主，山东但空城。
孟荀岂无术，乘时失经营。
今虽圣者作，不救乱已成。
酒酣发羽奏，乱我怀古情。①

《史记·刺客列传》写道：燕太子丹曾质于赵，而嬴政生于赵，“其少时与丹欢。及政立为秦王，而丹质于秦。秦王之遇太子丹不善，故丹怨而亡归。归而求为报秦王者，国小，力不能。”后才想出了派荆轲行刺的下策，导致速亡之祸。诗的前几句即写这一事件。刘因进而认为，就当时已经形成的局面看，即使没有行刺之举，燕国也难免灭亡；并对山东六国的腐败无能进行了批判。

还有一首是《登荆轲山》：

两山巉巉补天色，中有万斛江声哀。
人言此地荆轲馆，尚余废垒山之隈。

① 《静修先生集》卷一二，页二五一。

太子西来函关开，谁信生儿为祸胎。
笔头断取江山去，已觉全燕如死灰。
马迁尚侠非史才，渊明愤世伤幽怀。
春秋盗例久不举，紫阳老笔生风雷。
遗台古树空崔嵬，平芜落日寒烟堆。
纷纷此世亦良苦，今古燕秦经几回？
忧来径欲浮蓬莱，安得鲁连同一杯？
碣石东头唤羡门，六鳌载我三山来。[①]

诗中固然不无凭吊之情，但对荆轲的态度基本上是否定的。说“马迁尚侠非史才，渊明愤世伤幽怀”，更属偏颇。诗中对朱熹称荆轲为“盗”的观点表示赞赏。朱熹写《通鉴纲目》讲究《春秋》笔法，以用字寓褒贬，文中记荆轲刺秦王事道：“燕太子丹使盗劫秦王，不克。”“秦灭六国，皆无罪。独燕有盗劫之举。丹不惟不能制秦，而反以速祸为计，亦左矣。”[②] 为什么把荆轲称作“盗”呢？《通鉴纲目》“凡例”中说：“凡正统，周秦以前列国弑君，微者曰盗杀其君某。”刘因的诗正是遵循朱熹的意思，津津乐道此种封建正统观念，这是不足取的。诗的最后幻想仙境仙人，陷入消极。

2. 叹韩信

刘因曾到过井陉。井陉是韩信大破赵军的地方，建有淮阴侯庙。刘因游此，触景生情，感慨怀古，写了三首诗，一首是：

① 七古《登荆轲山》，《静修先生集》卷七，页一二一。
② 《通鉴纲目》卷二上。

饥僮羸马倦重游，万将分兵坐此筹。
灭项岂知秦尚在，夺齐便觉汉无忧。
英彭一体谁遗类，绛灌诸孙自列侯。
爱杀鹿泉泉下水，乱山百折只东流。①

此诗慨叹韩信不幸的遭遇。韩信是秦末汉初时期的名将。他先投项羽，未得重用；后投刘邦，被拜为大将，遂得以充分发挥其杰出的军事才能。在楚汉相争中，他下魏破代、仆赵胁燕、击齐灭楚，为刘邦立下赫赫战功。韩信在战争中被封为齐王，刘邦得天下后徙封他为楚王，后又借故将他逮捕，贬为淮阴侯；最后又说他勾结陈豨谋反，被吕后、萧何设计杀害，并被夷灭三族。"英彭"指英布、彭越，也是这一时期的风云人物。彭越出身强盗，起兵归刘邦，屡立战功，被封为梁王，后以谋反罪被诛，灭族。英布又称黥布，初投项羽，被封为九江王，后背楚归汉，被刘邦封为淮南王。韩信、彭越被杀后，英布自疑祸将及身，遂反，终被杀。时人楚令尹薛公曾说，韩信、彭越和英布是"同功一体之人"。三人的经历、下场的确类似。

韩信等建盖世之功，结果却身死族灭。有人骂刘邦枉杀功臣，诛除异己；但是，刘邦并没有杀所有功臣，绛侯周勃、颍阴侯灌婴，死心塌地追随刘邦，战功卓著，俱得善终，子孙皆袭侯爵。两相对照，如果从韩信等自身方面找原因，未尝不可以说是咎由自取。刘因的另外两首诗就涉及了

① 七律《井陉淮阴侯庙》，《静修先生集》卷九，页一六五。

这个问题，他写道：

许身良犬笑君痴，怏怏难胜已自危。
智数相催难免死，才名如此岂无疑。
两年蕃镇真犹假，十载君臣喜又悲。
最恨当时萧相国，直教三族到全夷。[1]

韩信被刘邦逮捕后，发怨言说："狡兔死，走狗烹。高鸟尽，良弓藏。敌国破，谋臣亡。天下已定，我固当烹。"[2] 韩信被贬为淮阴侯后，"日夜怨望，居常怏怏，羞与绛灌等列"[3]。刘因认为，韩信这种表现，只能招来危祸。韩信与刘邦离心离德，并非一时一事。当初，韩信夺取齐地后，使人言于汉王，要做"假齐王"，刘邦大骂道："吾困于此，旦暮望若来佐我，乃欲自立为王！"谋士张良、陈平暗中踢刘邦的脚，示意此时不能得罪韩信，刘邦觉悟，改口骂道："大丈夫定诸侯，即为真王耳，何以假为！"遂封韩信为齐王。[4] 后来，韩信率兵会师垓下，消灭了项羽，刘邦立即袭夺韩信的军权，徙封之为楚王。显然，刘邦对韩信早有戒心，真个是"君臣相诈"。而韩信对刘邦一面有"乘时而缴利"的市井之志，一面又幻想刘邦能"酬功而报德"，不会亏待他，也未免太天真了。谋士蒯通早就提醒韩信："勇略震主者身危，功盖天下者不

① 七律《井陉淮阴侯庙》二首，《静修先生集》卷九，页一六五。
② 《史记·淮阴侯列传》。
③ 《史记·淮阴侯列传》。
④ 《史记·淮阴侯列传》。

赏。”韩信却犹犹豫豫，丧失警惕。史书上说，刘邦得知韩信被处死，“且喜且怜之”[①]。可见，刘邦早有除掉韩信的心；而韩信则时不时地萌生反叛的念头。韩信从投刘邦到被处死，前后历十年；封齐王，约两年。君臣二人就是在这种真真假假、互相利用中度过的。萧何月下追韩信，在萧的力荐下，韩信被拜为大将；而最终被杀，又是吕后与萧何的共同设计。此种遭遇，怎能不使人感慨万千呢！

第三首诗进一步讲这个意思：

> 君臣尚诈日生疑，谁与乾坤息战鼙？
> 未论恃功羞伍哙，试看观变要王齐。
> 良能用汉气无敌，萧可制韩才自低。
> 枉为虚名误忠节，五陵烟树亦凄迷。[②]

前文提出，韩信被贬为淮阴侯后，“日夜怨望，居常怏怏，羞与绛灌等列”。一次，韩信走访樊哙，“哙跪拜送迎，言称臣，曰：‘大王乃肯临臣！’”韩信出门，自我解嘲地笑着说：“生乃与哙等为伍！”[③] 周勃、灌婴、樊哙都是刘邦的老部下，属嫡系，樊哙又是刘邦的连襟。三人也都立下赫赫战功。但韩信被拜为大将，地位在三人之上。韩信羞与樊哙等为伍，充分表现他的居功自傲。而这种心理素质正是他失败的原因之一。韩信得拜大将军，是出于萧何的力荐；而最后

---

① 《史记·淮阴侯列传》。
② 七律《井陉淮阴侯庙》，《静修先生集》卷九，页一九〇。
③ 《史记·淮阴侯列传》。

的被处死，又出于萧何的预谋。真是“成也萧何，败也萧何”。萧何出身小吏，后成为刘邦的丞相。韩信终被萧何所节制，说韩信“才自低”诚不为过。诗的后两句，表现了刘因对韩信的批判和惋惜。

现代历史学家评价楚汉相争这段历史，大多认为，韩信等异姓王是封建割据势力，他们拥兵自重，各霸一方，和朝廷分庭抗礼。从人民大众要求统一的观点看来，消灭这些异姓王，对于维护国家的统一，加强中央集权，有重要意义。刘邦为一己的私利，杀害功臣，固然应该批判，但客观上则符合人民需要休养生息的愿望。① 刘因虽然不可能有历史唯物主义观点，站得这么高，但他既批判刘邦、韩信的“君臣尚诈”，虚情假意；又慨叹韩信才智不足，“枉为虚名”，终于导致身死族灭的大祸，还是有较深刻的见地的。

3. 斥曹瞒

曹操，小字阿瞒，是妇孺皆知的著名历史人物。学术界对其评价则褒贬不一。刘因没有全面论述过曹操，只在少数诗文中提及。由于受封建正统观念的影响，他对曹操是完全否定的。

前文曾提到，刘因在论述史书时说，陈寿写的《三国志》:“任私意而好文，奇功伟绩，往往削没。非裴松之小传，一代英伟之士遂为寿所诬。后世果有作者，必当改作，以正寿之罪。奋昭烈之幽光，破曹瞒之鬼蜮，千古一快也。”②

① 参见范文澜：《中国通史简编》修订本第二编 1964 年第 4 版，第 35 页；郭沫若：《中国史稿》第二册 1979 年第 1 版，第 162 页。

② 《叙学》，《静修先生集》卷一，页五。

这里,刘因尊刘抑曹的倾向很明显，所谓“一代英伟之士”的奇功伟绩，主要指蜀汉的事业。“昭烈”是刘备的谥号；“曹瞒之鬼蜮”指曹操挟天子而令诸侯的种种伎俩。这里涉及到一个老问题：魏蜀吴三国，以谁为正统？陈寿是西晋朝臣，司马氏政权是继承曹魏的，所以陈寿修《三国志》，只能以魏为正统。从历史发展的实际说，这本没有什么不对。但后来却成了问题。东晋习凿齿作《汉晋春秋》，不满意陈寿的作法，以晋接蜀汉，以蜀汉为正统。北宋司马光作《资治通鉴》，三国事以魏纪年；而南宋朱熹作《通鉴纲目》，又以蜀汉纪年。其后，萧常作《续后汉书》，元郝经也作《续后汉书》，都为刘备争正统。刘因也继承了这一传统，参加了尊刘抑曹的大合唱。这种倾向广泛影响到话本、杂剧等民间文学，并为罗贯中的著名小说《三国演义》奠定了基调。

这一题材，刘因还写过三首咏史诗。一首是：

诸侯负汉已堪怜，直笔何为亦魏编？
最爱曹瞒台上瓦，至今犹属建安年。①

前两句指责某些史书以魏为正统，后两句写曹操事。曹操挟持汉献帝号令天下，享受“赞拜不名，入朝不趋，剑履上殿”的特殊待遇，但生前毕竟没有篡汉，只称魏公、魏王。曹操于建安十五年建铜雀台于邺城（今河北临漳县西），台高十丈，有屋一百间，楼顶铸有一丈五尺高的大铜雀。建安是汉献帝年号，瓦上刻建安年号，表明曹操表面上还承认汉

① 七绝《铜雀瓦砚》，《静修先生集》卷一一，页二一〇。

朝。在刘因看来，曹操无疑是僭越的奸雄，但比较起来，某些史家简直更无忌惮！

另一首是：

> 功名且就汉庭多，毕竟曹瞒累我何？
> 汶上千年英气在，有人梁甫正高歌。[①]

前两句说，建安年间，名人辈出，成就了许多不朽的功业。这些功名是在汉朝的名义下做出的，不能记到专权的奸雄的功劳簿上。后两句赞颂了两位不愿在僭越的权臣手下做官的人。一是孔子的弟子闵子骞。鲁国掌权的大卿季孙氏让闵子骞当费宰，闵拒绝了，说："善为我辞焉。如有复我者，则吾必在汶上矣。"[②] 情愿逃到汶水边隐居，也不给权臣干事。另一位是诸葛亮，他好为《梁甫吟》（古歌谣名），隐居于隆中，躬耕陇亩，"不求闻达于诸侯"，后来得到刘备的器重，遂许以驱驰，终生以匡复汉室为己任。

还有一首是：

> 眼底权奸汉室空，伯喈文举亦才雄。
> 王畿庙号关何事，亦在区区论建中。[③]

蔡邕，字伯喈，东汉灵帝时的著名学者，因上书议论朝政缺

① 七绝《梁甫吟》，《静修先生集》卷一一，页二二三。
② 《论语·雍也》。
③ 七绝《读史漫题》，《静修先生集》卷一一，页二二三。

失，触痛权贵，被流放朔方。遇赦后，亡命江湖十余年。董卓专权时，强征入朝，“三日之间，周历三台”。董卓被诛，蔡邕被权臣王允逮捕，死于狱中。孔融，字文举，东汉末著名文学家，建安七子之一，因触怒曹操被杀。蔡孔二人的遭遇有相近之处。刘因借以慨叹，东汉朝廷被权奸所把持，有骨气、有思想的士人，一个个被杀掉，汉室空虚了。诗的后两句是说，奸雄的后代终于窃国，而搞迁都、更名、赠谥、上封号等把戏，以论证自己的“奉天承运”，天命当归，这一切，不过是掩人耳目罢了。其所指的当是下列事实：曹丕代汉称帝，建立魏朝，于黄初元年（220）追尊曹操为武皇帝；黄初四年，定操的庙号为太祖。又于黄初元年迁都洛阳，洛阳原名雒阳，改雒为洛。为什么呢？曹丕下诏书说：汉属火行，火忌木，所以，“洛”去“水”而加“隹”。魏属土行，“土，水之牡也，水得土乃流，土得水而柔，故变雒为洛。”① 诗中对这套做法进行了嘲讽。

4．骂王维，赞颜真卿

唐朝中期，发生了“安史之乱”。在叛军面前，有人失节事贼，有人坚决抵抗。王维是前者的代表，颜真卿兄弟是后者的代表。

史载，安禄山叛乱，颜真卿时任平原（今属山东）太守，他联络从兄杲卿起兵抵抗，附近十七郡响应，合兵二十万，被推为盟主，大大牵制了叛军的势力，使安禄山不敢急攻潼关，为唐王朝组织平叛赢得了时间，官至吏部尚书、太子太师，封鲁郡公。颜杲卿时任常山（今河北正定）太守，

① 《三国志·文帝纪》裴松之注。

响应从弟真卿之约，起兵断叛军后路，战功卓著。次年被叛将史思明所破，不屈而死。安禄山叛乱时，王维任给事中，叛军攻陷长安，王维被俘。他当时名气很大，被安禄山迎至洛阳，接受了叛军的伪职。乱平，下狱。肃宗怜其才，赦免了他。以气节而论，他们的高下是显而易见的。

刘因对他们的评价，从王维的一幅名画引起。刘因也承认王维的画在艺术上的确有巨大的感染力，说：

是图，唐宋金源诸画谱皆有评，识者谓惟李伯时《山庄》可以比之，盖维平生得意画也。癸酉之春，予得观之。唐史及维集之所谓“竹馆”、“柳浪”等皆可考。其一人与之对谈或泛舟者，疑裴迪也。江山雄胜，草木润秀，使人徘徊抚卷而忘倦，浩然有结庐终焉之想，而不知秦之非吾土也。物之移人观者如是！①

但对王维的失节，则给予情辞激烈的批判，说：

维以清才位通显，而天下复以高人目之。彼方偃然其前身画师自居，其人品已不足道。然使其移绘一水一石、一草一木之精致而思所以文其身，则亦不至于陷贼而不死，苟免而不耻。其紊乱错逆如是之甚也，岂其自负者固止于此，而不知世有大

① 《辋川图记》，《静修先生集》卷二，页四〇。

节，将处己于名臣乎？斯亦不足议者！[①]

然后，他连带对一些王公豪贵也进行批判：

> 予特以当时朝廷之所以享盛名，而豪贵之所以虚左而迎，亲王之所以师友而待者，则能诗能画背主事贼之维辈也。[②]

进而，他将王维与颜真卿作了对比，并对时事发出慨叹：

> 如颜太师之守孤城，倡大义，忠诚盖一世，遗烈振万古，则不知作何状？其时事可知矣！……呜呼！人之大节一亏，百事涂地。况可以为百世之甘棠（喻地方官之有惠政于民者）者，而人皆得以刍狗之，彼将以文艺高逸自名者，亦当以此自反也。[③]

刘因在另文中还提到："维与郑虔同以能诗能画名当世，后又同事贼；贼平，复同以画得苟免死。"[④] 又曾对颜真卿的家世进行过考证。[⑤] 这都表明，他对于忠奸的爱憎感情是十分鲜明的。

---

① 《辋川图记》，《静修先生集》卷二，页四〇。
② 《辋川图记》，《静修先生集》卷二，页四〇至四一。
③ 《辋川图记》，《静修先生集》卷二，页四一。
④ 《书王维集后》，见四库本《静修集》卷一二。
⑤ 见《跋鲁公祭季明侄文真迹后》，《静修先生集》卷三，页四八。

5. 嘲冯道

冯道是五代时期的著名官僚，历仕五姓（后唐、后晋、契丹、后汉、后周），都担任宰相、太傅、太师、中书令等显职，居相位达二十多年，丧君亡国，未尝在意，浮沉取容，长享富贵。自号长乐老，死后被追封瀛王，是典型的“不倒翁”。冯道在五代、宋初一度有极高声望。《旧五代史》对冯道称道甚多，但也有微词；欧阳修的《新五代史》开始对冯激烈批判，说:“其可谓无廉耻者矣！则天下国家可以而知也。”[①] 刘因继承这一传统，对冯道的无节操取批判态度。

冯道是瀛洲景城（今河北交河东北）人，易州太宁山有冯道吟诗台遗迹，刘因曾游于此，写了下面的诗句：

林壑少佳色，风雷有清秋。
为问北山灵，吟台何久留？
时危亦常事，人生足良谋。
不有拨乱功，当乘浮海舟。
飘飘扶摇子，脱屣云台游。
每闻一朝革，尚做数日愁。
朝廷乃自乐，山林为谁忧？
视彼昂昂驹，奈此泛泛鸥。
四维既不张，三纲遂横流。
坐令蚩蚩民，谓兹圣与俦。
蚩蚩尚可恕，儒臣岂无尤！
不有欧马笔，孰能回万牛？

① 《新五代史》卷五四。

太行千里来，潇洒横中州。
今朝此登临，孤怀涨岩幽。
何当铲叠嶂，一洗佗山羞。[1]

刘因以孔子说的“天下有道则现，无道则隐”，“道不行，乘桴浮于海”作为立论根据，认为像冯道那样“浮沉取容”是无耻的行径。欧阳修《新五代史》在叙述冯道事之前写道：“礼义廉耻，国之四维。四维不张，国乃灭亡。善乎，管生之能言也！礼义，治人之大法；廉耻，立人之大节。盖不廉则无所不取，不耻则无所不为。人而如此，则祸乱败亡，亦无所不至。况为大臣而无所不取，无所不为，则天下岂有不乱，国家岂有不亡者乎？”[2] 刘因诗所云，正本此义。《新五代史》又载：冯道死后，“时人皆共称叹，以为与孔子同寿（73岁），其喜为之称誉盖如此！”[3] 诗中也对百姓的这种不辨美恶，不分光彩与耻辱的社会心理给予深深谴责，并认为，“冯瀛王吟诗台”这种名字使太宁山都蒙受耻辱，应当铲除之。

刘因又写有一篇记翟节妇的叙事诗。记叙在金源南迁的兵荒马乱中，翟氏之夫从军，死于战场，翟氏出入兵刃，负其夫之尸归。既葬，由于早寡无子，自杀于墓侧，邻里救而复苏，始终一节，一直活了八十多岁。诗中对这位妇人的节操给予了热情歌颂。由于翟氏的村子距离冯道吟诗台只数十里，所以，刘因在诗末揭出冯道事，与之作了对比，说：

---

① 五古《冯瀛王吟诗台》，《静修先生集》卷六，页九八。
② 《新五代史》卷五四。
③ 《新五代史》卷五四。

千年吟诗台，峨峨太宁巅。
为招冯太师，和我节妇篇。[①]

把冯道与节妇对比，也见于《新五代史》，欧阳修在叙述冯道事之前，写到一个节妇——王凝妻李氏之事：王凝病卒于官，一子尚幼，李氏携子负夫遗骸而归。途中欲住一旅店，店主不许其宿，“牵其臂而出之”，李氏认为店主拉自己的胳臂是污辱了自己，便用斧子砍断了被拉的那条胳臂。这件事惊动了地方长官，李氏被表彰为节妇。欧阳修接着说：“呜呼，士不自爱其身，而忍耻以偷生者，闻李氏之风，宜少知愧哉！”[②] 今人读李氏事，由于时代的隔阂，对之可能不好理解，也许觉得不近人情，但在古代，她的确是被作为风节刚烈的典型的。冯道辈虽身居高位，但毫无廉耻，就精神境界说，二者确有天壤之别。

刘因还有一诗直接写冯道：

亡国降臣固位难，痴顽老子几朝官。
朝梁暮晋浑闲事，更舍残骸与契丹。[③]

此诗正面刻画冯道逢迎新主子，在异族统治者面前亦奴颜婢

① 《翟节妇诗》并序，《静修先生集》卷六，页一〇六。
② 《新五代史》卷五四。
③ 七绝《冯道》，引自陈友琴主编：《元明清诗选注》，北京出版社 1988 年版。此诗畿辅本、四库本、三贤本、四部本《静修集》均未见。据查，该诗原载于陈衍辑撰：《元诗纪事》卷五，上海古籍出版社 1987 年 3 月第 1 版。

膝的丑恶面目。冯道在后晋任首相，晋主对契丹称臣称子，让冯道代表自己入契丹上徽号，冯道“无难色”，说：“陛下受北朝恩，臣受陛下恩，有何不可？”[①] 后来契丹灭晋，冯道又投靠契丹，契丹主耶律德光问他为什么前来？他说：“无城无兵，安敢不来？”耶律德光又讥诮地问他：“尔是何等老子（老东西）？”他回答说：“无才无德，痴顽老子。”[②] 冯道就是靠此类装呆卖傻、自我作贱的“机警”，赢得了契丹主的欢心，竟又被任为太傅。这个“亡国降臣”就这样又暂时保住了自己的地位。

又，冯道在为晋出使契丹时，有钱都买薪炭，别人问他为什么？他说：“北地苦寒，老年人怕冷，应该多准备点。”以此表示久留的意思，故意做出愿舍残骸的样子给契丹看，亦即甘愿死心踏地地投靠。[③] 刘因的诗正是讽刺这种行为。

综观刘因的史论史评，大多是缘事而发，而不是作史学专论；加以多采用诗歌的形式，因之往往不够系统，不够详尽。其写作重点不是史实本身，而是借此抒发感情，或引出某种看法。前人曾指出：“古人咏史，皆是咏怀，未有深入作史论者。”[④] 刘因的咏史之作，亦属此类。它们无疑还注入了元初社会或刘因自己的身世等现实内容，只是由于表现得比较隐晦，已不大容易确指了。尽管如此，由于它们毕竟是咏怀之作，我们还是可以从中看出他对于所咏人物事件的

---

① 《旧五代史》卷一二六。
② 《新五代史》卷五四。
③ 《旧五代史》卷一二六。
④ 《陶靖节集·咏三良》陶澍按语，世界书局民国二十五年版，第63页。

态度，从而了解作者的历史观。刘因坚持华夷之辨、王霸之别，维护统一、反对分裂，严格区分忠奸，明辨荣辱，这些都给人以深刻教益。当然，其中也不免有迂腐或偏激之处，那是不足为训的。

第七章　为学思想

刘因比较详细地论述过学习问题，其中，既涉及部分认识论内容，又广泛讨论了关于经、史、诸子、艺术诸方面的学习问题，有些看法还是比较深刻的，是刘因思想中比较精彩的部分。

一、总论学习

论学是儒家人物普遍重视的主题。刘因作为一个儒家学者，对此自然也格外注意。他曾以讲学的口吻，比较集中地讨论了学习的目的、内容、次序、方法等问题。

刘因认为，从先天材质上说，每个人都是完全的。但只有通过后天学习，才能完成自己的全材。他说：

> 性无不统，心无不宰，气无不充。人以是而

生，故材无不全也。[1]

这是先从本体上立论，认为每个人都秉受了善性，对于一切行为来说，它是统帅；每个人都具有心识，对于一切感知来说，它是主宰；五官百骸，都是由气所充塞。所以，从材质上说，每个人都是完全的，都可以成为一个完善的人。但是，实际上人与人之间却有巨大差别，这是怎样造成的呢？刘因说：

> 其或不全，非材之罪也。学术之差，品节之紊，异端之害惑之也。[2]

这基本上还是孟子讲的老问题，刘因则加以展开了。孟子说："非天之降才尔殊也，其所以陷溺其心者然也。"[3] 孟子讲的"陷溺其心"的东西，主要指杨朱墨翟之言，刘因则讲了三个方面。所谓"学术之差"，指学术流派和思想倾向方面的差异。先秦已有九流十家；儒之中也有分化，先秦儒已分为八；汉以下代有沿革，有经学、玄学、道学之不同；经学有今古文之异，道学有理学心学之分；同一时代也常有几个流派并立，如北宋时期，就有濂（周敦颐）、洛（二程）、关（张载）、朔（司马光）、蜀（苏轼）、新（王安石）等学，蔚为大观。刘因认为，这些流派有邪正之不同，一个人走上了

① 《叙学》，《静修先生集》卷一，页三。
② 《叙学》，《静修先生集》卷一，页三。
③ 《孟子·告子》上。

不同的学术道路，就会成为不同的人。所谓“品节之紊”，品指品类，节指节次，即选择哪些品类的东西作为学习的内容，在先后次序上如何安排等。所谓“异端之害”，主要指佛道二教的危害。理学家都视佛老为异端，他如功利学派，正统理学家也以之为异端。上述三点，涉及到学习内容和学习方法问题。刘因认为，从先天方面说，人人都是完全的；但许多人却没能成为完全的人，那是诸多后天原因造成的。这种观点，从认识论上看，保留了先天性善论的成分，有先验论的因素，但其重点显然是强调后天学习的重要作用，还是不无道理的。

关于学习内容，刘因提到了经、史、诸子、艺术诸方面，每方面又对其“大小之次序，先后之品节”分别作了论述，并穿插提出对当世学风的批评。他说：

> 今之去古，远矣；众人之去圣人也，下矣。幸而不亡者，大圣大贤惠世之书也。学之者以是性与是心与是气即书以求之，俾邪正之术明，诚伪之辨分，先后之品节不差，笃行而固守，谓其材之不能全，吾不信也。①

刘因所谓“大圣大贤惠世之书”，从后文可知，不仅指儒家经书，还包括后儒对经书的传注、疏释、议论，以及史书、诸子和文集，其范围是比较宽泛的。既然宽泛，刘因认为便有一个正确选择的问题，即要分清邪正和诚伪；进而还须讲

① 《叙学》，《静修先生集》卷一，页三。

求一定的次序，抱定正确的态度，采取适当的方法，这样，最终就能达到成其全材之目的。作为一种原则，这些提法还是具有普遍意义的。

二、关于学“经”

前文提到，刘因早年曾从砚弥坚先生游，“初为经学，究训诂疏释之说”，对经学是下过一番功夫的。后来在主导思想上发生了由经学到理学的转变，成了理学家。但是，在授徒教学中，他还是注意让学生打下经学功底，强调学习经学的重要性。在这方面，他提出了一系列有意义的观点，主要有：

（一）先秦之书，六经、语、孟为大

刘因说：“先秦之书，《六经》、《语》、《孟》为大。”[①]宋代已有“十三经”之说，但最基本最重要的还是《六经》和《论语》、《孟子》。把六经、语、孟作为重点，所有儒家都是无疑义的。但当时已经出现了重视不够的情况。他认为：

> 世变既下，风俗日坏，学者与世俯仰，莫之致力，欲其材之全，得乎？三代之学，大小之次第，

① 《叙学》，《静修先生集》卷一，页三。

先后之品节，虽有绪余，竟亦莫知适从。①

这一批评，可能是针对陆学末流的空疏和朱学末流的支离而发，这从他下面的论述中可以看得更清楚。他说：

> 世人往往以《语》、《孟》为问学之始，而不知《语》、《孟》圣贤之成终者，所谓“博学而详说之，将以反说约”者也。圣贤以是为终，学者以是为始；未说圣贤之详，遽说圣贤之约，不亦背驰矣乎！所谓“颜状未离于婴孩，高谈已及于性命”者也。②

这里提出了《六经》与《语》、《孟》的关系问题。把《语》、《孟》作为问学之始，这是当时流行的看法。刘因对此也不反对，但他认为，仅看到这一点是不够的，《语》、《孟》不仅应是问学之起始——出发点，还应是终点——归宿。《语》、《孟》相对于《六经》说，是简约的，但这种简约，学习者应该通过对《六经》的详说之后而求得，即由《语》、《孟》而《六经》，再由《六经》而返于《语》、《孟》，这样才能得到圣贤的真谛。他说：

> 虽然，句读训诂，不可不通。惟当熟读，不可强解，优游讽诵，涵泳胸中，虽不明了，以为先入

① 《叙学》，《静修先生集》卷一，页三。
② 《叙学》，《静修先生集》卷一，页三。

> 之主可也。必欲明之，不凿则惑耳。《六经》既毕，反而求之，自得之矣。①

“优游讽诵，涵泳胸中”，是传统的读书法。它并不是简单地死记硬背，而是着眼于整体把握和心领神会。作为学习方法，其精神实质在今天也仍有意义。还应指出，刘因这里只提《语》、《孟》，未提《学》、《庸》，并不能表明他对后二书不重视。《静修先生墓表》和本传都说，刘因编著有《四书集义精要》三十卷，门生故友还辑录了他的《四书语录》（已佚）。由此可知，《四书》是刘因研究和教学的重要内容。在刘因所有著作中，从未有丝毫贬低《学》、《庸》的意思。因此，这里的《语》、《孟》，似可看作是《四书》的代称，他讲的《语》、《孟》与六经的关系，实际上就是四书与六经的关系。对于这种关系的理解，刘因与前代理学家实有所不同。众所周知，从朱熹撰《四书集注》以后，四书的地位日益被抬高，甚至凌驾于六经之上，有的人甚至只读四书而抛弃六经。刘因说的“颜状未离于婴孩，高谈已及于性命”等语，正是对于此类世风的针砭。作为理学家，他固然也重视四书，但他认为，六经是详，四书是约，应该由博返约，而不能一味求约。此点反映了刘因思想比较质实的一面。

（二）学六经要由粗到精

关于六经的学习次序，刘因提出了由粗到精的见解。他

① 《叙学》，《静修先生集》卷一，页三。

认为，其学习之次第应该是：《诗》—《书》—《礼》—《春秋》—《易》。（《乐》已亡，故不说）他说：

> 本诸《诗》以求其情，本诸《书》以求其辞，本诸《礼》以求其节，本诸《春秋》以求其断（裁断天下之事）。然后以《诗》、《书》、《礼》为学之体，《春秋》为学之用，一贯本末具举，天下之理穷，理穷而性尽矣。"穷理尽性以至于命"，而后学夫《易》，《易》也者，圣人所以成终而成始也。学者于是用心焉。①

刘因认为，"经"的内容相对地说有精粗远近之分，《诗》、《书》、《礼》、《春秋》，属于粗、近的部分，《易》属于精、远的部分，因此，《诗》、《书》、《礼》不明，则不可以学《春秋》，《诗》、《书》、《礼》、《春秋》不明，则不可以学《易》。他针对当时的学风批评道：

> 夫不知其粗者，则其精者岂能知也？迩者未尽，则其远者岂能尽也？学者多好高务远，求名而遗实，逾分而远探，躐等而力穷，故人异学，家异传，圣人之意晦而不明也。②

六经的次序如何排列，原是经学史上的老问题。先秦至汉

① 《叙学》，《静修先生集》卷一，页四。
② 《叙学》，《静修先生集》卷一，页四。

初，多是以《诗》、《书》、《礼》、《乐》、《易》、《春秋》为序（如《庄子·天运》等）。东汉班固修《汉书·艺文志》，以刘歆《七略》为蓝本，始将次序改为《易》、《书》、《诗》、《礼》、《乐》、《春秋》。此后，《易》被抬高为“群经之首”，注家蜂起，异说纷呈。至宋代，各派学者无不以谈《易》而相高。《易》学研究的这种热烈情况，未尝不可说是学术繁荣的表现（刘因也曾在病中亲笔写了《易系辞说》，可惜已亡佚）。但是也带来了问题，即相形之下，对其他五经反而有所忽视；在《易》学研究中，也有穿凿附会、谈空说妙等弊病。刘因的批评，正是针对此种现象而发。

（三）先传注疏释而后议论

经学中的很大一部分是传注疏释之学。孔子所删定的叫“经”，解释经的叫“传”。汉以后，经传都不好理解了，于是作“注”。隋唐以后，对传注又加以解释，叫“疏”，还有“笺”、“释”、“正义”、“章句”等说法。传注疏释以解释字义为主，注重的是训诂。这主要是古文经学的方法。汉代的今文经学虽称重视“微言大义”，但也多是讲事理，而缺乏对义理（哲理）的发挥。至宋代理学兴起，学风为之一变，各家多借解经的形式，抒发己见，着重于义理的探讨，理学遂大为盛行。这便是刘因所说的“议论”之学。刘因认为，对于经学的这种演变过程，应该有明确的认识。他说：

> 六经自火于秦，传注于汉，疏释于唐，议论于宋，日起而日变，学者亦当知其先后，不以彼之言

> 而变吾之良知也。近世学者，往往舍传注疏释，便读诸儒之议论，盖不知议论之学自传注疏释出，特更作正大高明之论尔。传注疏释之于经，十得其六七。宋儒用力之勤，铲伪以真，补其三四而备之也。①

刘因这里简明地勾勒出了由汉至宋经学发展史的脉络，用“传注”、“疏释”、“议论”分别概括汉、唐、宋的经学特点也比较恰当。这表明，刘因对于经学的确有相当深的研究。但他说的“传注疏释之于经，十得其六七”，议论仅是“补其三四而备之”这种量的判定则未必准确，更不能说是定评。刘因此论的用意当然不是贬低理学（这从他说的“正大高明之论”、“铲伪以真”这些评价中就可以看得很清楚），而是强调不能舍弃传注而只重议论，应把议论之学（理学）建立在注疏之学（经学）的基础上。这还是有见地的。他接着讲：

> 故必先传注而后疏释，疏释而后议论，始终原委，推索究竟，以己意体察，为之权衡，折之于天理人情之至。勿好新奇，勿好辟异，勿好诋讦，勿生穿凿。平吾心，易吾气，充周隐微，无使亏欠。……毋惨刻，毋细碎，毋诞妄，毋临深以为高。渊实昭旷，开廓恳恻，然后为得也。②

① 《叙学》，《静修先生集》卷一，页四。
② 《叙学》，《静修先生集》卷一，页四。

这些告诫的话，语重心长，当也是针对当世的学风而发。自南宋末年，朝廷推崇道学，程朱之学盛行于时，逐渐形成将四书凌驾于五经之上，甚至只知有语录，不知有经传的风气。元朝统一全国后，随着理学在北方的普及，这种风气也有所蔓延。刘因强调议论之学自传注疏释出，对于矫正时弊有积极意义。遗憾的是，人微言轻，刘因所论并未在当时引起普遍的注意。其后的元代学风，主流是“会合朱陆”，终于导致明代王学的泛滥，其末流更走到“束书不观，游谈无根”的极端。反观刘因这一片言辞，不能不承认他的眼光是相当敏锐的。作为学习的方法论，且具有普遍意义。

三、关于学史

关于学史，刘因也提出了不少精辟的观点，主要有：

（一）学史须以经为本

刘因把经史子集的学习看作是一个有机的整体，统一的过程，其先后次序不能不讲究，他认为，“经”是基础，史、诸子等的学习应建立在学经的基础之上。他说：

> 《六经》既治，《语》《孟》既精，而后学史。“先立乎其大者，小者弗能夺也。”胸中有《六经》《语》《孟》为主，彼废兴之迹，不吾欺也。如持平衡，如

悬明镜，轻重寝飏，在吾目中。①

刘因认为，史实是具体的，兴废成败、错综纷纭，读的人如果没有主见，就会被史实牵着走；史书是后人写的，叙事言理，评判臧否，不见得都确当。有了六经语孟在胸中，就有了一个标准（“平衡”），有了一面镜子，就不致被某些史家所欺了。② 刘因此说，可能是受到朱熹的影响。朱熹说：“读书须是以经为本，而后读史。”③ 但朱熹此话仅是在谈论别的问题时附带提及，刘因则把它上升到学习方法论的高度，并对其道理有所论述，理论色彩有所提高。

（二）古无经史之分

刘因在谈学史问题时，提出了“古无经史之分”、“经皆史”的著名观点。他说：

学史亦有次第。古无经史之分，《诗》、《书》、《春秋》皆史也。因圣人删定笔削，立大经大典，

① 《叙学》，《静修先生集》卷一，页四。

② 参阅刘因诗：“记录纷纷已失真，语言轻重在词臣。若将字字论心术，恐有无边受屈人。”（七绝《读史评》，《静修先生集》卷一一，页二〇九）

③ 《朱子语类》卷一二二，中华书局1986年版，页二九五〇。朱熹在给吕祖谦的一封信中也谈到过这个为学之序的问题，并说是本于程子。他说：“盖为学之序，为己而后可以及人，达理然后可以制事。故程子教人，先读《论》、《孟》，次及诸经，然后读史，其序不可乱也。”（《朱子大全》卷三五《答吕伯恭》）

即为经也。[①]

刘因的这一观点，可能是受到王通的影响。王通曾说：

昔圣人述史三焉：其述《书》也，帝王之制备矣，故索焉而皆获。（注：史有记言，求言则制度得矣。）其述《诗》也，兴衰之由显，故究焉而皆得。（注：史有明得失，穷政化则诗明矣）其述《春秋》也，邪正之迹明，故考焉而皆当。（史有记事，稽邪正则法当矣。）此三者同出于史，而不可杂也，故圣人分焉。（注：载言，载事，明得失，皆史职也。职同体异，故曰分）[②]

王通把《书》、《诗》、《春秋》说成是圣人（孔子）所述的史，意在强调三书记言、明得失、记事的不同体裁及其意义。刘因则进而明确提出“古无经史之分”、“经皆史”的观点，显然是一个发展。它强调的是经源于史，但经过孔子的选择、删定、笔削（修改并赋予一定的寓意）和传述，从而为后世确立了“大经大典”，才被人们尊奉为“经”。刘因的这个说法，验诸历史，是符合实际的。《春秋》原是鲁国史，《诗》是古代文学史料，《书》是古代政治制度史料，“史”字在古代含义宽泛，史实、史料、史书、史官，都可称作“史”。如果从史料来理解，“六经皆史”之说，在今天也是

① 《叙学》，《静修先生集》卷一，页四至五。

② 《中说·王道》。《四库全书》影印本第696册，第526页。

可以成立的。

刘因此说，主观上当然并不是要贬低“经”，但确实是想抬高“史”。而从其客观效果说，不可否认，它确实有破除对儒家经典的迷信的作用。

刘因此说，后世颇有响应者。明代王守仁说：“以事言谓之史，以道言谓之经，事即道，道即事。《春秋》亦经，五经亦史。《易》是包牺氏之史，《书》是尧舜以下史，《礼》、《乐》是三代史。其事同，其道同，安有所谓异。”[①] 李贽也认为，“经史相为表里”[②]，与王说相近。清代章学诚针对汉学家埋头考据的时弊，提出“六经皆史”的口号，认为，六经是夏商周三代盛时各守专官的掌故，是当时典章政教的历史记录，并不是圣人为了垂教立言而故意编写出来的。[③] 此后，龚自珍、章炳麟也同主此说。[④]

章学诚的观点，在当时具有破迷促醒的作用；龚自珍所论，更揭开了近代思想斗争的序幕；至于太炎先生，就更是以其说直接参加对旧学的冲击了。由此看来，我们虽不能肯定章、龚等人都是直接受到刘因的启发，但刘因“古无经史之分”之论毕竟开了先河，对其意义应给予充分的估价。

（三）学史必读全史

刘因对历代史书都很熟悉，且作了系统的论列。从先秦

① 《传习录》上，《王文成公全集》卷一。
② 《焚书》。
③ 《文史通义》中《易教》、《经解》等篇。
④ 参见龚自珍：《古史钩沉论二》；章炳麟：《国故论衡 · 原经》。

史书《左氏传》、《国语》、《世本》、《战国策》，到“前四史”（《史记》、《汉书》、《后汉书》、《三国志》），下至《晋史》、《南史》、《北史》、《隋史》、新旧《唐书》、新旧《五代史》，一一作出评价（参见第六章）。进而，他对学史的方法提出了原则性的意见，说：

> 学者必读全史，历代考之，废兴之由，邪正之迹，国体国势，制度文物，坦然明白，时以《六经》指要立论其间，以试己意。然后取温公之《通鉴》，宋儒之议论，校其长短是非，如是可谓之学史矣。①

以此为原则，他进而对当时的学风提出批评：

> 学者往往全史未见，急于要名，欲以为谈论之资，嘴吻之备。至于《通鉴》，亦不全读，抄撮钩节《通鉴》之大旨，温公之微意随以昧没。其所以成就，亦浅浅乎！②

刘因“学史必读全史”的观点，从方法论说具有重要意义。它强调的有三点：一是要全面占有材料，从实际出发，不道听途说，不以偏概全；二是要有正确的指导思想，以之作为评判长短是非的标准；三是不可断章取义、浅尝辄止、急于要名。这些看法，都是比较深刻的。其对于司马光

① 《叙学》，《静修先生集》卷一，页五。
② 《叙学》，《静修先生集》卷一，页五至六。

《资治通鉴》的推重，更表现了他颇具史学家的眼力。

四、关于读诸子

刘因的基本立场当然是儒家，但难能可贵的是，他对其他学派并不一概盲目排斥，而是颇为开明地提出了“诸子之书亦不可弃”的观点。他曾广泛论列了道家、医家、兵家等不可废弃的所在，说：

> 史既治，则读诸子。《老》、《庄》、《列》、《阴符》四书，皆出一律，虽云道家者流，其间有至理存，取其理而不取其寓可也。《素问》一书，虽云医家者流，三代先秦之要典也，学者亦当致力。孙、吴、姜、黄之书，虽云兵家智术战阵之书，亦有名言，不可弃也。……《管子》之书，霸者之略，虽非王道，亦当读也。[①]

作为一个理学家，能够承认儒家之外的诸子百家也有至理名言，不可抛弃，这种态度还是比较客观的。当然，这并不意味着刘因是杂家，他一定程度上肯定百家之学，是坚定地站在儒家立场上的，只是不那么狭隘，不那么偏执罢了。他在一首诗中写道：

> 学术兵农岂尽无，规模如此亦区区。

---

① 《叙学》，《静修先生集》卷一，页六。

权书不免增多口，霸论谁教混一涂。
亲手申韩如果有，许身管乐未全诬。
千秋万古中庸在，留与横渠作后图。[①]

原诗自注说："晁公武《读书志》有横渠少年时注《尉缭子》一卷。"诗的意思是，兵家农家不能说没有一点学术，但规模毕竟不够弘大。诸葛亮曾自比管仲、乐毅，算得上是个有法家兵家思想的人，其统一西蜀之功自不可没，但毕竟未能完成统一中国大业。张载"少喜谈兵"，后来听了范仲淹"儒者自有名教可乐，何事于兵"的告诫和"劝读《中庸》"的教诲，终于成为流芳后世的著名理学家。他对张载的赞美之情，溢于言表。倾向性还是很清楚的。

对孔孟以后的儒家代表人物，刘因也一一加以品评，说：

> 荀子议论，过高好奇，致有性恶之说；然其王霸之辨、仁义之言，不可废也。……杨子云《太玄》《法言》，发孔孟遗意，后世或有异论者，以其有性善恶混之说，剧秦美新之论，事莽而篡汉。[②]……或抑或扬，莫适所定；虽然，取其辞而不取其节可也。贾谊、董仲舒、刘向皆有书，惜其犹有战国纵横之余习，惟董子《三策》、明白纯正，孟轲之亚，非刘、贾所企也。文中子生于南北偏驳之

---

① 七律《答或者以所注〈孙子〉见示》，《静修先生集》卷九，页一八四。
② 扬雄写有《剧秦美新》一文，文中说："秦二世而亡，何其剧与！"剧，速也。"新"是王莽篡汉后的国号，扬雄在文中对新莽加以赞美。

> 后，隋政横流之际，而立教河汾，作成将相，基唐之治，可谓大儒矣；其书成于门弟子董、薛、姚、窦之流，故比拟时有太过，遣词发问，甚似《论语》；而其格言至论，实汉儒所未道者，亦孟轲氏之亚也。韩子之书，删去靡丽，李唐一代之元气也，与汉氏比隆矣；其诋斥佛老，扶持周孔，亦孟轲氏之亚也。诸子既治，宋兴以来诸公之书，周、程、张之性理，邵康节之象数，欧、苏、司马之经济，往往肩汉唐而踵三代，尤当致力也。①

这一大篇话虽不能说句句精当，但它们贯彻了一分为二的原则，有比较，有分析，这种基本精神是可取的。尤其值得一提的是，刘因善于联系具体的时代背景，评判各家的得失，有时还把学术成就与政治态度区别开来，古人能有这样的分析态度和方法，实在难能可贵。其所论及的人物，如战国之荀卿、西汉之董仲舒，东汉之扬雄，隋之王通，唐之韩愈等，的确是各代最杰出的代表；其具体评价也往往能一语中的，如说荀子的王霸之辩、仁义之言不可废，说韩愈之书删去靡丽，是李唐一代之元气，都很精彩。这些都反映了刘因卓越的识见。

五、关于学“艺”

刘因所谓“艺”，指的是诗、文、字、画，即诗歌、散

① 《叙学》，《静修先生集》卷一，页六。

文、书法、绘画，包括了当今“艺术”的主要门类。刘因在这些艺术领域是否都有造诣，史料有缺，不敢断言；但他对于艺术确实有自己的见解，对于艺术史也作过研究，提出的看法，有些还是很深刻的。主要观点有：

（一）“艺”的内容古今不同

刘因认为，“艺”的内容古今不同，造成这种不同的原因是“世变使然”。他说：

> 孔子曰：志于道，据于德，依于仁矣，艺亦不可不游也。今之所谓艺，与古之所谓艺者不同。礼、乐、射、御、书、数，古之所谓艺也，今人虽致力亦不能，世变使然耳。今之所谓艺者，随世变而下矣。虽然，不可不察也。诗、文、字、画，今所谓艺，亦当致力，所以华国，所以藻物，所以饰身，无不在也。①

这就是说，时代、社会状况是艺术的基础，后者随着前者的变化而变化。这一看法，与历史唯物主义观点暗合，是很可贵的。当然，其中也有“世变日下”的历史退化论的偏见，但他毕竟认为，古代的艺，今人虽致力亦不能；对于当今的艺则“亦当致力”，“不可不察”，表明刘因还是面对现实的。对于当今的“艺”的作用，他也作了充分的肯定，说它们可

① 《叙学》，《静修先生集》卷一，页六。

以华国（为国增光华）、藻物（藻饰描摹事物）、饰身（表达个人的思想感情、内心世界，显示一个人的艺术修养）。众所周知，诗文字画之类在古代不受重视，曾被一些封建士大夫视之为“雕虫小技，壮夫不为”的东西，刘因却能给予高度评价，并以之勉励他的学生加以学习，这都表现了刘因思想开明的一面。

（二）学诗当以六义为本

刘因对当今之艺（诗、文、字、画）的学习，一一作了论述。关于诗，他说：

> 学诗当以六义为本，《三百篇》，其至者也。①

“六义”，语出《毛诗序》，指风、雅、颂、赋、比、兴，又称“六诗”（《周礼·春官·大师》），实即指《诗经》（《三百篇》）。把对《诗经》的学习作为学诗的根本和首位，这个看法很是精当。刘因接着具体叙述了诗的流变：

> 《三百篇》之流降而为辞赋，《离骚》楚辞，其至者也。辞赋本诗之一义，秦汉而下，赋遂专盛，至于《三都》、《两京》，极矣。然对偶属韵，不出乎诗之律，所谓源远而末益分者也。魏晋而降，诗学日盛，曹（植）、刘（琨）、陶（潜）、谢（灵运），其至者也。隋唐而降，诗

① 《叙学》，《静修先生集》卷一，页六。

> 学日变，变而得正，李（白）、杜（甫）、韩（愈），其至者也。周宋而降，诗学日弱，弱而后强，欧（阳修）、苏（轼）、黄（庭坚），其至者也。故作诗者，不能《三百篇》，则曹刘陶谢；不能曹刘陶谢，则李杜韩；不能李杜韩，则欧苏黄。而乃效晚唐之萎苶，学温（庭筠）李（商隐）之尖新，拟卢仝之怪诞，非所以为诗也。①

这段话，简直是一篇先秦至宋的中国诗歌史纲，它以《诗经》为源头，简括地列举了各个时期的代表人物，叙述了诗歌由诗经到楚辞、汉赋，再由古体诗到近体诗的发展史，其基本内容的正确性，即使以今天的标准来衡量，也是能通得过的。其中所谓“源远而末益分”，所谓“诗学日变，变而得正”，所谓“诗学日弱，弱而后强”，论述尤其精彩。这些议论，没有门户之见，实在难能可贵。② 当然，刘因所论也有其片面性，如他看重的只是诗的思想内容和社会作用，对艺术性似论述不够，对于温庭筠、李商隐的评价未必确当，关于艺术方面的具体分析亦较欠缺。

---

① 《叙学》，《静修先生集》卷一，页六至七。

② 钱钟书先生认为，刘因为诗，多取法甚至模仿元好问，但也有某些独到见解，曾根据“周宋而降，诗学日弱，弱而后强，欧苏黄，其至者也。……不能李杜韩，则欧苏黄”等语认为，此类见解“较遗山议论稍宽。……北人论文，门户之见，至此而稍泯”。（《谈艺录》，第160页，中华书局1984年版）

(三) 取诸家之长，为有用之文

刘因还谈到文（散文)，提出了“取诸家之长，为有用之文”的观点。他说：

> 至于作文，《六经》之文尚矣，不可企及也。先秦古文可学矣：《左氏［传]》、《国语》之顿挫典丽，《战国策》之清刻华峭，庄周之雄辩，《谷梁［传]》之简婉，楚辞之幽博，太史公之疏峻。汉以下，其文可学矣：贾谊之壮丽，董仲舒之冲畅，刘向之规格，司马相如之富丽，杨子云之邃险，班孟坚之宏雅。魏而下，陵夷至于李唐，其文可学矣：韩文公之浑厚，柳宗元之光洁，张燕公之高壮，杜牧之之豪缛，元次山之精约，陈子昂之古雅，李华、皇甫湜之温粹，元微之、白乐天之平易，陆贽、李德裕之开济。李唐而下，陵夷至于宋，其文可学矣：欧阳子之正大，苏明允之老健，王临川之清新，苏子瞻之宏肆，曾子固之开阖，司马温公之笃实。下此而无学矣。①

这又无异于一篇中国散文史纲，文中涉及近三十人，都是各代的文坛巨擘。对于唐宋两代的分析尤其细密。难能可贵的是，他仅用两个字来形容各家的风格特点，大都比较准确传

① 《叙学》，《静修先生集》卷一，页七。

神；这些特点有的属于思想内容，更多的则是概括其艺术特色，这就尤其不易。且再次体现了刘因为文“简严粹精”的特点。

接着他又讲了学习散文的方法，说：

> 学者苟能取诸家之长，贯而一之，以足乎己，而不蹈袭縻束，时出而时晦，以为有用之文，则可以经纬天地，辉光日月也。①

所谓“取诸家之长，贯而一之”，就是说要广泛学习，但又不盲从，而要以我为主；所谓“不蹈袭縻束，时出而时晦”，就是说，要有创造性，不要一味模仿。这些话都很有见地。其关于要“为有用之文”的告诫，和对于“文”的作用的高扬，情辞恳切，富有教益，是对中国古代文论中现实主义传统的继承。

（四）书法众人所尚，不得不专力

关于书法（刘因称作“字”），刘因也有专门论述。他先讲到“字”作为一门学问的历史发展过程，说：

> 字画之工拙，先秦不以为事。科斗、篆、隶、正、行、草，汉氏而下随俗而变，去古远而古意日衰。魏晋以来，其学始盛。自天子大臣至处士，往

① 《叙学》，《静修先生集》卷一，页六。

> 往以能书名家。变态百出，法度备具，遂为专门之学。故宋高祖病不能书不足厌人望，刘穆之使放笔大书，亦自过人，一纸可三四字。① 其风俗所尚如此。至于李唐，学书愈众。字画于士夫，固为末技，而众人所尚，不得不专力。②

这些话中，固然仍有某些崇古倾向，但毕竟不掩其一定的历史发展观。他承认，书法是随历史而发展，“随俗而变”的，对于此种“变态百出，法度备具”的情况，他明显地流露出赞美欣赏之情。他列举的刘裕学书的事例也很传神，风俗所尚如此，帝王也不得不随俗，这更显出历史趋向的强大作用。后人称赞刘裕“书法雄逸”③，可见，刘裕在书法上是学有所成的。

刘因还以书法史为线索，讲了学习书法的某些原则和历代当学的样板。说：

> 学者苟欲学之，篆隶，则先秦款识金石刻，魏晋金石刻，唐以来李阳冰等，所当学也。正书，当以篆隶意为本，有篆隶意则自高古，钟太傅（繇）、王右军（羲之）、颜平原（真卿）、苏东坡，其规矩

---

① 宋高祖，指南北朝时期南朝宋武帝刘裕。据陈思《书小史》载：“帝素拙于书。刘穆之曰：‘……公但纵笔为大字，一字径尺，亦无嫌大，既足有所包，且其势亦美。’武帝从之，一纸不过六七字便满。”（转引自祝嘉：《书学史》第83页，成都古籍书店1984年版）

② 《叙学》，《静修先生集》卷一，页七。

③ ［元］陶宗仪：《书史会要》。

> 准绳之大匠也。欧阳率更（询）、张长史（旭）、李北海（邕）、徐浩、柳诚悬（公权）、杨凝式（唐至五代人）、蔡君谟（襄）、米芾、黄鲁直（庭坚），萃之以厉吾气，参之以肆吾博，可也。虽或不工，亦不俗矣。技至于不俗，则亦已矣。①

刘因称钟、王、颜、苏为书法家中的“大匠”，以之作为学习的“规矩准绳”，而以欧阳询以下九人作为学习的参考，这个看法也是有眼光的。后世赞美钟繇的字“幽深无际，古雅有余，秦汉以来一人而已”②；尊王羲之为“书圣”；称道唐宋的书法家，每以“颜、柳、欧、张”与“苏、黄、米、蔡”并称。刘因所论，正与此相吻合。另外，他说的“萃之以厉吾气，参之以肆吾博”，以及书法应求“不俗”的观点，也是能给人以启迪的高见。

（五）形神兼重的绘画观

关于绘画问题，刘因在一些诗文中多有涉及。他主要讨论了神似形似的问题。如说：

> 清苑田景延善写真，不惟极其形似，并与夫东坡所谓“意思”，朱文公所谓“风神气韵之天”者而得之。夫画，形似可以力求，而“意思”与

① 《叙学》，《静修先生集》卷一，页七至八。
② ［唐］张怀瓘：《书断》。

> “天”者，必至于形似之极，而后可以心会焉。非形似之外，又有所谓“意思”与“天”者也。亦“下学而上达”也。予尝题一画卷云:“烟影天机灭没边，谁从毫末出清研。画家也有清谈弊，到处南华一嗒然。”此又可为学景延不至者之戒也。①

形似与神似孰轻孰重，二者关系如何，是中国绘画理论中争论已久的问题。至宋代，神似重于形似的观点占主流。如苏东坡曾说:“论画以形似，见与儿童邻。赋诗必此诗，定非知诗人。”② 又说:“凡人意思，各有所在。或在眉目，或在鼻口。……吾尝见僧惟真画曾鲁公，初不甚似，一日往见公，归而喜甚，曰:‘吾得之矣。’乃于眉后加三纹，隐约可见，作俯首仰视，眉扬而额蹙者，遂大似。”③ 苏轼的意思显然偏重神似，他强调的是，传神之妙，在于得人意思之所在。这当然是有道理的。刘因赞赏苏轼的观点，但又有所修正和阐发。他也认为，神似比形似更重要，形似可以力求，但属于较低层次、初级水平；只有能够传达出独特的“意思”和“风神气韵之天”，才是上乘之作。在这点上，他与苏轼的观点是一致的。但他又进一步指出，所谓“意思”和“风神气韵之天”，并不在形似之外，而即在形似之中，是在极其形似的基础上又表而出之，达到神似的更高境界。所谓

---

① 《田景延写真诗序》，《静修先生集》卷二，页三四。《静修先生集》卷三，页四九《书东坡传神记后》中有一段文字与此文基本相同，惟末句“景延”作“形似”。

② 《苏东坡集》前集卷一六《书鄢陵王主簿所画折枝二首》之一。

③ 《苏东坡集》续集卷一二《传神记》。

“下学而上达”，即由言以通意，由形而达神。这个见解，还是很精彩的。刘因还曾说：

> 形，神之所寓也。形不同焉，而神亦与之异矣。予尝爱韩魏公（韩琦）记北岳庙之言曰：“崭然而石，坳然而谷，泉焉而众派别，林焉而万干擢：岳之形也。倏霁忽冥，伏珍现祥，喜焉而风雨时，怒焉而雷雹发：岳之神也。”予谓，惟是形则有是神。于是形而求是神，则得之；不于是形而求是神，则不得也。[①]

刘因的这一见解，与荀子“形具而神生”的思想一脉相承。尤其可贵的是，他把这一唯物主义观点引入绘画理论，一方面强调神寓于形，形是神的基础，神应从形中求，不能脱离形而驾空求神；另一方面又认为，绘画不应被形所拘滞，而要努力传达出“意思”与“天”。这一观点正确地阐述了形似与神似的关系，不但是唯物的，还具有一定的辩证色彩。

刘因这种重神似又反对脱离形似而片面追求神似的观点，还可以从他对米芾的批评中看出来。前文提到的那首题画诗（“烟影天机灭没边……”）就是针对米芾的一幅画而发。诗共两首。“烟影天机”是第二首，其第一首是：

> 笔势或传是阿章，短屏山影露微茫。

① 《书东坡传神记后》，《静修先生集》卷三，页四九。

苦心只办云烟好，不捄人乎作米狂。[①]

米芾（字元章）是北宋著名书画家，因举止“颠狂”，人称“米颠”。行草书得力于王献之，用笔俊迈，有“风樯阵马，沉着痛快”之评。画山水不求工细，多用水墨点染，自谓“信笔作之，多以烟云掩映树石，意似便已”，突破了勾廓加皴的传统技法，开创了独特风格。但是，对于米芾的评价，宋代就不一致。陶宗仪写道：“当时名世之流评其（指米芾）人物，以谓文则清雄绝俗，气则迈往凌云，字则超妙入神。然异议者谓其字神锋太峻，有如强弩射三十里，又如子路未见孔子时风气。”[②]《翰墨志》也说：“米芾得能书之名，似无负于海内。……然喜效其法者不过得外貌，高视阔步，气韵轩昂，殊未究其中本六朝妙处，酝酿风骨，自然超逸也。昔有人讥支遁道人爱马不韵，支曰：‘贫道特爱其神骏耳。’余于芾字亦然。”[③] 刘因也许受到此类议论的影响，从上述他的两首诗中可知，他对米芾取批判态度。他看不到米芾艺术上的创造性，以为米芾的画风带有“清谈”的倾向，表现了玄学的流弊，近似于庄子的虚无主义。这种看法从艺术观上说是守旧的。但是，刘因这里并不是对米芾的艺术进行全面评价，联系他的前述思想可知，他的用意在于告诫“学形似不至者”，即批评脱离形似而追求神似的倾向。从这点上看，也不能说没有道理。

---

① 七绝《米元章云烟叠嶂图》，《静修先生集》卷一一，页二一八。
② ［元］陶宗仪：《书史会要》卷六，页二二五。
③ 转引自祝嘉：《书学史》，第231页。

（六）艺术论中的崇古倾向

刘因关于书法的言论中，崇古倾向有时表现得特别强烈，这是应该分析批判的。他曾针对朱熹的墨迹发过如下议论：

> 先生《杰然》、《直方》二帖，郝奉使（郝经）得之仪真。予观其词旨笔势，则跨越古今，开阖宇宙，荆公实不足当之。而其頫然其顺，浩然其归，方康节"检束"之时[1]，盖亦无有也。书法自汉魏而下，坏于晋宋，极于黄（庭坚）米（芾）。此先生千古绝弦之论，观者以此意求之，或有感焉。而于其读先生之书而得其心，则视凡世俗之所为学者，皆在百尺楼下矣，又岂但书法而已乎！[2]

朱熹的《杰然》、《直方》二帖，今不得见。刘因对其书法之高妙，极口称赞，进而引朱熹论书法的话，极表推崇。但朱熹说的"书法自汉魏而下，坏于晋宋，极于黄米"，实在是过激之论。在朱熹看来，似乎只有汉代以前的金石、篆隶才是最高的书法，这就把王羲之、黄庭坚、米芾这些卓有成就

① 朱熹：《跋邵康节"检束"二大字》云："康节先生自言大笔快意，而其书迹谨严如此，岂所谓从心所欲而不逾距者耶！"（《朱文公文集》卷八三）

② 《跋朱文公〈杰然〉〈直方〉二帖真迹后》，《静修先生集》卷三，页四八。

的晋宋大书法家都否定了。刘因这里说的也不免偏激，与他在《叙学》中对钟、王的评价是自相矛盾的。

刘因还写有《书王子端草书后》一文，借引用前人的诗文来表达他对于艺术的见解，说：

> "子端振衣起辽海，后学一变争奇新。黄山惊叹竹溪泣，钟鼎骚雅潜精神。"默翁语也。"雪溪仙人诗骨清，画笔尚余诗典刑。声光旧塞天壤破，议论今著儿曹轻。"遗山语也。二公之言，必有能辨之者。东坡谓："书至于颜柳，而钟王之法益微；诗至于李杜，而魏晋以来高风绝尘亦少衰矣。"朱文公亦以为然。而默翁盖知此者，是以不取于子端也。安得如默翁者而与之论书！①

子端指金代学者王庭筠。王庭筠（1151～1202）字子端，辽东（今辽宁盖县）人，官至翰林修撰，能诗，工书法绘画，作品颇有其舅父米芾的风格。《金史》有传，称"书法学米元章，与赵沨、赵秉文俱以书名家，庭筠尤善山水墨竹云"。黄山指金代学者赵沨，号黄山；竹溪指金代学者党怀英，号竹溪。二人亦擅长书画，为时人所推重。默翁指南宋理学家俞浙，俞曾任御史，宋亡，杜门讲学，学术上宗师朱熹，《宋元学案》将他列为"朱学续传"。从俞浙的诗中可知，他在书法方面推重"钟鼎"之文，在诗歌方面赞赏"骚雅"之体，而对于后学的"争奇竞新"持明显的批判态度。遗山指

① 《书王子端草书后》，《静修先生集》卷二，页五〇。

金代学者元好问。元好问（1190～1257），号遗山，工诗文，亦有识鉴，所著论诗《绝句》，崇尚天然，反对柔靡、雕琢，在文学批评史上颇有地位。刘因所引遗山诗中提出的雪溪仙人亦指王子端。王有书房叫“雪溪堂”，他曾收集内府书画珍品与当时士大夫家藏前贤墨迹汇刻成《雪溪堂帖》（今已失传）。从元好问这首诗看，他对王子端的诗画给予很高评价，而对后人贬低雪溪的议论深表不满。刘因的这篇《书后》，态度比较隐晦，他对俞浙和元好问的不同意见未作直接评断，只说：“二公之言，必有能辨之者。”但从他接着引的苏轼的论断可知，他显然赞成俞浙的意见。对于苏轼这段话，还应该说一说。

这段话出自苏轼《书黄子思诗集后》，苏说：

> 予尝论书，以谓钟王之迹，萧散闲远，妙在笔墨之外。至唐颜、柳，始集古今笔法而尽发之，极书之变，天下翕然以为宗师，而钟王之法益微。至于诗亦然：苏、李之天成，曹、刘之自得，陶、谢之超然，盖亦至矣；而李太白、杜子美以英玮绝世之姿，凌跨百代，古今诗人尽废，然魏晋以来高风绝尘亦少衰矣。①

把刘因的话与此相对照，不能不说刘因对于苏轼观点的归结

① 《苏东坡集》后集卷九。

未免过于简略。苏轼对于钟繇、王羲之的书法和苏武、李陵[①]、曹植、刘桢、陶潜、谢灵运等汉、魏、晋诸家的诗的确十分推崇，但对于颜、柳、李、杜，并没有贬低的意思，他只是说，颜、柳极书法之变，达到了新的高峰，但有所得也有所失：在颜、柳那里，钟、王的“萧散闲远”的古风衰微了；李、杜的诗，“凌跨百代”，达到了最高成就，但是“天成、自得、超然”的汉魏风格却稍嫌欠缺了。应该说，苏轼的这一看法还是比较全面的，有分寸的；刘因的简括引证，则不免显得片面了。当然，苏轼的确也有慨叹古风日衰的意思，如他还说过：“书之美者莫如颜鲁公，然书法之坏，自鲁公始。诗之美者莫如韩退之，然诗格之变，自退之始。”[②] 可见，也不能说刘因歪曲了苏轼，在基本观点上，他们是一致的。古代诗人学者大多都有程度不等的崇古倾向和复古观点，郭绍虞先生在论及苏轼时曾深刻地指出：“我们须知，自来传统的文学观——所谓原道、宗经、征圣三位一体的文学观——总离不开一个‘古’字作中心。……所以他们看到古诗的妙处……只取天成、自得、超然诸种风格，而此种风格，却正是卖逞不得才华，搬弄不得学问的。没有才华的做不到，而才气奔放的却离此愈远；不学固不成，而毕生学之也不一定能到此境界。愈是向往这种风格而欲追求之，却愈做不到。因此感觉到作诗之难，因此感觉到作诗之

① 苏武、李陵有五言诗留传后世（见丁福保：《全汉诗》）。钟嵘《诗品》列李陵为上品。杜甫有“李陵苏武是吾师”之句。但明清以来，多以苏武之五言诗为后人拟作。范文澜认为：“苏李真伪，实难确断，惟存而不议，庶寡尤悔耳。”（《文心雕龙注》卷二，页七九）

② 《诗人玉屑》卷一五。

所以难乃由于古之难复。”① 这话用来分析刘因的美学观中的复古倾向也是很恰当的。

还应指出，包括刘因在内的古人的“崇古”、“复古”思想，固然是守旧的，应该批判的；但是，其中未始没有某种合理因素。因为，上古的东西的确比较朴实而少浮华雕饰；法度尚不固定，因之也就较近自然，较少束缚。加以古人盛行“比德”说，把艺术上的某种风格也加以道德化，与某种道德相比附，由此便不难理解，为什么自古以来总是把“古”与“雅”、“朴”、“实”等联系在一起了。

六、对刘因为学思想的评价

如果把刘因的为学思想放到理学发展史上去分析，那么，就其方法方面说，他走的显然是朱熹的泛观博览的道路，而对于陆九渊的“先立乎其大者”、“发明本心”的主张则没有涉及。这再次表明了刘因“是朱非陆”的学术倾向。众所周知，朱陆之间有过所谓尊德性和道问学的争论。一般认为，朱主张道问学，而陆主张尊德性。② 这一看法，抓住了朱陆两家各自的主要特点，但其实并不全面。因为陆九渊

① 郭绍虞：《中国文学批评史》，第303页。

② 这个说法流传颇广，如黄宗羲说：“先生（陆九渊）之学以尊德性为宗……；紫阳（朱熹）之学则以道问学为主。”（《宋元学案》卷五八）

虽以“尊德性为宗”，却并不完全否认道问学；[1] 朱熹虽以道问学为主，但首先也强调尊德性。[2] 这一点，黄宗羲早就谈到了，黄说：“先生（陆九渊）之尊德性，何尝不加功于学古笃行；紫阳（朱熹）之道问学，何尝不致力于反躬修德，特以示学者之入门各有先后，曰此其所以异耳。”[3] 其子黄百家也说：“二先生之立教不同，然如诏入室者，虽东西异户，及至室中，则一也。”[4] 或解释为入门的先后次序不同，或解释为入门的方向有异，而最终归宿则完全一致。这一看法是有道理的。但也应该承认，朱陆的分歧确实存在，仅从为学的次序说，就表明着两家的对立。从陆学的观点看，朱熹热中于泛观博览，不能不支离；从朱学的角度看，陆九渊一味讲发明本心，只能流于空疏。何况，两家都一度坚持自己的观点，并对对方进行了尖锐的批评。尽管如黄宗羲所指出的那样，到晚年，二人“俱自悔其偏重”[5]，但他们的门徒未必都有如此境界，各守门户，互争短长的情况所在多有。何况，朱陆的著作中好些互相批评的文字俱

① 陆九渊也讨论实际问题（如论社仓、料敌、赈济等），也讲论文意（如对《尚书》、《周易》的讨论）。他还曾说：“古先圣贤，无不由学。伏羲尚矣，犹以天地万物为师，俯仰远近，观取备矣，于是始作八卦。夫子生于晚周，麟游凤翥，出类拔萃，谓‘天纵之将圣’，非溢辞也。然而自谓‘我非生而知之者，好古，敏以求之者也’。《中庸》称之，亦曰：‘祖述尧舜，宪章文武。’”（《与李省干》，《陆九渊集》卷一）

② 朱熹关于尊德性的话俯拾皆是，今从略。

③ 《象山学案》按语，《宋元学案》卷五八。

④ 《象山学案》按语，《宋元学案》卷五八。

⑤ 《象山学案》按语，《宋元学案》卷五八。

在，广泛流传，对于后学不能不发生深远影响。

刘因没有评述过朱陆的分歧，但他为学方法的倾向还是很明朗的。他主张对六经语孟、传注疏释，直到宋儒的议论，一一次第研习，史籍、诸子，诗文字画，样样无所不通，这些，可以说正是朱熹的“格尽天下之物而后知至”的具体表现，与陆氏的“六经皆注我，我何注六经”的“易简”、“直截”，显然不是一个路数。如果说朱熹是“支离”，那刘因就更“支离”了。平心而论，如果仅从道德修养说，陆氏的路子的确简易直截；但如果面对客观世界，面对广泛的社会生活，朱熹的格物论毕竟具有更多的合理性。朱熹之所以成为一个具有多方面成就的渊博的学者，与他的“道问学为主”的治学方法是分不开的。刘因尊崇朱熹，他在为学上是自觉地遵循着朱熹的道路前进的。可惜他享年不永，所及有限，在贡献上与朱熹无法相比，但他的这些论学观点确有发明，还是有意义的。至少对于矫正陆学末流空疏的学风，进而对于弘扬和传播中华传统文化，在当时具有积极作用。

第八章　成就、影响和历史地位

刘因生前地位不高，主要是个穷居教授的儒生；活动范围不广，足迹未出燕赵之地；享年不永，壮年早逝，人生旅程似还没有走完。但是，他却获得了崇高的社会声誉，产生了广泛影响。而且，这种声誉和影响不但没有因为他的逝世而销声匿迹，反而随着时间的流逝而加强，直至清初被学者尊为元代三大儒之一，清末被朝廷请进孔庙。这是什么原因呢？

首先和最重要的，当然是他在学术思想上做出了多方面的成就。

一、学术成就

刘因首先是个理学家。他虽然不是像濂溪、康节、横渠、二程那样的一代宗师，也不是像朱熹那样的集大成者，但是，他仍然作出了自己的贡献。这种贡献在于，在理学走向全国的时期，他适应理学在北方普及推广的时代需要，对前代理学大师的理论作出了独到的选择、阐释和发扬。他的“大、精、正、贯”之论，“宣化”、“观物”诸说，① 言简而旨远，常能言人所未尝言。他“希圣”有解，“遂初”有说，易不易之辩，齐不齐之论，② 妙语连珠，更能给人以巨大启迪。他虽然难于做到朱子的博大，但是，濂溪的高远，康节的深邃，张载的浑厚，二程的精辟，却清晰可见。就是陆学重主体思维的特点在他的作品中也能看到一点影子。而这一切又基本上能熔于一炉，融会成刘因自己的风格。他还继承并发扬了中国传统哲学中的唯物主义无神论和辩证思维传统，荀子、王充等对他的影响亦不时闪现。

元代名士杨俊民曾把刘因比作孟子，以为有了刘因，遂使召公的燕国足以和邹鲁相抗衡，并举出刘因的两条出人意表的夐见卓识：

> 孟子探舜之心曰：“象忧亦忧，象喜亦喜。”先生则曰：“惟见舜胸中有弟，不见舜胸中有象。”孟子论夷、惠之行曰：“伯夷隘，柳下惠不恭。”先生则曰：“伯夷视四海，愿人皆我侪。吾谓下惠隘，此说君试求。”③

① 参见《元史》本传、《宣化堂记》、《庄周梦蝶图序》等。

② 参见《希圣解》、《遂初亭说》、《送郝季常序》、《书康节诗后》。

③ 《静修先生祠堂记》，载三贤集本《静修集》附录。前一条材料，《静修集》正文中未见。后一条见于《和咏贫士》七首之四的后半段，《静修先生集》卷一二，页二四九。

前一条是说，如果像孟子所理解的那样，舜的忧喜以具体的弟弟（象本人）为转移，精神境界未免低了。刘因认为，象在舜的心目中已升华为抽象的“弟弟”，因此才能不假思索地与象忧喜与共。后一条是说，伯夷的胸怀无比宽广，把天下的人都看作是自己的朋友，以“隘”评价伯夷显然不当；柳下惠“不羞污君，不卑小官”[①]，并不是“不恭”，恰恰是“隘”。刘因这两段话都是对孟子的修正，在识见上比孟子都似乎更高一个层次，无怪乎杨俊民要称誉刘因是“盖间世之才，上达之学，天成自得，振古之豪杰”[②]了。透过这近乎溢美的评价，不难看出刘因在元代士大夫心目中的崇高地位。

刘因还是个身体力行的教育家。他一生授徒讲学，除在家乡设塾外，还曾设教于三台，入易州做家庭教师，并一度被征聘入朝，侍从春坊，教近侍子弟。他的教学深受欢迎，“户外之屦常满”，“咸虚往而实归”。[③] 为指导学生读书，他写了著名的《叙学》一文，畅谈了对经学、史学、诸子学以及诗文字画等方面的思想内容、学习次序和学习方法。他孜孜不倦地向学生传授义理之学，写成《四书集义精要》、《小学》、《四书语录》、《易系辞说》等多种著作（后三书已佚)。这样的成绩，当可与许多古代优秀教育家相媲美。

明代容城知县方义壮曾这样讲到刘因教学的成绩:“隐

① 《孟子·公孙丑》上。
② 《静修先生祠堂记》，载三贤集本《静修集》附录。
③ 刊行刘因文集皇帝圣旨，载丛书集成本《静修集》卷首。

居三台，教授生徒，希圣有解，河图有辩，周易发微，学士家有藏诵者。此其羽翼经传之功，足等吴（澄）许（衡）。……今容、新二邑博士弟子，多邃于《易》；名卿节士，往往由《易》起家。”① 这篇序写于万历十六年戊子（1588），距刘因殁三百余年。方义壮身为容城知县，他对刘因在地方上的影响的了解当是真切的，他对刘因的概括和评价当是符合实际的。

刘因在文学上也做出了相当成就，足以使他在元初文坛占一席之地。

刘因的诗文继承了中国古代文学的现实主义优良传统，内容比较充实。虽然尚缺乏深刻反映重大题材的力作，但对当时的社会生活还是作了多方面的描述，如金末河朔地区的动乱，蒙军南下的暴行，元初农村的残破，受灾农民的苦难等等，在他的作品中都有直接或曲折的反映。他的咏史诗感情深沉、议论纵横，或总结兴亡教训，或品评人物事件，常能贯注批判精神，发前人所未发。

他继承了宋代以理入诗的传统，熟练地运用诗歌的各体艺术形式阐发理学思想，虽有的不免有“道学气”，但大多写得精粹隽永，耐人寻味，并不枯燥。② 有的还在一定程度上脱出理学樊篱，如：“记录纷纷已失真，语言轻重在词臣。

① 《重刻静修先生文集序》，三贤集本《静修集》卷一。

② 如七绝《讲学而首章》：“有乐如从天上来，春风过处百花开。政教万木夜僵立，何害孤根暖独回。”对“学而时习之，不亦说乎”的意境，作了富有哲理的表现。又如五绝《观化》：“风雨何方来？呼童出门望。归报是群峰，声在庭花上。”颇能引发人的遐想。

若将字字论心术，恐有无边受屈人。"[1] 有的写得很有情趣，如："晋楚英雄管晏才，当时真眼尚谁开？狂生携着鲁儿子，独向舞雩风下来。""独向舞雩风下来，坐忘门外欲生苔。归时过着颜家巷，说与城南花正开。"[2] 诗中赞美号称狂者的曾点，而对后儒奉为"宗圣"、"复圣"的曾参、颜渊颇有调侃之意。

刘因的诗风格多样，有的雄浑豪放[3]，有的闲远萧散[4]，有的含蓄深沉[5]，有的自然清新[6]。他喜欢陶渊明、苏东坡、元好问，诗风也显然受到他们的影响。

刘因的散文也有一定成就，内容深厚，能较深入地反映社会生活。感情丰富，文字酣畅，行文富于变化，笔法带有波澜。即使是内容近似，体裁相同的作品（如碑铭），也写得各有特色，绝不雷同。还善于以小见大，于普通事物中揭示出不寻常的义蕴，给人以教益，有较强的可读性。

刘因的词多为写景抒情之作，缺乏深刻的思想内容，但

---

① 七绝《读史评》，《静修先生集》卷一一，页二〇九。

② 七绝《曾点扇头》二首，《静修先生集》卷一一，页二二三。

③ 如七古《后赋赤壁图》："公无渡河归去来，周郎袖里藏风雷。老狐千年快一击，金眸玉爪不凡材。先生平生两赋尔，江山华发心悠哉。……曹刘闲气今何处，船头好任白云堆。"（《静修先生集》卷七，页一二三）

④ 如七律《春阴》："淡淡春阴暖更轻，一身酒力若云生。无人也笑乐所使，未醉先休气始平。时雨沾枯或有蘖，微风著物不闻声。人生日用本无事，闲倚西窗候晚晴。"（《静修先生集》卷九，页一五九）

⑤ 如七绝《观梅有感》："西风吹落战尘沙，梦想西湖处士家。只恐江南春意减，此心元不为梅花。"（《静修先生集》卷一一，页二一四）

⑥ 如七绝《腊尽》："小雪初晴腊尽时，无穷梅柳怨开迟。人间不觉春来早，只有吾家布被知。"（《静修先生集》卷一一，页二〇九）

艺术上有的也很不错。如《西江月·饮山亭留饮》：

看竹何须问主，寻村遥认松萝。小车到处是行窝，门外云山属我。　张叟腊醅藏久，王家红药开多，相留一醉意如何？老子掀髯曰可。

清新活泼地表现了诗人旷达的性格和闲适的心情。有的吊古伤今，也写得很有气魄，如《人月圆》：

茫茫大块洪炉里，何物不寒灰！古今多少，荒烟废垒，老树遗台。　太行如砺，黄河如带，等是尘埃。不须更叹，花开花落，春去春来。

刘因的诗文历来受到高度评价。元人李谦说："君之辞章，闲婉冲澹，清壮顿挫，理融而旨远，备作者之体，自当传之不朽。"[①] 明人邵宝说，刘因的诗文"具诸体裁，词意所到，壁立万仞，而洞视千古，盖不胜其壮也！"[②] 近人况周颐评刘因词说："真挚语见性情，和平语见性养。"王鹏运说："樵庵词朴厚深醇，中有真趣洋溢，是性情语，无道学

① 见李谦为《静修集》作的序。收入三贤集本《静修集》附录。

② 见邵宝为《静修集》作的序。收入三贤集本《静修集》附录。当然也有不同意见。如陈眉公《太平清话》谓，静修"词胜诗，诗胜文"。钱钟书引述此话后接着说："今观其诗，有气势而失之粗犷，近体尤甚。……七律词句格调，模仿遗山之迹显然。"（《谈艺录》，第159页）

气。"① 从元至今的多种诗文词选本，都收入他的作品。如元苏天爵的《元文类》，清顾嗣立的《元诗选》，清张景星等的《元诗别裁》，当代林庚的《历代诗歌选注》，陈友琴的《元明清诗选注》，夏承焘等的《金元明清词选》等，都多少不等地将刘因的作品入选。解放以来出版的《中国文学史》（如中国科学院文学研究所本、游国恩等主编本、北京大学中文系本等）都提到他的名字和著作，有的还设专节论述。

刘因在文学上成绩斐然，但如果仅仅把刘因看成是个文学家，那实际上就贬低了他。刘因的理学、文学、史学、教育等方面的思想是浑然一体的，并且是和他这个人——他的志趣、品格、操守、风节紧密结合在一起的。就是说，他不仅有其"学"，更有其"行"。这种学行结合所具有的风范作用，是他在当时名重朝野、死后声名益彰的真正原因。

二、对当时及后世的影响

刘因出身于中下层士人家庭，家境比较贫寒。一生在乡间设帐授徒，从学者除少数人身份较高外，多数属于中下层子弟。弟子中，出类拔萃者盖寡，只有一个私淑弟子安熙（默庵）比较突出，多亏安熙及其弟子苏天爵、杨俊民等的宣扬，刘因之学才得以"昌大于时"。

当然，刘因生前也并非默默无闻，他凭着自己的品德、才华和努力，赢得了比较高的社会声望，以致丞相不忽木都荐举他做官，并两次受到皇帝的征聘。一个普通儒生能获此

① 转引自夏承焘等：《金元明清词选》，第146页。

殊荣，足见他当时的名气的确非同寻常。

刘因的影响在死后有增无已。

刘因逝世不久，国子助教吴明上书朝廷，请求对刘因加以褒奖，说：

> 臣闻，国家之有隐士，足以励薄俗，扶世教，英风清节，照映千古。如尧舜在位，而有巢由；文武开基，而有夷齐；汉高灭秦，而有四皓；光武中兴，而有严光。此皆当世大贤，高蹈远举，万乘不得而臣，诸侯不得而友，进退关国家之治乱，出处系天下之重轻，治平之世，不可无者。……
>
> 刘因隐居教授，不求闻达。……志趣高尚，有非时辈之敢望者。……风俗之薄也久矣，士之处世，不自贵重，闻一人之誉，一章之荐，或得人箪食豆羹，则喜见颜色，惟恐或失，不复知有廉耻等事。何则，私欲动于中，利禄夺于外也。而斯人也，授以三品清要之官，辞而不就，非操守有素，能如是乎？当风俗浇薄中，忽得此人，足为奔竞者之劝。可谓颓波砥柱，绝无而仅有者也。伏望令太常，定因谥名，赠以美职，……使吾道有所光显，知所劝惩。庶几息奔竞之风，厚薄俗之道矣。①

吴明主要赞美的是刘因隐居不仕的品德，突出的是刘因

① 《乞褒赠刘公书》，三贤集本《静修集》附录。又见《元朝名臣事略》卷一五，文字小有异。

的志趣高尚、操守有素和淡泊名利的风节，以及表彰刘因所可能产生的巨大社会作用。

元仁宗延祐年间（1314～1319），朝廷采纳了儒臣的建议，赠刘因为翰林学士、资德大夫、上护军，追封容城郡公，谥文靖。这期间，以朝廷的封赠为契机，形成了尊崇刘因的小高潮。故乡容城为刘因立祠、修墓。名士苏天爵为之作《墓表》，文中说：

> 自圣贤之学不传，礼义廉耻之风日泯……士之慕功名者，溺于富贵之欲；工文艺者，汩于声律之陋。其能明乎圣贤之学，严乎出处之义者，盖不多见也。我国家治平方臻，贞元会合，哲人斯生，有若静修先生者出焉。气清而志豪，才高而识正。道义孚于乡邦，风采闻于朝野。……迄今，孺子远人，皆知传诵姓字。……自义理之学不竞，名节隳颓，凡在有官，见利则动。有国家者，欲图安宁长久之治，必崇礼义廉耻之风，敷求硕儒，阐明正学，彰示好恶之心（一作公），作新观听之几（一作庶）。使人人知有礼义廉耻之实，不为奔竞侥幸之习，则风俗淳而善类兴，朝廷正而天下治。世祖皇帝再三召聘先生者，其以是欤！……先生……风节凛凛，天下慕之，扶世立教之功大矣！[①]

苏氏所论，基调与吴明大体相近，着重在刘因品格的高洁和

① 苏天爵：《静修先生墓表》。见三贤集本《静修集》附录。

对于世风的影响。这一看法，遂成为元人评价刘因的主调。当时的另一位名士归旸（时任枢密参议）为之撰碑文，赞刘因道：

> 道德之蕴，实邹鲁圣贤相传之绝学，风谊节概，则孤竹伯子之清也。可谓万人之杰，百世之师者欤！其生也，足迹不出燕赵，而风采闻于天下；自处不离布衣，而贵尚轶于王公。①

归氏认为，刘因在思想上继承了孔孟的正学，在风节上有伯夷的气概，称得上是豪杰之士，百世之师。另一位名士杨俊民为之撰《静修先生祠堂记》，赞美道：

> 泰山岩岩，不足为高；秋霜烈烈，不足为严。仰止风猷，邈乎不可及也。……天下咸高其操，至今称道不绝。②

元末名士欧阳玄赞刘因画像说：

> 微点之狂，而有沂上风雩之乐；资由之勇，而无北鄙鼓瑟之声。于裕皇之仁，而见不可留之四皓；以世祖之略，而遇不能致之两生。呜呼！麒麟凤凰，固宇内之不常有也，然而一鸣而六典作，一

---

① 《书静修先生碑阴》。见三贤集本《静修集》附录。

② 《静修先生祠堂记》。见三贤集本《静修集》附录。

> 出而《春秋》成，则其志不欲遗世而独往也明矣。亦将从周公孔子之后，为往圣继绝学，为来世开太平者邪？①

这篇《赞》，可以作为元人评价刘因的代表作。文中先将刘因与孔子的两个弟子作比，说刘因具有曾点的情怀，却不狂放；兼备仲由的勇毅，却不粗鄙。又把刘因比作汉初的商山四皓和不肯出仕的鲁两生。还以珍稀的麒麟凤凰为喻，暗指刘因虽未直接用于世，但却可以引发文教的繁荣兴盛。他认为，刘因的志趣并不是作遗世而独往的隐士，而是要作周孔的继承者，像张载说的那样，为往圣继绝学，为来世开太平。

这个评价，也被元朝皇家所接受。元顺帝至正九年为刊行刘因著作特颁"圣旨"。这篇圣旨，我们前文曾引证过，这里再摘引其中重要的几句：

> 静修先生刘因，负卓越之才，蕴高明之学。说经奚止于疏义，为文务去乎陈言。行必期于古人，事每论乎三代。汉唐诸子，莫之或先；周邵正传，庶乎可继。……虽立朝不逾于数月，而清节可表于千年。

这道"圣旨"，可说是元代对刘因作出的权威性结论。它称赞的重点是，刘因才识卓越，学问高明，品格高尚，思想纯

① 《静修先生画像赞》。见三贤集本《静修集》附录。

正，可与汉唐诸子比美，是宋代理学的正统继承人。表彰他，“上可以禅国家之风化，下可以为学者之范模”，意义非同小可。

元人评价刘因，还有把他与许衡、吴澄作对比的。

苏天爵最先把刘因与吴澄并提，说二人是志同道合的人：

> 天爵之生也后，不获见先生（指刘因）。及游成均，得临川吴文正公为之师。吴公于海内诸儒，最慎许可，独尊敬先生。岂其问学出处，道同而志合欤？①

元末名士虞集则把刘因与许衡作比，以为刘比许的思想品格更高，说：

> 昔者天下方一，朔南会同，缙绅先生固有得朱子之书而尊信表章之者。今其言衣被四海，家藏而人道之，其功固不细矣。而静修之言曰：“老氏者，以术欺世而自免者也。阴用其说者，莫不以一身之利害而节量天下休戚，其终必至于误国而害民。然而特立于万物之表，而不受其责焉。而自以孔孟之时义，程朱之名理自居，而人莫知夺之也。”观其考察于异端几微之辨，其精如此，则其下视一世之

① 《静修先生墓表》。见三贤集本《静修集》附录。

苟且污秽者，不啻蠛蠓之细、犬彘之秽，岂不信然！①

文中所说的缙绅先生，即指许衡而言。这层意思，在虞集另一篇文章中说得就更为明白。他说：

文正没，后之随声附影者，谓修辞申义为玩物，而苟且于文章；谓辨疑答问为躐等，而姑困其师长；谓无所猷为为涵养德性，谓深中厚貌为变化气质，外以聋瞽天下之耳目，内以蛊晦学者之心思，虽其流弊使然，亦是鲁斋所见，只具粗迹，故一世靡然而从之也。若静修者，天分尽高，居然曾点气象，固未可以功效轻优劣也。②

虞集还曾在一篇序文中说："建阳蒋师，文著国朝，《文雅》三十卷，而以保定刘静修先生为之首。……嗟夫，若刘先生之高识卓行，诚为中州诸君子之冠。"③

虞氏所论，不但认为刘因可以和许衡比肩，就品格识见而论，甚至还超越其上。

这些说法，细节虽有不同，评比高下也互有轩轾，所下结论也不见得公允，但都为许、刘、吴为元代三大儒之说开了先河。

---

① 《安默庵文集序》。见三贤集本《静修集》附录。
② 转引自《宋元学案》卷九一《静修学案》黄百家按语。
③ 《国朝文雅》序，载《道园学古录》卷三二。

但是，关于是否应将刘因从祀孔庙的问题，却有争论而久拖不决。从祀，表明朝廷对已故儒者学行的充分肯定，在古代被看作是很荣耀的事。元仁宗皇庆三年（1313），许衡从祀，刘因则未获准。对此，刘因的再传弟子们深以为憾。苏天爵在《静修先生墓表》中说：延祐年间，朝廷对刘因追赠官爵谥号后，“中外风纪儒臣，咸以先生砺俗兴化，有功昭代，宜如许文正公从祀夫子庙庭。礼官会议，亦皆曰可，而当路者未遑行也。”

杨俊民在《静修先生祠堂记》中对此说得更具体：

> 近年学者，追述范世之功，请列从祀，累章不报。议者谓：于经无所著述。嗟夫！先生诗文，无非六籍笺注，惟善读者知之。先师子安子（安熙）曰：“吾每阅一过，于经必有新得。”彼第以诗文视之，何啻千里！初谥文靖，后欲改如许文正之例，执政者曰：“渠安得侪许？渠务独善者尔！”是乌知先生之志者哉？钦惟世皇，圣虑深远，征先生翌储君（太子真金），盖欲他日相须，犹向之用许公也。诚得裕皇（真金谥号）嗣临大宝，先生天假以年，君臣都俞，道合言从，必能致王道之雍熙，还风俗之淳厚，俾儒者之效大白于天下，不但学者依归而已。奈何事与愿违，虽善无征，徒贻独善之俏，岂非天乎？

从以上二文可知，刘因的从祀问题，在元代虽经朝臣一再请求，终无结果。不过，刘因的名声还是日益显著，他的家乡容城为他建起祠堂，刘因的故里沟市更名为尊贤庄。这在当时，也算是很轰动的事。

明代，刘因的影响仍在继续。明人修《元史》列有刘因传。刘因文集，一再刊刻。刘因的祠墓，一再修葺。但是，明人对刘因评价的角度却有所变化。

明代初年，一些名臣对刘因仍甚敬重。如修《元史》的作者宋濂著文说：

> 先生之心，岳镇川澄。先生之操，玉温石贞。先生之学，寤寐六经。岐阳之凤，鲁郊之麟。和气袭人，盎然阳春。周孔性情，挹其深醇。或出或潜，与道周旋。九京（墓地）可作（起死复生），吾为执鞭。①

明儒薛瑄称刘因有凤翔千仞气象。又称其足以廉顽立懦，百世之下，闻其风者莫不兴起。又说："静修不屑就，其意微矣。"②

这些话，除末句外，基本上还是元人的调子。但后来的一些议论，则注入了民族主义的内容。如邵宝说：

> 论者拟公两生、四皓，世以为名言。然两生责汉以德，四皓责汉以礼，而不谓其世之不可也。若公之世，盖大异于汉。公产其地，如硕果在剥，渺

① 《静修先生画像赞》。见三贤集本《静修集》附录。

② 转引自［清］陈夔龙奏请从祀折。见三贤集本《静修集》附录。

焉独存。再征再逊，而自靖以卒。知《春秋》之义者，当有以处公矣，尚奚以他求为哉？虽然，伯夷之不臣周也，爱斯义焉尔也，是以有登山之歌；仲连之不帝秦也，爱斯名焉尔也，是以有蹈海之誓。公负名义之重，而力莫能与，山登海蹈，未尽其愤，顾乃敢为危行而不敢为危言。呜呼！秦人，非周也；元人，又非秦也。甚矣世之为变，于是益可痛矣！①

大意是说，元人把刘因比作两生、四皓，并不确切。刘因的崇高，主要在于深明《春秋》大义，坚持华夷之辨，具有民族气节。邵宝的这一说法本来并不符合实际（详见第三章），但在明代特殊的时代条件下（汉族中央政权对付蒙古、后金等少数民族武装的威胁），它后来却成了明人评价刘因的主调。如王遴说：

《春秋》严华夷之辨……辽金元以来，……天地晦冥，四夷交侵，自元决裂已尽，何不幸中国一至此也！五百年以来，有刘静修先生焉，耻其冠履倒置，是驱衣冠之士，无异于蹈水火，因作《退斋记》，以斥当时之仕元者。②

崔铣说：

① 《重刊静修先生文集序》。见三贤集本《静修集》附录。
② 《容城两贤集序》。见三贤集本《静修集》附录。

> 伯夷薄周，食首阳之薇而死；管宁盗视曹氏，迄不受爵；静修刘子，辞元人之召。夫三子者，笃念故国，力扶名教，岂曰山栖谷汲，尚冲乐退而已哉！[①]

苏、王、崔等都努力把刘因说成是个反元的志士。遗憾的是，这与刘因对元蒙的矛盾的政治态度并不一致，因此这样的评价便很难令人心服。果然，有的明儒就对刘因的民族气节提出异议，他们以《渡江赋》为证据，认为刘因曾“幸宋之亡”，为元蒙张目。明丘濬《〈大学衍义〉补》中提到：“当世祖渡江，因尝作赋以欣幸之，有‘战则为士，降则为奴’之语，世以此少之。”这个早年著作中的“小辫子”，就这样被揪住不放，由此也影响到官方对刘因的态度。虽然有人加以辩护，但前后七次提出“从祀之请”，均“格于时议”而被否定。及至明末，孙奇逢写《读〈渡江赋〉辨》，竭力为刘因剖白，但终究难于消释另一些论者的疑问。这种争论，从一个侧面也反映了刘因在明代的影响。只是，由于过分重视政治态度问题，从而掩盖或削弱了对刘因学术思想的全面阐扬。

在清代，刘因的知名度仍很高。孙奇逢撰《理学宗传》，采刘因言行冠于书之首，又列入《北学编》。黄宗羲编《宋元学案》，设《静修学案》，由其子黄百家、著名学者全祖望等最后完成。康熙年间，刘因著作编入《容城三贤集》刊

---

① 《静修文集序》。见三贤集本《静修集》附录。

行，序跋中对刘因备加赞美，而其立论则基本上恢复了元人评价的主调。如富鸿基说："刘先生倡道北方，远绍濂洛关闽之统，而高蹈不仕，屡辞征召，其芳标峻致，议者至比之孤竹伯子之清。"[①] 李瑞徵说："静修学贯天人，理邃河洛，为一代巨儒。……羽翼经传，尤在《四书精要》一书，惜其湮没而不传也。"[②] 乾隆年间修《四库全书》，《静修集》及《四书集义精要》均被收入，在《四库提要》中对刘因作了高度评价。《四库全书总目》说：

> 其早岁诗文，才情驰骋。……其文遒健排奡，迥在许衡之上，而醇正乃不减衡。……其诗风格高迈，而比兴深微，闯然升作者之堂。讲学诸儒，未有能及之者。[③]

这是清代对刘因作出的半官方结论。只是偏重于诗文的风格，至于思想方面，仅用了"醇正"两个字，略嫌不足。

道光间，《容城三贤集》曾翻刻。光绪时，王灏编《畿辅丛书》，又将《静修集》收入，还将《静修集》以"定州王氏本"单独刊行。可见，刘因的书在清代仍有较多的读者。

---

① 《容城三贤集序》。
② 《容城三贤集序》。
③ 《四库全书总目》下册，第1430页。《四库简明目录》文字稍有异，说："其文遒健排奡，在许衡、吴澄上，而醇正不减于二人。其诗风格高迈，而比兴深微，尤闯然入作者之室。北宋以来，讲学而兼擅文章者，因一人而已。"（《四库简明目录》卷一七，集部五·别集类四）

宣统元年（1909），直隶总督陈夔龙奏请将刘因从祀文庙，奏折中称：刘因“著述隆富，羽翼经传之功早经议定先朝，允足信今传后”。又说：“刘因学术精纯，志行卓越，前明请从祀者七次[①]，均以格于时议，旷废至今。自胜国以洎昭代，儒臣迭有论辩。前修未泯，公论愈彰。……前虽累章不报，阅三百余年士绅复申前议，足征论以久而益定，泽虽远而未湮。……请旨俯准，将元儒从祀文庙，以阐幽潜，而资坊表。”[②]

这次奏请从祀，终于得到朝廷的批准。但其时清朝寿已将终，在社会大变革风涛的鼓荡下，人们的注意力集中于更紧迫的革命问题，刘因从祀文庙所漾起的余波，也就是微弱的，难于发生重大的影响了。

进入民国以后，随着新文化运动的兴起，在“打倒孔家店”的声浪中，理学受到严厉批判，作为理学家的刘因也就引不起社会的多大兴趣。不过学术界并没有忘记这位学者，在《四部丛刊》和《丛书集成》两部丛书中，都将《静修集》收入，《三贤文集》也曾在民国十六年补修并重印。

拨乱反正以来，弘扬中华优秀传统文化逐渐成为共识，刘因作为优秀古代思想家也开始被注意，一些专著和报刊中不断提到他的名字，《中国史研究》、《河北日报》、《河北学刊》、《河北大学学报》、《河北师范大学学报》等都刊载过评

---

① 陈在奏折中说到前代请从祀的情况：“元臣李世安等累章请与许文正同祀；明礼部尚书王沂、翰林学士宋娶亦尝以从祀请；成化元年，助教李伸亦请从祀；弘治元年，礼部尚书周洪谟等议，薛瑄与刘因并祀；正德间，容城张绍烈复力言，宜准杨时例从祀。”

② 陈夔龙奏请从祀折。见三贤集本《静修集》附录。

介刘因思想的文章。这表明，尊儒崇道的时代尽管是一去不复返了，但随着社会主义文化事业的发展，对于包括刘因在内的古代优秀思想家，还是应该给予积极的、恰当的评价。

三、历史地位

纵观刘因的一生，虽不能说很伟大，但的确很不平凡。

他生于久乱初宁的元蒙初年，不自甘于平庸，刻苦力学，自觉绍续濂洛关闽之统，将理学思想继承发扬，传播于北方，被公认为与许衡、吴澄齐名的大儒。他对于理学思想的阐发，见解独到，风格独特，犹如一股清泉，已汇入中国传统文化的长河，成为它的一个有机部分。

刘因的思想在理学史上也占有一席之地。元代是由朱学盛行到王学崛起的过渡时期，刘因与公开揭出“和会”朱陆旗帜的一些元末学者不同，他尊崇的是程朱一家的理学，但他在心性问题上比较重视主体思维，这点，则正与陆学重发明本心的特点相契合。他主观上尊朱，而在实际上某些观点已近陆。从这个意义上说，刘因尽管与许衡、吴澄等不同，但总体上也是属于由朱学到王学的中间环节的。①

刘因是一位贴近人民的思想家。他身处少数民族入主中原的特殊年代，关心的是天下的统一，社会的稳定，人民的安乐，以及周孔之道的传承和发扬；他也有矛盾和苦闷，渴望建立功业，但决不苟合取容；他生活接近下层，但决不消极沉沦；他常从正统士人的情操和一般理想出发，憧憬仁

① 这个观点，得自唐宇元先生的启发。

政，批评统治者的不仁和贪枉，倾诉世间的不平和人民的苦难与不幸，曲折地表达了人民的心声。

刘因的品德和风节具有巨大的感染力。他安贫守道，淡于荣利，敦品力学，旷达高远，博得了上自朝廷下至百姓的普遍尊敬，尤其被士人崇敬和讴歌。

刘因的诗文风格多样，音律铿锵，理融旨远，韵味深长，至今仍有较强的可读性，是中国文学史上不可缺少的一章。

刘因的名字为元代的哲坛、文坛增添了光彩，他不愧是一位优秀的中国古代思想家。

刘因的人格将永远受人民敬仰。

刘因的思想有待于进一步研究和发扬。

附　录

刘因年谱

一岁　蒙古海迷失后二年（蒙古改为元）己酉（1249）

闰二月九日亥时，刘因生于顺天（今保定）。

先生将生之夕，其父梦神人马载一儿至其家，曰：“善养之。”既觉而生，乃名骃，字梦骥。后改名因，字梦吉。

三岁　元宪宗元年辛亥（1251）

刘因开始识字。

六岁　元宪宗四年甲寅（1254）

刘因开始学诗。

七岁　元宪宗五年乙卯（1255）

刘因家迁涞水。

十一月初六日，母杨氏病故。母杨氏寓葬于母族李涞阳家墓地旁。

八岁 元宪宗六年丙辰（1256）

已能写草书。

九岁 元宪宗七年丁巳（1257）

诵读《太玄》。

十一岁 元宪宗九年己未（1259）

刘因家还顺天。

是年，蒙军伐宋。宪宗（蒙哥）战死。

忽必烈北上争位，迅速战胜阿里不哥。郝经使宋，被贾似道拘于真州。

十二岁 元世祖中统元年庚申（1260）

刘因家迁真定（镇州，今正定），寓居于真定之潭园。

刘因父刘述被宣抚真定道的左三部尚书刘肃辟为武邑令。不久，以疾辞归。

刘因已能作文，落笔惊人。

是年，忽必烈即汗位于开平，改元中统。

十五岁 元世祖中统四年癸亥（1263）

慨然有大志，作《拟古》三首，有“男儿志万里，……远与千古期”等句。

十八岁 元世祖至元三年丙寅（1266）

刘因家还顺天（保定），居于藻西庄。刘因诗有“十载鸡泉隐”、“团茅鸡距阳”等句。

作《吊荆轲文》、《横翠楼赋》。又，五古《呈保定诸公》

（有“贱子伸余狂”等句）、《秋夕感怀》（有“游子起中庭”、“人生少年时”等句），大约都是此一时期的作品。

十九岁　元世祖至元四年丁卯（1267）

正月十三日，父刘述病故。

作《希圣解》、《渡江赋》。

二十岁　元世祖至元五年戊辰（1268）

改葬父母于容城沟市里之西原。“先友翰林待制杨恕怜而助之，始克襄事。”

二十二岁　元世祖至元七年庚午（1270）

三月，娶山西平定郭氏女为妻。

作《宣化堂记》、《驯鼠记》。

二十三岁　元世祖至元八年辛未（1271）

作《阴符经集注序》。

是年，世祖忽必烈定国号为“元”。

二十四岁　元世祖至元九年壬申（1272）

秋，大雨，旱象立解。作五古《喜雨》。

二十五岁　元世祖至元十年癸酉（1273）

作《椟蓍记》、《辋川图记》、七律《癸酉大雨次人韵》、七绝《癸酉书事》、七绝《癸酉新居杂诗九首》。

［按；刘因癸酉年所迁的新居在何地不详。刘因集中还有几句以“新居”为题的诗，有的内容显然写的是农村生活，有“年来爱与渔樵话”等句。刘因或于是年移居容城。（安熙有词《酹江月》，注曰：“登古容城有怀——城阴则静修刘先生故居”。由此可知，刘因的家在容城县城内，

而沟市里为刘家的坟茔所在地）又，刘因《癸酉书事》有句："娇儿索栗一钱空，怪见家人不忍中。我不怨天贫贱我，吾儿自合享吾穷。"可知，刘因此时生活日渐窘迫。]

二十六岁　元世祖至元十一年甲戌（1274）

西域田尚书请刘因赴家馆教子，刘因谢绝。此信不著年月，但信中说："外舅（岳父）郭判官，平生受知最重，今在平定卧疾，十月间，已一往省视，临别垂泣云：'比死，幸得一相见。'近其子来书云：变肿而利（痢）。医者云：利，不利于是证（症）也。"可见，此时郭公病体已很沉重。而郭公于乙亥年病故，故将此事系于是年。

二十七岁　元世祖至元十二年乙亥（1275）

作词《喜迁莺——乙亥元日》、《田景延写真诗序》、《书东坡传神记后》。

十月，赴山西平定奔岳父之丧。有诗七古《乙亥十月往平定早发土门宿故关书所见》。

是年四月，郝经被释还，七月病故。

门人徐生（景岩）卒。

二十八岁　元世祖至元十三年丙子（1276）

作《太极图后记》、《篆隶偏旁正讹序》、《徐生哀挽序》。

是年，贾似道被黜，死于道路。元军攻陷临安，宋恭帝及谢、全两太后被俘。张世杰、陆秀夫、文天祥等先后拥立益王赵昰、卫王赵昺，继续抵抗。

二十九岁　元世祖至元十四年丁丑（1277）

作《饕餮古器记》、《书饕餮图后》、《跋鲁公祭季明侄文真迹后》、《跋朱文公〈杰然〉〈直方〉二帖真迹后》、《跋怀素

〈藏真〉〈律公〉二帖墨本后》、五古《晨起书事》。

三十岁　元世祖至元十五年戊寅（1278）

作《书王子端草书后》、七律《记梦》。

应何尚书（名玮）教子之请，赴易州教家馆。（按：此事不著年月，据《静修先生墓表》:“易州何公玮，辞两淮盐使，奉亲家居，藏书万卷，以教子为请。”《新元史》卷六二《百官志》：“都转运盐使司，……两淮都转运使司至元十四年置。”又《元史·何玮传》谓，何玮于至元十八年召为参议中书省事入京。而刘因在何家教书时共三年，故系此事于是年。）

三十一岁　元世祖至元十六年己卯（1279）

作七绝《己卯元日二首》、《武遂杨翁遗事》、《己卯春释菜先圣文》、《王景勉名字说》、《何氏二鹤记》、七律《己卯九月二十八日梦过先妣墓得诗》。

是年，元军陷崖山，陆秀夫负赵昺投海而死，南宋亡。

七古《白雁行》或当作于此时。

三十二岁　元世祖至元十七年庚辰（1280）

作七绝《庚辰元日二首》。

三十三岁　元世祖至元十八年辛巳（1281）

何玮被任命为参议中书省事，入京，刘因辞馆，自易州还容城。

作《静华张君墨竹诗序》、五古《辛巳中秋旅亭独坐》、五律《除夕》（“百岁三分一”）。五律《满城道中》或亦作于此时。

三十四岁　元世祖至元十九年壬午（1282）

丞相不忽木等荐刘因于朝。真金太子下诏征刘因，擢拜承德郎右赞善大夫。不久又奉旨教学东宫。未几（一说数旬，一说数月），以母疾辞归。

作《高林重修孔子庙记》。

是年，许衡卒，真金太子卒。

三十五岁　元世祖至元二十年癸未（1283）

继母卒，刘因丁忧。“形体癯瘁，须发颁白”。（曾与刘因在朝中“同侍从春坊”的李谦说：“尝以事过保定，君适居母忧，衰绖中，留连愿接为半日留，颇讶君形体癯瘁，须发颁白。”）

三十六岁　元世祖至元二十一年甲申（1284）

作《祭王彦材文》。

三十八岁　元世祖至元二十三年丙戌（1286）

作《归云庵记》。

三十九岁　元世祖至元二十四年丁亥（1287）

刘因自选诗五卷，号《丁亥集》，尽取他文焚之。

乌冲（叔备）始从刘因受业。刘因的其他弟子郝庸、李道恒等何时从学，待考。又明方义壮称，刘因曾“隐居三台，教授生徒。”孙奇逢称，三台籍的刘英、梁泰等“皆负笈从游，为建书院于三台”。但具体时间不详。

四十岁　元世祖至元二十五年戊子（1288）

作《中祀释奠仪序》、《廉公惠更名序》、《嘉氏子字说》。

四十一岁　元世祖至元二十六年己丑（1289）

刘因得子，取名和。作七绝《长卿儿子阿延百晬》二首。是年，砚弥坚卒。

四十二岁　元世祖至元二十七年庚寅（1290）

子刘和早夭。（刘因《上政府书》："去年丧子"。）作《以中李公名字序》、《祭王利夫文》、五古《李伯坚宣慰荆南》、五律《宣慰孙公庆七十诗》并序。

四十三岁　元世祖至元二十八年辛卯（1291）

又有朝臣荐刘因。八月，元世祖忽必烈下诏，以集贤学士、嘉议大夫征刘因。刘因已患重病（疟疾复作，更添下痢，便血不已），遂以疾固辞，作《上政府书》。书上，朝廷不强致。世祖闻之，说："古有所谓不召之臣，其斯人之徒与！"

作《寿史翁百岁诗序》、《游高氏园记》、《祭张御史文》。

四十四岁　元世祖至元二十九年壬辰（1292）

正月，国子助教吴明上书朝廷，荐刘因充国子祭酒。不果。作《遂初亭说》、《种德亭记》、《鹤庵记》、《正议大夫礼部尚书王公神道碑铭》。

四十五岁　元世祖至元三十年癸巳（1293）

作《赐杖诗序》。

夏四月十六日病卒。葬于容城沟市里先茔。

妻郭氏，后刘因八年卒。

女三，长女次女已嫁，三女尚幼。

至元三十一年，私淑弟子安熙撰祭文，并搜集编订刘因著作。

刘因亡未久，国子助教吴明上书，请求褒赠刘因，未果。

大德五年（1301），门人杜萧作《静修先生圹记》。

元仁宗延祐年间（1314～1320），追赠刘因为翰林学士、资德大夫、上护军，追封容城郡公，谥文靖。

是后，儒臣请将刘因从祀孔子庙庭，自元至明中叶，请以刘因从祀孔庙者，无虑数十，未果。直至清末宣统元年，直隶总督陈夔龙奏请将刘因从祀文庙，终获朝廷批准。

后世各地多处为刘因立祠或建书院：

容城县最早建静修祠，元顺帝至正戊子（1348）敕建，容城县尹贾彝捐俸为刘因立碑，奉敕专额，苏天爵为之撰《墓表》，归旸撰《书静修先生碑阴》，贾彝又将静修祠加以崇饰，杨俊民撰《静修祠堂记》。明代，容城静修祠屡经修葺。清初，孙奇逢倡邑人重葺静修祠，并在沟市里刘因墓侧建祠。

清苑有二贤祠，“在府学西，祀元刘因、郝经。”又有五贤祠，“在城内城隍庙前，祀二程、刘静修、明鹿忠节（善继）及孙征君奇逢。”

清苑还有静修书院，危素撰有《静修书院记》。安州（今安新县）也有静修祠及静修书院。均建于县西二十里之三台。元仁宗皇庆元年，赐额“静修书院”。

获鹿亦有静修祠，在太行书院中。

房山亦有刘文靖祠及文靖书院。

索　引

一、人名索引

M

T

二、文献索引

Z

三、词语索引

Q

R

S

T

W

X

后 记

本书作为匡亚明先生主编的二百部《中国思想家评传丛书》之一出版，是我的荣幸。几年来，在匡老的精神感召下，遵循《总序》的“三义”要求，亦曾尽心，未敢稍懈。但由于学力有限，缺点错误实所难免，恳望读者指正。

本书吸收了学术界的有关成果，有的注明了出处，有的未及一一注明，敬希见谅。

在写作过程中，得到南京大学中国思想家研究中心的领导和同志（尤其是蒋广学同志），中国社会科学院唐宇元同志，河北大学熊任望同志、徐大建同志，容城县政府杨秉诚同志等的多方面帮助，责任编辑黄继东同志精心审校，付出了辛勤劳动，谨此一并致谢。

作　者

1995 年 12 月 5 日于河北大学

图书在版编目(CIP)数据

刘因评传 / 商聚德著. —南京: 南京大学出版社, 1996.4(2006.12 重印)
(中国思想家评传丛书/匡亚明主编)
ISBN 978-7-305-02842-7

Ⅰ. 刘… Ⅱ. 商… Ⅲ. 刘因(1249~1293)—评传 Ⅳ. B244.99

中国版本图书馆 CIP 数据核字(2006)第 018353 号

中国思想家评传丛书
刘 因 评 传
商聚德 著

南京大学出版社出版发行
社址:南京市汉口路 22 号 邮编:210093
电话:025-83596923 025-83592317 传真:025-83328362
网址:http://www.NjupCo.com
电子邮箱:Press@NjupCo.com
Sales@NjupCo.com(市场部)
南京爱德印刷有限公司
开本 850×1168 1/32 印张 11.125 字数 250 千
1996 年 3 月第 1 版 2006 年 12 月第 3 次印刷
印数 4001—5000
ISBN 978-7-305-02842-7

定价: 34.00 元